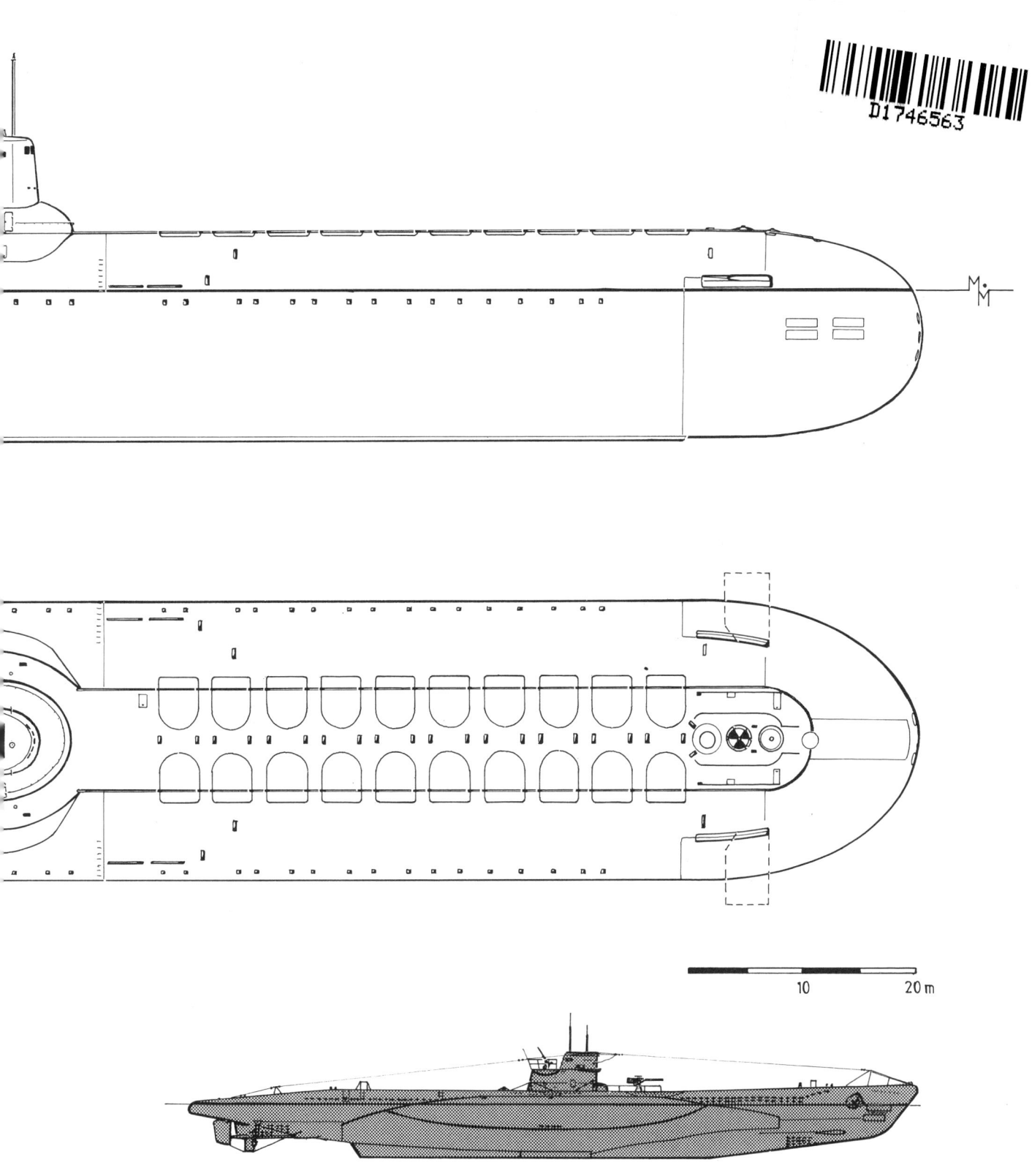

Größenvergleich, deutsches U-Boot Typ VII C des 2. Weltkriegs

Alexander Antonow · Walerie Marinin · Nikolai Walujew

Sowjetisch-russische Atom-U-Boote

Alexander Antonow

Brandenburgisches Verlagshaus

Walerie Marinin   Nikolai Walujew

Sowjetisch-russische Atom-U-Boote

GEFAHR AUS DER TIEFE

Wissenschaftlicher Redakteur:
Prof. Dr. Walentin Paschin, Direktor des ZNII »A. N. Krylow«,
Mitglied der Akademie der Wissenschaften Rußlands

Bildnachweis:
Archiv der Autoren (62), WZ-Bilddienst Wilhelmshaven (2),
Peter Stache (3), Nowosti (3), action press (3),
Sammlung Dr. Fritz Minow (2)

Übersetzungen: Volker Seibt, Rostock

Der Verlag dankt Herrn Fregattenkapitän a. D. Ulrich Israel für die
fachliche Betreuung der deutschen Ausgabe.

Zeichnungen: Manfred Meyer, Berlin

Uniformtafeln: Erna Keubke, Schwerin

Abb. Schutzumschlag: Atom-U-Boot des Projekts 959 (»Oscar«-Klasse);
Frontispiz: Atom-U-Boot des Projekts 971 (»Akula«-Klasse).

Die Deutsche Bibliothek – CIP-Einheitsaufnahme
Antonov, Aleksandr:
Sowjetisch-russische Atom-U-Boote : Gefahr aus der Tiefe /
Alexander Antonow ; Walerie Marinin ; Nikolai Walujew. - Berlin :
Brandenburgisches Verl.-Haus, 1998
ISBN 3-89488-121-6

ISBN 3-89488-121-6
© 1998 by Brandenburgisches Verlagshaus in der Dornier Medienholding,
Berlin

Die Verwertung der Texte und Bilder, auch auszugsweise, ist ohne
Zustimmung des Verlages bzw. der genannten Rechtsträger urheberrechts-
widrig und strafbar. Das gilt auch für Vervielfältigungen, Übersetzungen,
Mikroverfilmungen und für die Verarbeitung mit elektronischen
Systemen.
Schutzumschlaggestaltung: Rex Verlagsproduktion, München
Gestaltung und Satz: Typografik & Design – Ingeburg Zoschke
Reproduktionen: LiSa Lithografie und Satz GmbH
Druck und Binden: Druckerei zu Altenburg
Printed in Germany
Gedruckt auf alterungsbeständigem Papier mit chlorfrei gebleichtem
Zellstoff.

Inhalt

Vorbemerkung 6
Vorwort 7
Einleitung 8

1. Das Entstehen der kernkraftgetriebenen Unterseeflotte in der UdSSR 9
1.1 Die ersten Atom-U-Boote der sowjetischen Marine 9
1.2 U-Boote mit ballistischen Raketen an Bord 24
1.3 U-Boote mit Flügelraketen 33

2. Die zweite Generation der sowjetischen Atom-U-Boote 51
2.1 U-Boote mit ballistischen Raketen 52
2.2 U-Boote mit Marschflugkörpern 68
2.3 Atom-U-Boote mit Raketen-Torpedobewaffnung 78

3. Dritte Etappe der Entwicklung der sowjetischen Atom-U-Boote . . . 112
3.1 Die Geburt der Giganten – Strategische U-Raketen-Kreuzer 113
3.2 Aus Stahl und Titan – U-Schiffe mit Raketen-Torpedobewaffnung der 3. Generation 121

Anlagen (zusammengestellt von Ulrich Israel) 140
Unfälle sowjetischer U-Schiffe 140
Liste der NATO-Code-Bezeichnungen 142
Aufstellung sowjetischer U-Boot-Typen nach Projektnummer und NATO-Bezeichnung 143
Verzeichnis der Abkürzungen russischer Bezeichnungen 143
Literaturverzeichnis (Auswahl) 144

Vorbemerkung

Der enorm aufwendige Auf- und Ausbau der weltstärksten Atom-Unterwasserflotte in der Sowjetunion stand im Zeichen der Rivalität zu den USA und ihren Verbündeten.

Die Autoren waren Zeitzeugen dieses Prozesses und hatten als Kenner der Materie Einblick in Hintergründe und Vorgänge, die so noch nicht bekannt waren.

Der unermeßlich große Aufwand ergab sich nicht nur durch den Bau und die fortlaufende Modernisierung und Nachrüstung der zuletzt Milliarden teuren Unterwasser-Giganten. Außerdem wurden neue Werften und Zulieferbetriebe, Stützpunktanlagen, Häfen und Verkehrswege buchstäblich aus dem Boden gestampft und ältere Einrichtungen erneuert. Eine Vielzahl von Entwicklungs- und Konstruktionsbüros, von Forschungs- und Versuchsanstalten arbeiteten ausschließlich oder zeitweise vorrangig für den U-Bootbau. Gewaltige ozeanographische und kosmische Forschungsprogramme gehörten ebenso dazu wie der Aufbau von Satellitensystemen für Navigations-, Aufklärungs- und Fernmeldeaufgaben.

Eine weitere Aufzählung von Nebenbereichen der U-Boot-Rüstung würde den Rahmen dieser Vorbemerkung sprengen.

Im Vergleich dazu gestaltet sich der Ausbau anderer Marinegattungen, wie Marineflieger, Überwasserschiffe, Marineinfanterie und Küstenraketen, einfacher. Es sei aber daran erinnert, daß die Seekriegsflotte im aufgeblähten Militärapparat der Sowjetunion im Vergleich zu den Landstreitkräften (Heer), der Luftwaffe und der Luftverteidigung, den strategischen Raketentruppen und anderen Streitkräftepotentialen einen mehr bescheidenen Platz einnahm.

Nach der Auflösung der Sowjetunion wurde rasch offenbar, daß die Marine der Russischen Föderation, in der sich der Großteil der früheren UdSSR-Flotte und insbesondere die Gesamtheit der Atom-U-Boote wiederfand, eine Flotte von Atom-U-Booten im alten Umfang weder benötigt noch unterhalten kann.

Streitkräfte zu reformieren, sie zu verkleinern, umzubauen und angemessen auszustatten, kostet viel Geld – viel mehr Geld, als in Rußland in absehbarer Zeit aus eigenem Aufkommen zur Verfügung stehen dürfte.

Trotz der unsicheren Finanzlage produzieren die auf den Bau von Atom-U-Schiffen spezialisierten Werften zusammen mit den angeschlossenen Rüstungswerken, wenn auch mit gedrosselten Aufträgen, weiter, wird sogar die 5. Generation der Atom-U-Boote entworfen.

Während viele der älteren Raketen- und Mehrzweck-U-Schiffe unzulänglich bemannt, gewartet und versorgt auf abgelegenen Liegeplätzen verrotten, werden Neubauten der 4. Generation in Dienst gestellt, die schon von vornherein keine klare Zukunft haben.

Von den inzwischen völlig überalterten und meist auch schon unbrauchbar gewordenen Atom-U-Booten, die vor Jahren ausgesondert wurden, sind bisher viel zu wenig zerlegt und entsorgt worden. Offensichtlich hat während des frühen Serienbaus von kernkraftgetriebenen U-Booten kaum jemand danach gefragt, wie die später einmal außer Dienst zu stellenden Einheiten »umweltgerecht« verschrottet und ihre Reaktoren sowie nuklearen Waffen entsorgt werden sollen.

Im Ergebnis solcher Versäumnisse mangelt es heute im Hohen Norden und im Fernen Osten Rußlands an technologischen und sicherheitsmäßigen Voraussetzungen dafür.

Die einheimische Abwrackkapazität ist viel zu gering, und die Entsorgung der Reaktoranlagen ist noch schwächer entwickelt. Allein bei der russischen Nordflotte warten aber die Reaktoren von 126 (!) ausgesonderten Atom-U-Schiffen auf die Entsorgung, die Lagermöglichkeiten sind seit langem erschöpft.

Aus dieser Lage heraus hat man in vergangenen Jahren eine Anzahl ausgebauter Reaktoren »einfach« im Seegebiet um die Insel Nowaja Semlja versenkt. Ohne kompetente ausländische Hilfe wird wohl dieses Problem kaum zu klären sein.

Liefe der Prozeß des Abbaus der russischen Atom-U-Boot-Flotte vor dem Hintergrund stabiler politischer Verhältnisse und ginge er einher mit der gleichzeitigen und angemessenen Reduzierung der Bestände an analogen Kriegsschiffen in anderen Ländern, könnte man dies als willkommenes Zeichen einer allgemeinen und zielstrebigen Abrüstung auf einem besonders gefährlichen Gebiet werten.

So aber stehen politische Entscheidungen noch immer im Raum und in den USA, in Großbritannien, Frankreich und China geht der Bau von Atom-U-Booten verbesserter Bauart und erhöhter Vernichtungskraft weiter. Andere Länder, von denen hier nur Indien und Brasilien als Beispiel genannt sein sollen, planen die Anschaffung solcher Schiffe.

Auch ohne Kriegszustand wird dadurch die Lage auf den Weltmeeren, die immerhin Dreiviertel der Erdoberfläche bedecken und die wichtigste Lebensquelle der Menschheit sind, keineswegs sicherer. Technische Pannen, Bedienungsfehler, Mißverständnisse und Kollisionen sind auf Atom-U-Booten wie auch auf anderen Schiffen niemals auszuschließen. Die Menschheit wird wohl nie erfahren, wie oft sie schon durch besondere Vorkommnisse in den Tiefen der Meere am Rand einer alles vernichtenden Mega-Katastrophe gestanden hat.

Eine Beurteilung dieser Entwicklung sowie von Hintergründen und Begleiterscheinungen kann nicht Anliegen dieser Vorbemerkung sein.

Dem Verlag ist vielmals zu danken, daß er dieses interessante und aufschlußreiche Buch für den deutschsprachigen Leserkreis herausgebracht hat, obwohl der Arbeitsablauf durch äußere Hemmnisse und andere Schwierigkeiten zeitweilig erheblich kompliziert und vor allem verzögert worden ist.

Aus Zeit- und Kostengründen mußten schließlich einige Wünsche für diese Fassung offenbleiben.

Ulrich Israel
Potsdam, Februar 1998

Vorwort

Rußland verfügt über das weltstärkste wissenschaftliche und industrielle Potential für den U-Boot-Bau. Mehr als die Hälfte aller nach dem Zweiten Weltkrieg gebauten U-Boote sind auf russischen Werften entstanden. Von den 477 kernkraftgetriebenen U-Booten der Welt trugen 248 die blau-weiße Andreasflagge der russischen Marine.

Das »Goldene Jahrhundert« der Atom-U-Boote der Welt ist schon fast beendet und der Kriegsschiffbau durchlebt eine tiefe Krise. Das betrifft nicht nur Rußland, sondern alle Seemächte und ist in erster Linie auf die veränderte internationale Situation zurückzuführen. Viele Ereignisse, die mit der Entwicklung der U-Boote verbunden waren, so die Höhen und Tiefen der Erprobungen, der Entwicklung und des Baus der Schiffe, ihrer Antriebsanlagen und Waffen ebenso wie die Triumphe und Tragödien der Wissenschaftler, Konstrukteure und Besatzungen gehören heute schon der Geschichte an.

1996 feierte die russische Marine ihr 300jähriges Jubiläum. Dieses Datum fällt nicht in die beste Epoche ihrer Existenz, doch die Autoren hoffen, daß die an Ereignissen und Wechselfällen reiche Geschichte des sowjetischen und russischen Atom-U-Boot-Baus das Interesse der Leser finden wird.

Einleitung

Als Beginn des Baus von Unterwasserfahrzeugen in Rußland wird die Indienststellung des Tauchbootes »Delfin« im Jahre 1903 angesehen. Seit dieser Zeit sind von russischen Konstrukteuren mehr als 300 U-Boot-Projekte entwickelt und die Hälfte davon als Konstruktion verwirklicht worden. Von den mehr als 5100 im 20. Jahrhundert gebauten U-Booten trugen 1090, also fast jedes fünfte entweder die sowjetische oder die russische Flagge. Von den 477 der in der Welt gebauten Atom-U-Boote sind 248 auf russischen Werften gebaut worden.

Die Entwicklung der russischen Unterwasserstreitkräfte geschah in vier Etappen. Die erste dauerte bis zum Austritt Rußlands aus dem Ersten Weltkrieg. Von 1903 bis 1917 erhielt die Marine 68 U-Boote, die teilweise in Deutschland, Italien und in den USA gebaut wurden. Hauptzentren des einheimischen U-Boot-Baus waren Sankt Petersburg, Nikolajew (Südrußland) und Reval (heute Tallinn, Estland).

Nach dem Bürgerkrieg (1918–1921) gerieten die Seestreitkräfte der jungen Sowjetrepublik in eine Notlage. Die Kriegsschiffe waren zu einem Teil von den Bolschewisten versenkt, zum anderen Teil von den monarchistischen Besatzungen nach Bizerta (Tunis) verlegt worden. Die wenigen noch vorhandenen Schiffe lagen verrostet, ohne Mannschaften, ohne Instandhaltung und ohne Treibstoff fest. Fast zehn Jahre baute man in Sowjetrußland keine neuen Schiffe. Ungeachtet dessen erhielt aber die Seekriegsflotte der UdSSR (WMF) bis zum Beginn des Zweiten Weltkrieges 206 U-Boote, weitere 95 befanden sich in verschiedenen Stadien des Baus. Zu den größten Zentren des Baus der U-Boote hatte sich neben Leningrad (heute Sankt Petersburg) und Nikolajew auch Gorki (Nishni Nowgorod) entwickelt.

Obwohl die größten Seemächte die U-Boote nach wie vor als Waffe der Schwachen eher geringschätzten, wurden in der Periode 1919–1938 fast so viele U-Boote gebaut wie während des Ersten Weltkrieges. Aber der Anteil der UdSSR an diesem Programm erhöhte sich um das Fünffache. Nach dem Kriegsausbruch geriet der Schiffbau in eine sehr komplizierte Lage. Im Unterschied zu den anderen Zweigen der Verteidigungsindustrie mußte sich der Schiffbau zusätzlich zu den Schwierigkeiten einer Evakuierung der Werften und der Zulieferindustrie auch noch mit einer radikalen Umprofilierung der Hauptwerke auseinandersetzen. Die Werft »Krasnoje Sormowo« in Gorki begann z. B. mit der Herstellung von Panzern. Andere Großbetriebe gerieten durch die Frontlage in die Kampfzone oder in das Hinterland des Gegners. Ungeachtet der außerordentlich schwierigen Situation wurde aber der Schiffbau weitergeführt. Es wurden zwar keine neuen U-Boote auf Stapel gelegt, doch es wurden 54 angefangene Boote zu Ende gebaut und insgesamt 165 zur Instandsetzung übergeben.

Das Entstehen der Kernenergie und ihre militärische Nutzung haben die Ansichten einiger Theoretiker in der Nachkriegsperiode stark beeinflußt.

So entstand die Meinung, daß die Seekriegsflotte in einem Atomzeitalter vor allem wegen der großen Verwundbarkeit der Schiffe praktisch überflüssig wird.

Die Erprobung der Kernwaffen zeigte jedoch, daß die Seestreitkräfte unter den neuen Bedingungen ein bedeutendes Potential darstellen. Der Atomantrieb, besser Kernenergie – oder Kernantrieb, gab gerade, und bisher nur den Schiffen, und unter diesen ganz speziell den U-Booten, gänzlich neue und praktisch unbegrenzte Einsatzmöglichkeiten. Damit begann eine neue Ära in der Geschichte der Seestreitkräfte.

1. Das Entstehen der kernkraftgetriebenen Unterseeflotte in der UdSSR

1.1 Die ersten Atom-U-Boote der sowjetischen Marine

Die im ersten Nachkriegsjahrzehnt gebauten U-Boote besaßen im Vergleich zu den Vorkriegstypen wesentlich bessere taktisch-technische Eigenschaften. Ihre Entwicklung fußte auf den kompromißlosen Forderungen und Erfahrungen des Kriegseinsatzes und widerspiegelte die neuesten Erkenntnisse von Wissenschaft und Technik. Doch dadurch wurde keine radikale Steigerung ihrer Einsatzmöglichkeiten erreicht. Reale Bedingungen für die revolutionäre Veränderung des U-Boot-Baus entstanden erst Mitte der 50er Jahre durch die Entwicklung der ersten praktisch nutzbaren Kernreaktoren und Kernenergie-Antriebsanlagen, die die U-Boote endlich aus dem Stadium der Tauchboote in echte Unterseeschiffe verwandelten. Neue Waffenarten, wie ballistische Raketen, Flügelraketen und Torpedos mit Kernladung, führten im Verein mit neuartiger elektronischer Ausrüstung zur raschen Steigerung der Kampfeffektivität der U-Boote. Anfang der 60er Jahre kamen Sonarstationen mit Einheitsantenne in Anwendung, die die Arbeit in den Betriebsweisen Schall- und Echoortung mit der einer Entfernungsmessung ermöglichten. Zugleich wurden die Fernmeldemittel aller Bereiche vervollkommnet, erhöhten sich ihre Zuverlässigkeit, Übertragungsgeschwindigkeit und Gedecktheit. Man begann mit der Errichtung eines Nachrichten-Satellitensystems. Die Entwicklung neuer Navigationsmittel und die Vervollkommnung bewährter Verfahren führte in dieser Periode zu ersten weltweit anwendbaren Methoden einer zuverlässigen und genauen Schiffsortbestimmung über und unter Wasser.

Als Hauptwege zu einer größtmöglichen Kampfeffektivität der U-Boote wurden in dieser Zeit die Steigerung ihrer Unterwasser-Fahrtgeschwindigkeit und Tauchtiefe angesehen. Das verursachte eine Konzentration der meisten Forschungs- und Konstruktionsarbeiten in eine Richtung. Im Zentralen Wissenschaftlichen Forschungsinstitut (ZNII)-45 untersuchte man verschiedene Rumpfformen und Antriebe für U-Boote und führte parallel dazu Studien durch über ihre Auswirkungen auf den Geräuschpegel. Größere Tauchtiefen erforderten die Verwendung von neuen hochfesten Stahllegierungen. Das ZNII-48 in Leningrad (heute Sankt Petersburg) entwickelte Titanlegierungen für U-Boot-Rümpfe. Zunehmende Bedeutung erlangten Arbeiten auf dem Gebiet der Gedecktheit und des Eigenschutzes der Boote. Man begann daher mit komplexen akustischen Erprobungen der U-Boote. Das ZNII-45 entwickelte hydroakustische Schutzschichten für die Rumpfoberflächen und die Mittel zur Schocksicherung und Vibrationsdämpfung der Antriebsanlagen. Große Fortschritte wurden auch auf dem Gebiet des Magneteigenschutzes der U-Boote erzielt. In der Gesamtheit verbesserten sich damit die Überlebenschancen der U-Boote gegenüber Minen und Torpedos mit akustischen und magnetischen Zündsystemen.

Alle diese Ergebnisse bildeten zusammen mit den Erfolgen auf dem Gebiet der Kernkraftenergie die Grundlage für die Schaffung qualitativ neuer U-Boote mit praktisch unbegrenzten Möglichkeiten. Welche menschlichen Opfer sowie finanziellen und ökologischen Nöte dies einmal zur Folge haben würde, wußte damals niemand. Das Wettrüsten zwischen der UdSSR und den USA hatte seine eigenen Gesetze und diktierte die Termine und Preise.

Die Geschichte hat es so gewollt, daß bei dem Entstehen der sowjetischen atomgetriebenen U-Boot-Flotte das Spezielle Konstruktionsbüro (SKB) 143 an der Spitze stand. Es bekam einen Regierungsauftrag für die Entwicklung des ersten Atom-U-Bootes der UdSSR. Wie in der Schiffbauindustrie üblich, verbarg sich die dazu erforderliche gewaltige Arbeit hinter einer Projektnummer: *»Projekt 627«*. Die Mitarbeiter des Schiffbauministeriums, die diese Projektnummer erteilten, wußten nicht, daß sie bald zu einem Losungswort für mehrere tausend Marineangehörige, Physiker, Ingenieure und Schiffbauer wurde.

In der UdSSR begann man mit der Projektierung der ersten Atom-U-Schiffe einige Jahre später als in den USA. Die ersten Vorarbeiten zur Entwicklung erster Kernenergie-Kraftanlagen für die Seestreitkräfte waren aber schon Ende der 40er Jahre abgeschlossen worden, als im Moskauer Institut für Kernenergie unter der Leitung des Akademiemitgliedes Igor Kurtschatow das Projekt des Kernreaktors vom Typ »AM« entstanden war. Kurtschatow und seine Mitarbeiter beabsichtigten von Anfang an, eine solche Anlage nicht nur für das erste Atomkraftwerk in der UdSSR in Obninsk (90 km südlich von Moskau), sondern auch in den Seestreitkräften (WMF) zu verwenden. Der Buchstabe »M« in seiner Bezeichnung bedeutete nichts anderes als »morskoi« und wies auf eine Marineverwendung hin.

Auf Anregung der Physiker faßte der Ministerrat der UdSSR am 9. September 1952 den Beschluß, die Entwicklung und den Bau der ersten sowjetischen Atom-U-Boote in Angriff zu nehmen. Die Gesamtleitung wurde Wjatscheslaw Malyschew übertragen. Er bekleidete zu dieser Zeit den Posten des Stellvertretenden Vorsitzenden des Ministerrates und war zugleich Vize-Chef der 1. Hauptverwaltung des Ministerrates der UdSSR, die für die Entwicklung aller Anlagen und Einrichtungen der Kerntechnik verantwortlich zeichnete. Zum wissenschaftlichen Leiter des Problems wurde Akademiemitglied Anatoli Alexandrow ernannt. Für die Konstruktionsarbeiten wurden auf dem Gelände des wissenschaftlichen Forschungsinstituts für chemischen Maschinenbau (NII Chim Masch) in Moskau zwei Arbeitsgruppen formiert, die eine für das Boot und die andere für seine Energieerzeugungs- und Antriebsanlage. Die Gruppe der Schiffbauer leitete der stellvertretende Direktor des ZNII-45, Wladimir Peregudow. Zum Chef der Energetiker wurde Nikolai Dolleshal, Direktor des NII ChimMasch, ernannt.

Die Ernennung von Wladimir Peregudow zum Leiter der Projektanten war nicht zufällig. Er war Marineoffizier, Ingenieur-Kapitän I. Ranges, was in der deutschen Marine einem Kapitän zur See (Ing.) entspricht, und besaß große Erfahrungen in der Arbeit der Forschungs- und Entwurfseinrichtungen der Marine und der Schiffbauindustrie. Bereits in den 30er Jahren, als Peregudow Mitarbeiter des Wissenschaftlichen Forschungsinstitutes für Kriegschiffbau war, hatte er an den Konstruktionsarbeiten für die U-Boote des Typs S (Serie IX) teilgenommen.

Kapitän zur See W. N. Peregudow war ab 1952 der Chefkonstrukteur der ersten sowjetischen Atom-U-Boote

Diese Arbeiten waren in den Niederlanden gemeinsam mit einer Firma ausgeführt wurden, die unter ihrem Dach viele deutsche Konstrukteure versammelt hatte. Später war W. Peregudow in der Schiffbauindustrie eingesetzt worden, doch es war ihm in den Traditionen der Vorkriegszeit erlaubt, Angehöriger der Seekriegsflotte zu bleiben. In den Jahren von 1941 bis 1947 arbeitete er im Zentralen Konstruktionsbüro (ZKB)-18, der führenden Organisation des U-Boot-Baus, zuerst als Chef der Abteilung für Rumpfkonstruktion und später als Chefkonstrukteur der U-Boot-*Projekte 608* und *613*. 1947 begann Wladimir Peregudow mit seiner Tätigkeit im ZNII-45.

Für die Projektstudien des ersten Atom-U-Bootes hatte Peregudow in seiner Gruppe mehrere Fachleute, mit denen er schon seit langem in engen beruflichen Kontakten stand und die er persönlich als Fachleute von höchster Qualifikation schätzte. Den Kern der Gruppe bildeten W. P. Funikow, der zur rechten Hand Peregudows wurde, A. W. Bazilewitsch und N. W. Anutschin, die die Anordnung der gesamten Anlage und einzelner Schiffssysteme bearbeiteten, W. P. Gorjatschew, ein Experte für Elektrosysteme und elektronische Ausrüstung sowie P. D. Degtjarew, ein Spezialist für die Hauptkraftanlage.

Im Verlaufe der Arbeiten nahm die Personalstärke der Gruppe zu und umfaßte bei Beendigung der Entwicklung 35 Mitarbeiter. Die Forderungen an die Geheimhaltung waren außerordentlich streng, der Kreis der herangezogenen Fachleute daher sehr begrenzt. Marineangehörige waren in dieser Phase zur Teilnahme an den Projektstudien und an der Erarbeitung der taktisch-technischen Aufgabenstellung nicht zugelassen. Nicht nur die Geheimhaltung verursachte eine solche »Ordnung«, sondern auch das hohe Tempo der Arbeit. Die traditionellen Formen der Organisation behinderten teilweise die Lösung innerbetrieblicher Probleme. Man erwartete, daß vor allem W. N. Peregudow als Marineoffizier und Chefkonstrukteur imstande war, die Interessen beider Seiten auf das schnelle Erreichen des gemeinsamen Zieles zu vereinigen.

Die Arbeiten beider Gruppen trugen Forschungscharakter und wurden parallel zueinander geführt. Besondere Schwierigkeiten brachte ein solcher Umstand mit sich, daß die Schiffbauer zuerst gar keine Vorstellungen und Kenntnisse über den Atomreaktor hatten, während die Physiker keine Ahnung von U-Booten und den Verhältnissen hatten, unter denen ihre Anlage arbeiten würde. Erst nach einem Besuch in der Baltischen Flotte überzeugten sich die Gelehrten von der Raumenge und den Arbeits- und Lebensbedingungen in den Abteilungen eines U-Schiffes.

Um den Ausgangspunkt für den Beginn der Arbeiten zu setzen, gaben A. P. Alexandrow, W. N. Peregudow und N. A. Dolleshal die Kennwerte für die Leistung der Kraftanlage (aus Gründen der Geheimhaltung wurde diese Anlage als »Kristallisator« bezeichnet), ihre Ausmaße, Schwerpunktlage und Masse vor. Das gab den beiden Gruppen die Möglichkeit, mit den Projektarbeiten zu beginnen, ungeachtet dessen, wie später das Akademiemitglied A. P. Alexandrow sich erinnerte: »... niemand von uns verstand, welche Ausrüstung in den Abteilungen stehen wird«.

Zum Hauptproblem wurde die Auswahl des Typs der Kernkraftanlage, für die es anfänglich vier mögliche Varianten des Reaktors gab: Graphit-Uran-Reaktor (ähnlich der in Obninsk installierten Anlage); Wasser-Wasser-Reaktors; ein Reaktor mit Berylliumdioxid als Moderator oder ein Reaktor mit Flüssigmetall als Wärmeträger. Die Entscheidung fiel zugunsten des Wasser-Reaktors, der annehmbare Ausmaße und Massedaten hatte und dessen Betrieb mit minimalem technischem Risiko verbunden war. Alle Entwurfs- und Planungsarbeiten für die Verwendung eines Reaktors mit Flüssigmetall als Wärmeträger liefen nach einem selbständigen Programm ab. Dieser Reaktortyp wurde für ein künftiges verbessertes U-Schiff als perspektivreich angesehen.

Der Zeitfaktor drückte auf die Konstruktionsarbeiten und war eigentlich das härteste der anstehenden Probleme. Die Überlegenheit der USA auf dem Gebiet der Kernenergetik und ihrer militärischen Anwendung beunruhigte die sowjetische Führung ernstlich. Die Arbeit an dem Atom-U-Boot erhielt höchste Dringlichkeit und stand unter ständiger Terminkontrolle. Das sowjetische Kernenergieprogramm war Chefsache des allmächtigen Ministers des Staatssicherheitsdienstes Lawrenti P. Berija. Schon deswegen war der psychologische Druck auf alle mit dem Bau des Atom-U-Bootes Beschäftigten sehr stark.

Im März 1953 hatte die Gruppe Peregudows die Studie des Bootes im Umfang eines Vorprojektes abgeschlossen. Nach der Idee der Projektanten war das zu entwickelnde Boot für ganz untraditionelle Aufgaben bestimmt: für Angriffe auf wichtige Küstenobjekte des Gegners, wie Marinestützpunkte und Häfen. Dafür beabsichtigte man das U-Schiff mit einem Torpedo mit thermonuklearem Gefechtskopf zu bewaffnen. Zu dieser Zeit existierten noch keine miniaturisierten nuklearen Sprengladungen, um sie in Torpedos mit dem konventionellen Kaliber von 533 mm zu verwenden. Deswegen plante man, auf dem Atom-U-Boot nur einen riesigen Torpedo T-15 mitzuführen, der 23.500 mm lang war und einen Durchmesser von 1550 mm hatte. Traditionelle Torpedos sollten nur noch zur Selbstschutzbewaffnung an Bord sein.

Seiner Bauweise und seinen taktisch-technischen Kennwerten nach unterschied sich der Entwurf wesentlich von den dieselelektrischen U-Booten. Das Atom-Boot sollte eine Geschwindigkeit von 25 kn erreichen und damit lange Unterwasserfahrten unternehmen können. Ungewöhnlich für diese Zeit war seine Rumpfform mit ellipsoidaler Nase, in der sich das Startrohr für den T-15-Torpedo befand und die den hydrodynamischen Widerstand bei schneller Unterwasserfahrt herabsetzen sollte. Die Seeausdauer des Bootes sollte 50 bis 60 Tage betragen, die Tauchtiefe bis zu 300 m. Gleichzeitig trug aber ein großer Teil der technischen Lösungen noch das Gepräge des traditionellen Baus von U-Booten mit diesel-elektrischem Antrieb. Ein Wunder war dies nicht, denn ein solches vom *Projekt 611* (von der amerikanischen Marine und ihren NATO-Partnern unter der Bezeichnung ZULU geführt), diente als Musterschiff.

Weitere Projektierungsarbeiten führte das in Leningrad ansässige SKB-143 aus, das 1953 für diesen Zweck völlig reorganisiert wurde. In dieses neue Großbüro wurden einige hundert Konstrukteure aus anderen Entwicklungsinstituten und Konstruktionsbüros der Schiffbauindustrie versetzt. W. Peregudow wurde zum Leiter des SKB-143 und gleichzeitig zum Chefkonstrukteur des Atom-U-Bootes vom *Projekt 627* ernannt. Nahezu alle Fachleute, die mit ihm in Moskau gearbeitet hatten, waren ebenfalls ins SKB-143 versetzt worden.

Im März 1953 begann das Büro mit der Entwicklung des Schiffes und bis zum Mai 1954 waren das Vorprojekt und das technische Projekt bereits fertig. Gleichzeitig führten Forschungsinstitute der Schiffbauindustrie, des Ministeriums der mittleren Industrie und andere wichtige Einrichtungen umfangreiche Forschungsarbeiten auf dem Gebiet der Bewaffnung, der Ausrüstung und von Materialien für den Bau von Atom-U-Booten durch.

Die Entwicklung der Dampferzeuger-Anlage des Typs WM-A führte Nikolai Dolleshal im neugegründeten Forschungsinstitut NII-8 durch. Er war für den Reaktor, die aktive Zone, die erforderlichen Steuer- und Schutzsysteme und für das System des biologischen Schutzes verantwortlich. Dazu waren ihm mehrere Konstruktionsbüros zugeordnet worden. Die Arbeitsdokumentation der Anlage schuf das Versuchskonstruktionsbüro OKBM in Gorki (heute Nishni Nowgorod) unter Leitung von I. I. Afrikantow. Am Dampfgenerator arbeitete zusammen mit dem NII-8 ein Konstrukteursteam des Leningrader Kesselbauinstituts unter Chefkonstrukteur G.A. Gasanow. Die Pumpen des Primärkreises und die Turbinenanlage entwickelte eine spezielle Arbeitsgruppe unter M. A. Kazak in den Kirow-Werken in Leningrad.

Im Unterschied zu ihren amerikanischen Kollegen wagten es die sowjetischen Konstrukteure nicht, die ersten Atom-U-Boote ohne Verdopplung der Kraftanlage zu bauen. Deswegen wurden zwei Reaktoren und zwei Schrauben zu ihrem Hauptmerkmal. Solcherart Sicherheitsstreben rentierte sich durch die Stationierung der Schiffe jenseits des Polarkreises und der dort nur schwach entwickelten Infrastruktur für die operative Instandsetzung. Zugleich gab die Doppelwellenanlage die Garantie, die von Anfang an geforderte Geschwindigkeitsüberlegenheit über die Atom-U-Boote der USA zu erzielen.

Die Steigerung der Tauchtiefe erforderte neue Stahllegierungen. Für den Druckkörper des Rumpfes wurde ein spezieller hochfester Stahl AK-25 im Leningrader ZNII-48 (heute NII »Granit«) entwickelt. Das ZNII-45 prüfte Attrappen der Abteilungen des Schiffes aus diesem Material auf seinen Prüfständen auf hydrostatische Belastungen und Explosionsfestigkeit. Außerdem führte das ZNII-45, das größte Forschungszentrum des Schiffbaus in der UdSSR, umfangreiche Arbeiten in den Bereichen Akustik, Fahrtfähigkeit und Lenkbarkeit durch. Es wurden

u. a. neue geräuscharme Schrauben, gefederte Anlagenfundamente sowie ortungs- und schalldämmende Schichten entwickelt.

Als großes Problem erwies sich die Notwendigkeit, der Besatzung für die Dauer einer langen ununterbrochenen Unterwasserfahrt gute Arbeits- und Lebensbedingungen zu sichern. Alle 30 Offiziere wurden in Ein-, Zwei- und Vierbettkammern untergebracht. Für Unteroffiziere und Mannschaften waren zwei Räume vorgesehen. Zum ersten Mal wurde ein spezielles System der Belüftung, Lufterneuerung und Luftumwälzung eingeführt. Die Erprobung der neuen Ausrüstung und die Bedingungen der Bewohnbarkeit wurden auf einem umgebauten dieselelektrischen U-Boot des Typs »D« im Verlaufe von 50 Tagen durchgeführt. Zu einer besonderen Aufgabe gestaltete sich die Entwicklung des Ausstoßrohres für den T-15-Torpedo. Die Konstrukteure wählten die Variante des Selbstausstoßes, d. h. der Torpedo verließ mit eigenem Antrieb das Rohr, was die Konstruktion des Bootes wesentlich vereinfachte und zur Gewichtseinsparung führte.

Die Fachleute der Seekriegsflotte konnten erst im Mai 1954, nachdem der technische Entwurf abgeschlossen war, die Arbeit der Konstrukteure kennenlernen und begutachten. Neben positiven Einschätzungen kritisierten sie, daß es problematisch wäre, das Boot nach seiner Bestimmung einzusetzen. Beim Angriff sollte sich das Schiff dem Ziel bis auf eine Entfernung von rund 40 km nähern, seine Lage mit Hilfe von Ortungsgeräten nach Küstenorientierungspunkten bestimmen und erst danach den Schuß ausführen. Nach Meinung der Marineoffiziere war es praktisch unmöglich, den Angriff nach einem solchen Schema in küstennahen Gewässern vorzutragen, in dem der potentielle Gegner mit einem leistungsstarken System von U-Boot-Abwehrmitteln und -Maßnahmen präsent ist. Zugleich beanstandeten sie die ungenügende Höchstgeschwindigkeit bei Unterwasserfahrt und die schwachen Mittel des Eigenschutzes.

Nach den Ergebnissen der Gutachter aus der Flotte wurde ein Beschluß über die Veränderung des Entwurfs angenommen. Das neue Konzept und die Arbeitsskizzen lagen Mitte 1955 vor. Der Riesentorpedo T-15 war inzwischen gestrichen worden, als Hauptbewaffnung standen jetzt im Bug acht 533-mm-Torpedorohre mit einem gesamten Torpedovorrat von 20 Stück zur Verfügung. Zum ersten Mal wurde in der sowjetischen Marine der Torpedoausstoß bis zu einer Tiefe von 100 m vorgesehen. Alle Schußdaten ermittelte das automatische Feuerleitsystem »Torij« (Thorium). Von diesem Moment an war das erste Atom-U-Boot der UdSSR für den Angriff auf feindliche Kriegsschiffe und Transporter auf hoher See vorbestimmt.

Bei der Überarbeitung des Grundprojekts blieben die Hauptmerkmale der vorangegangenen Konstruktionsarbeiten erhalten. Das Boot hatte einen Zweihüllenrumpf. Seine langgestreckte Form wurde zusammen mit den Konturen des Turms zur Visitenkarte aller weiterer U-Boot-Entwürfe des SKB-143.

Der Druckkörper war in neun Abteilungen gegliedert (s. S. 14/15): 1 – Torpedoabteilung, 2 – Batterieabteilung, 3 – Befehlszentrale, 4 – Hilfsausrüstung, 5 und 6 – Reaktor- und Turbinenanlagen, 7 – E-Maschinen, 8 und 9 – Mannschaftsräume und Schiffssysteme. Die Reaktoren waren als Tandem angeordnet, die Dampferzeuger befanden sich beiderseits von ihnen. Die Reaktorabteilung war von den anderen Räumen durch ein biologisches Schutzsystem abgeschottet.

Für alle Abteilungen hatte man originalgetreue Attrappen gebaut. Das bewirkte eine hohe Anordnungsrationalität der Anlagen. Das Boot war mit den damals modernsten technischen Mitteln für die Beobachtung, Nachrichtenverbindung und Navigation ausgestattet. Der größte Teil davon war auf U-Booten der *Projekte 611* (*»Zulu«*) und *613* (*»Whiskey«*) erprobt worden.

Zur hydroakustischen Ausrüstung des Schiffes gehörte die Sonarstation »Arktika« für die Auffassung und Verfolgung von Zielen in den Bereichen Echo- und Geräuschpeilung, die Horchstation »Mars-16KP«, der Anlagenkomplex »Swet« für die Auffassung hydroakustischer Signale und die Unterwasserschallverbindung sowie das Sonargerät »Lutsch« für die Ortung von Unterwasserhindernissen. Eine Besonderheit der »Arktik«-Station auf dem U-Boot des *Projekts 627* war die Installation ihrer Antenne im Vorderteil des Turmes. Das gab die Möglichkeit, geräuscherzeugende Ziele automatisch zu begleiten. Die Kontrolle der taktischen Lage und die Erarbeitung der Schußdaten für das Torpedoschießen wurde damit erleichtert. Zur Funkmeßausrüstung (Radar) gehörten zwei Stationen: »Prisma« für die Ortung von Überwasserzielen und für die Feuerleitung beim Torpedoschießen und »Nakat« als Radarwarnstation.

Die Fernmeldemittel, die denen der Diesel-U-Boote sehr ähnlich waren, ermöglichten den Empfang von Funksprüchen im Langwellenbereich in geringer Tauchtiefe und auch zweiseitigen Lang- und Kurzwellenfunkverkehr mit Flugzeugen, Schiffen und Küstenstationen. Für die Schiffsführung und den Waffeneinsatz stand ein spezieller Navigationskomplex »Pluton« zur Verfügung, der auch während der Fahrt in Gewässern jenseits des 80. Breitengrades, also in den Bereichen der nördlichen und südlichen Polkappe, arbeitsfähig war. Wegen der gesteigerten Unterwasserfahrtgeschwindigkeit wurde im Steuersystem des Schiffes im weiten Maße Automatik eingesetzt. Für die Kurs- und Tauchtiefenstabilisierung dienten »Kurs«- und »Strela«-Systeme.

Während der Entwicklung wurde der Einhaltung eines niedrigen Geräuschpegels besondere Aufmerksamkeit geschenkt. Die für die Hauptturbinen vorgesehenen Schwingungsdämpfer kamen aber über das »Papierstadium« nicht hinaus. Im Ergebnis dessen waren die Eigengeräusche bei mittlerer Geschwindigkeit ebenso stark, wie bei Diesel-U-Booten unter den E-Maschinen. Bei hoher Geschwindigkeit stieg der Lärmpegel weiter an und dies hatte zur Folge, daß die ersten sowjetischen Atom-Boote den

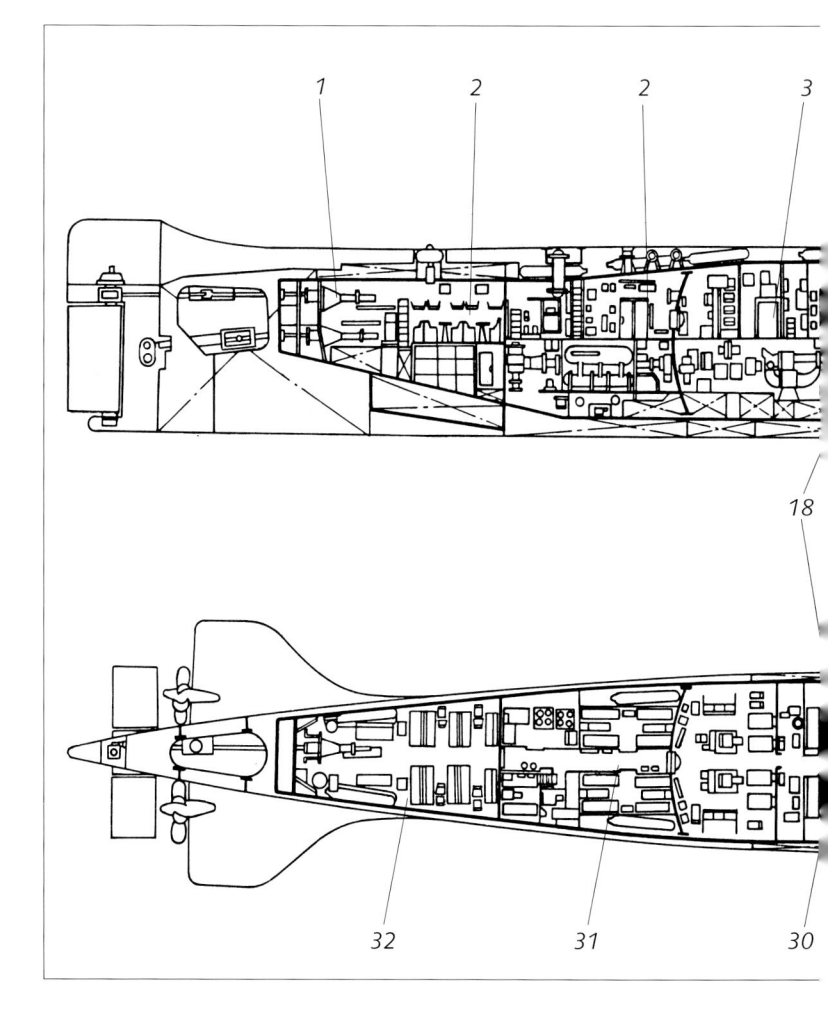

Atom-U-Boot des Projekts 627A (»November«-Klasse)

Bauweise des Projekts 627
1. Ruderantrieb, 2. Wohnräume, 3. Generatorschalttafel, 4. Leitstand der Hauptkraftanlage, 5. Kreislaufpumpe, 6. WM-A Kernreaktor, 7. Kühlmaschine, 8. Antenne des »Lutsch«-Sonars – für die Warnung vor feindlichen Sonargeräten

amerikanischen U-Schiffen hinsichtlich der akustischen Qualität wesentlich unterlegen waren. Aber in jener Zeit hielt man die akustische Tarnung nicht für vorrangig. An erster Stelle stand das Problem, das U-Boot von der atmosphärischen Luft unabhängig zu machen und so lange wie möglich zu tauchen, um der Ortung durch gegnerische Schiffs- und Flugzeugradaranlagen zu entgehen. Es wäre aber unrichtig zu behaupten, daß der Geräuschpegel unbeachtet geblieben wäre. Noch Mitte der 50er Jahre wurden die Forschungsarbeiten zur Senkung der Fahrt- und Maschinengeräusche verstärkt.

Bereits vor Abschluß der Projektierungsarbeiten begann im Juni 1954 der Bau des ersten Atom-U-Bootes für die sowjetische Seekriegsflotte. Das geschah in Molotowsk (seit 1957 Sewerodwinsk), im Schiffbauwerk Nr. 402. Das Werk war kurz vor dem Zweiten Weltkrieg für den Bau der Schlachtschiffe des Typs »Sowjetski Sojuz« errichtet worden. Auf seinem weitläufigen Gelände gab es ein spezielles Sperrgebiet mit der neuerbauten Schiffbauhalle Nr. 42 für den U-Boot-Bau. Anfangs hatte man beabsichtigt, in dieser Halle die Artillerietürme der Schlachtschiffe zu montieren. Als aber nach dem Tod Stalins im Jahre 1953 mit dem ambitiösen Programm des Aufbaus einer »Großen Hochsee- und Ozeanflotte« gebrochen wurde, blieb diese Helling »arbeitslos«.

An dieser Stelle scheint es angebracht zu bemerken, daß das erste sowjetische Atom-U-Boot und die meisten seiner Nachfolger auf horizontalen Stapelplätzen gebaut wurden, im Unterschied zu den vergleichbaren westlichen Booten, die bis in die 80er Jahre hinein auf traditionellen Hellings entstanden.

Zur gleichen Zeit, als die Stapellegung im Hohen Nor-

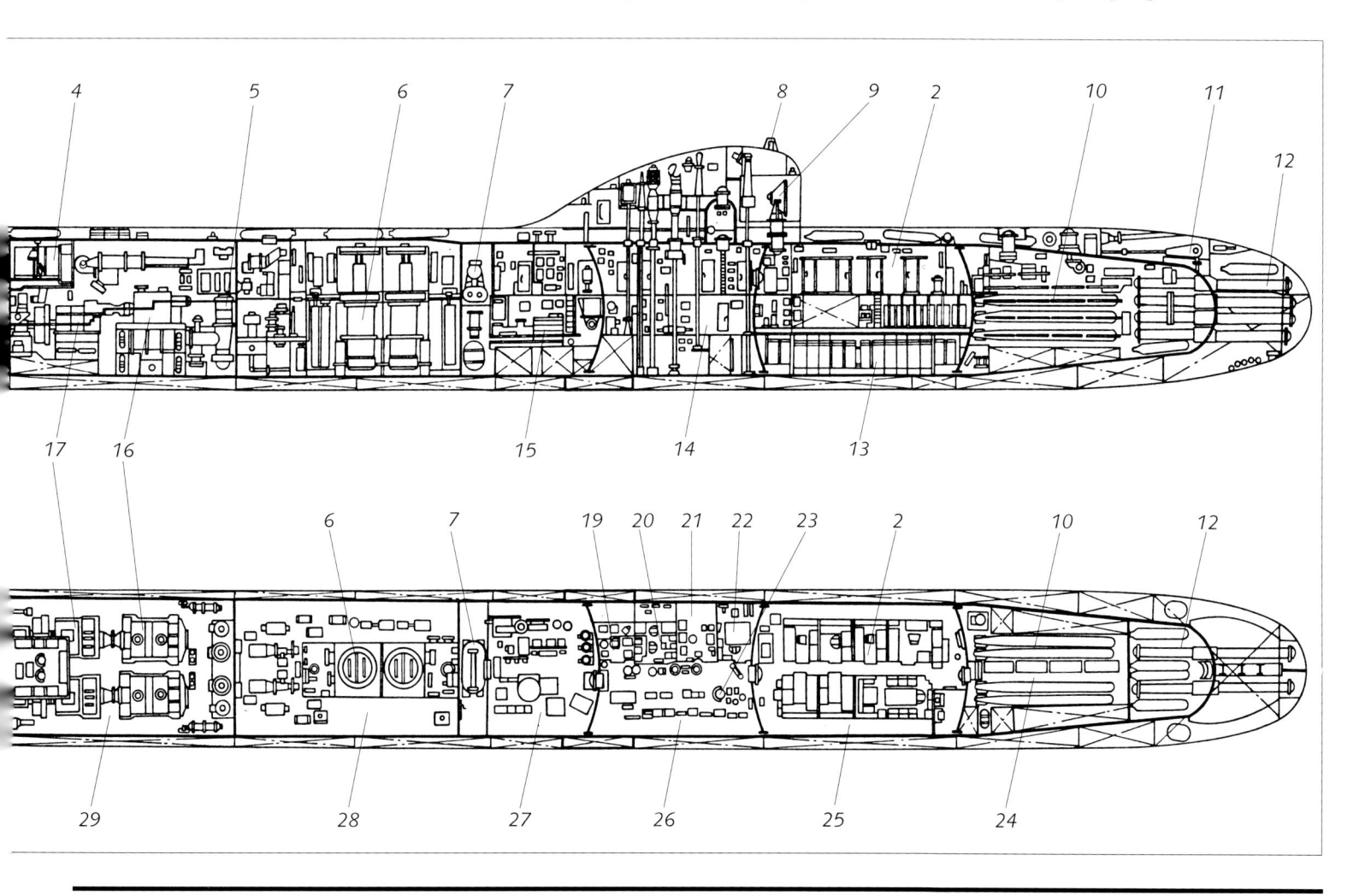

9. Antenne des Sonars »Arktika«, 10. Reservetorpedo, 11. Antrieb des Bugtiefenruder, 12. Torpedorohr, 13. Batteriezellen, 14. Kreiselkompaßraum, 15. Dieselgenerator, 16. Hauptturbine, 17. Untersetzungsgetriebe, 18. Generator, 19. Horchraum, 20. Funkverbindungsraum, 21. Funkpeilraum, 22. Kartenraum, 23. Zentrale

24. Abteilung I – Torpedoraum
25. Abteilung II – Batterien
26. Abteilung III – Zentrale
27. Abteilung IV – Dieselmotorraum
28. Abteilung V – Reaktorraum
29. Abteilung VI – Turbinenraum
30. Abteilung VII – E-Raum
31. Abteilung VIII – Wohnraum
32. Abteilung IX – Heckraum

den erfolgte, begann in Obninsk der Bau der Kernkraftanlage, die ein genaues Abbild der Anlage für das U-Boot war. Es wurden zwei naturgetreue Abteilungen, die Reaktor- und die Turbinenabteilung errichtet, die den Dampferzeuger und die Antriebsanlage der Steuerbordseite darstellten. Der Heckteil des Rumpfes befand sich in einem speziellen Bassin, wo mit Hilfe einer Hydrobremse die Leistung der Schraube ermittelt wurde. Im März 1956 erreichte der Standreaktor die errechneten Leistungsdaten. Der gleichzeitige Bau des Bootes und die Erprobung der Kernkraftanlage wurden von den praktisch unaufschiebbaren Fristen des Stapellaufs und der Indienstnahme diktiert.

Die offizielle Zeremonie der Kiellegung des Versuchsbootes vom *Projekt 627* geschah unter der Werknummer »254« am 15. September 1955. Fast zwei Jahre danach, am 9. August 1957, erfolgte der Stapellauf. Am 19. Mai 1958 starteten Dmitri F. Ustinow, der Minister für Verteidigungsindustrie der UdSSR, Sergej G. Gorschkow, der Oberbefehlshaber der Seekriegsflotte, Boris Butoma, der Minister für Schiffbauindustrie und der wissenschaftliche Leiter des Projekts, Akademiemitglied Anatoli P. Alexandrow (seit 1975 Präsident der Akademie der Wissenschaften der UdSSR) den U-Boot-Reaktor.

Am 3. Juli 1958, dreieinhalb Jahre nach dem ersten amerikanischen Atom-U-Boot SSN-571 »Nautilus« (Stapellauf 21. Januar 1954), verließ das Boot erstmals den Hafen. Noch während der Werkserprobung war beschlossen worden, aus Sicherheitsgründen die Leistung der Kernkraftanlage auf 60 Prozent zu beschränken. Mit dieser Leistungsbegrenzung wurde eine Geschwindigkeit von 23,3 kn erreicht, sie lag 3 kn über der errechneten Geschwindigkeit. Im Verlaufe der ersten Erprobungsphase, die 25 Tage dauerte, sind fünf Fahrten absolviert worden. Das Boot legte dabei 3 800 sm zurück, davon 860 in Tauchfahrt. Bei 29 Tauchmanövern mit schrittweise erhöhter Tauchtiefe wurde in einem Falle eine bisher in der UdSSR noch nicht erreichte Tiefe von 310 m erreicht.

Die Übergabe des Bootes in den Versuchsbetrieb der Flotte geschah am 30. Dezember 1958 und kennzeichnete einen ersten Erfolg des sowjetischen Atom-U-Boot-Baus. Der Kernantrieb verlieh dem Schiff ganz neue taktische Qualitäten im Vergleich zu den herkömmlichen Tauchbooten mit Diesel-Elektro-Antrieb. Aber es wäre naiv zu behaupten, daß alles glänzend verlief. Die Konstruktion erwies sich als noch nicht gründlich genug durchgearbeitet und noch nicht ausreichend zuverlässig. Wie es mit allen komplizierten technischen Systemen ist, mußte es erst noch von den Kinderkrankheiten geheilt werden. Um Kavitationserscheinungen an den Pumpen der Hauptkondensatoren zu vermeiden, sollten schon nach dem Stapellauf spezielle Wassereinläufe an der Unterseite installiert werden. Zum Hauptproblem des Bootes und seiner Schwesterschiffe wurde aber die ungenügende Sicherheit der Dampferzeuger. Nach einigen hundert Betriebsstunden bildeten sich in den Wasserrohren mikroskopisch feine Risse, durch die das Wasser des Primärkreises in den sekundären Kreis einsickerte und dort eine Steigerung der Radioaktivität hervorrief. Man war deshalb gezwungen, mehrmals die Konstruktion zu verändern, neue Werkstoffe zu verwenden und das gesamte System der Wasservorbereitung für den Dampferzeuger zu vervollkommnen.

Zum zweitwichtigsten Problem wurde die ungenügende Dauer der Zyklen in der aktiven Reaktorzone sowie die zu geringen Nutzungsfristen der Kühlpumpen, Wärmeaustauscher und anderer wichtiger Anlagenteile. Später wurden die kompletten Reaktorabteilungen des Versuchsbootes und der ersten beiden Serienboote durch neue dampferzeugende Anlagen des Typs WM-A ersetzt.

Tabelle 1

Werksnummer	Taktische Nummer	Baujahr
260	K-5	1959
261	K-8	1959
281	K-14	1959
283	K-52	1960
284	K-21	1961
285	K-11	1961
286	K-133	1962
287	K-181	1962
288	K-115	1962
289	K-159	1963
290	K-42	1963
291	K-50	1964

Während einiger Jahre war die Situation im sowjetischen Atom-U-Boot-Bau sehr schwierig. Anfang der 60er Jahre gelang es endlich, die Nutzungsfrist der Dampferzeuger bis auf eine annähernd ausreichende Anzahl von Betriebsstunden zu erhöhen und schließlich das Problem endgültig zu lösen.

Zum Kommandanten des ersten sowjetischen Atom-U-Bootes mit der taktischen Nummer K-3 wurde Kapitän I. Ranges Leonid G. Osipenko (Jahrgang 1920) ernannt. Er war einer der erfahrensten Offiziere der sowjetischen U-Boot-Waffe und während des Zweiten Weltkrieges von 1941 bis 1945 fuhr er auf einem U-Boot der Schwarzmeerflotte. Er war an neun Kampfeinsätzen beteiligt und befehligte nach dem Ende des Krieges ab 1949 ein U-Boot der Pazifikflotte. Als Kommandant führte er den »Erstling« der nuklearen U-Boot-Flotte der UdSSR von 1955 bis 1960 und bekam dafür den Ehrentitel »Held der Sowjetunion« verliehen.[1]

Der Chefkonstrukteur von K-3, Wladimir Peregudow, und der Direktor des Werks, J. Jegorow, wurden letztendlich mit der Goldmedaille des »Helden der sozialistischen Arbeit« ausgezeichnet. Von den aktiven Schöpfern des Bootes bekamen 19 einen Leninpreis zuerkannt.

Während die USA ihre ersten Atom-U-Boote in der Hauptsache als schwimmende Prüfstände betrachteten, begann man in der UdSSR nach den Erprobungen von K-3 sofort mit dem Serienbau einsatzfähiger Schiffe. Im Oktober 1957, kurz nach der Kiellegung von K-3, wurde ein Regierungsbeschluß verabschiedet, der den Bau von Serienbooten nach dem überarbeiteten *Projekt 627A* anordnete. Dabei wurden grundlegende technische Lösungen, die beim Bau und beim Betrieb der Hauptkraftanlage, der Ausrüstung und der Bewaffnung praktiziert worden waren, beibehalten. Den Vorschlägen der Gutachter aus der Flotte entsprechend wurden die Querschotten der Energieabteilungen (Reaktor- und Dampferzeuger) wesentlich verstärkt, der Turm und die Außenhaut des Rumpfes bekamen lokale Versteifungen. Den Vorrat an Preßluft hat man bedeutend verstärkt und zu seiner Ergänzung in der Sehrohrlage erhielt das Projekt eine spezielle Vorrichtung, die den Einsatz des Verdichters in dieser Lage ermöglichte. Auch die Fernmelde- und Navigationsmittel sind grundsätzlich vervollkommnet worden.

Im Frühling 1956 schloß das SKB-143 die Bearbeitung des Grundprojektes ab und im August desselben Jahres wurde im Werk Nr. 402 das Typschiff des *Projektes 627A* auf Kiel gelegt. Die Bauarbeiten verliefen mit sehr knappen Ablieferungsfristen, die von der Ideologie des »Kalten Krieges« diktiert wurden. Das erste Boot lief schon im September 1958 vom Stapel und wurde 1959 für die WMF in Dienst gestellt. In der Zeit von 1959 bis 1964 sind in Sewerodwinsk insgesamt 12 U-Boote des *Projekts 627A* gebaut worden:

Im Verlaufe der Erprobungen von K-5, dem erstem Boot des Projektes 627A, wurde die Leistungsabgabe der Antriebsanlage aus Sicherheitsgründen auf 80 Prozent der Nennleistung begrenzt. Damit konnte eine Dauergeschwindigkeit in Unterwasserfahrt von 28 kn erreicht werden.

Während des Serienbaus wurden die Konstruktionen der Kraftanlage und des Schiffes ständig vervollkommnet. Parallel zur gesteigerten Zuverlässigkeit der Dampferzeuger konnte auch die Ausrüstung teilweise vervollkommnet sowie neue Waffenleitsysteme installiert und eine bessere elektronische Bewaffnung eingebaut werden. Um günstigere Bedingungen für den Einbau der Antenne der Sonaranlage »Arktika« zu erhalten, wurde sie vom Turm in den Unterteil des Rumpfbugs versetzt, wo sie in einer speziellen »Wanne« Platz fand. Oberhalb der Torpedorohre installierte man eine neue Geräuschpeilanlage MG-10. Durch leistungsfähigere Ruderantriebe wurde die Steuerung des Schiffes bei hohen Fahrtgeschwindigkeiten verbessert. Die letzten fünf Boote dieser Serie erhielten ein mechanisiertes Nachladesystem an den Torpedorohren eingebaut. In gleicher Weise hat man später alle Schiffe des *Projekts 627A* und den Erstling K-3 modernisiert.

Von 1960 bis 1961 wurden im SKB-143 das Grundprojekt und die Arbeitsskizzen eines Mehrzweck-U-Bootes unter der Bezeichnung PT-627A fertiggestellt. Für dessen Bau plante man, bereits vorhandene Rümpfe von Raketen-U-Booten des Projekts P-627A (darüber wird im nächsten Kapitel berichtet) zu verwenden. Atom-U-Boote des *Typs PT-627A* waren für den Kampf gegen Angriffsflugzeugträger und andere große Überwasserkampfschiffe bestimmt und sollten zu diesem Zweck erstmals 650-mm-

---

1 1979 beendete L. G. Osipenko seinen aktiven Dienst in der Seekriegsflotte als Verbandschef im Range eines Konteradmirals.

Langstreckentorpedos tragen. Außer vier Ausstoßrohren für diese Torpedoart mit einem Torpedovorrat von 8 Projektilen war vorgesehen, das Boot zusätzlich mit vier 533-mm-Torpedorohren und 14 entsprechenden Torpedos zu bewaffnen. Außerdem sollten verstellbare Antriebspropeller verwendet werden. Im November 1961 wurde aber beschlossen, den *Typ PT-627A* nicht fertigzustellen, sondern die bereits vorhandenen Maschinen und Ausrüstungen in das letzte Atom-U-Boot des *Projekts 627A* einzubauen.

Mit der schrittweisen Indienststellung der neuartigen U-Boote wuchs auch der Grad ihrer Beherrschung durch ihre Besatzungen. In der ersten Hälfte der 60er Jahre stellten der zuverlässige Betrieb der Kernkraftanlagen und die Formierung von Besatzungen und Führungspersonal für die Atomflotte Schwerpunktaufgaben dar. Ihre Lösung gab die Möglichkeit, weite Ausbildungsfahrten in den Weltmeeren zu unternehmen, sowohl im offenen Wasser wie auch unter dem Eis. Mitte 1962 wurde das Atom-U-Boot K-3 auf eine Sonderaufgabe vorbereitet – es sollte als erstes sowjetisches Schiff bis zum Nordpol vorstoßen.

Am 11. Juli 1962 verließ K-3 seinen Liegeplatz in Sapadnaja Liza und tauchte erst nach drei Tagen Unterwasserfahrt an einer eisfreien Stelle am 84. Breitengrad auf. Am 17. Juli erreichte das Boot den Nordpol. Der Rückmarsch wurde teils über, teils unter Wasser zurückgelegt und endete mit dem Einlaufen in Gremicha. K-3 hat bei dieser Mission 3 115 sm zurückgelegt, davon rund 1 300 unter dem Eis der nördlichen Polkappe. Parteichef Nikita Chruschtschow, der zu dieser Zeit das Schiffbauwerk in Sewerodwinsk und die Nordflotte inspizierte, empfing die

Das sowjetische Atom-U-Boot K-3, aufgetaucht im Arktiseis am Nordpol, Juli 1962

Admiral A. I. Sorokin auf dem aufgetauchten U-Boot K-3 am Nordpol, Juli 1962

heimgekehrte Besatzung persönlich. Alle Teilnehmer der Fahrt sind mit Orden und Medaillen ausgezeichnet worden. Dem Leiter des Unternehmens, Konteradmiral Andrej I. Petelin, dem Kommandanten von K-3, Lew M. Shiltzow, und dem Leitenden Ingenieur, Radij A. Timofejew, wurde der Titel »Held der Sowjetunion« verliehen.

Im September 1963 unternahm das U-Boot K-115 (Baujahr 1962) die erste Fahrt quer durch die Arktis aus der Barents-See in den Stillen Ozean. Unterwegs tauchte das Schiff neben der sowjetischen Polarstation »Sewernyi poljus-12« auf und setzte dessen »Bewohner« in Erstaunen. Einige Tage später durchbrach das Schwesterschiff K-181, nur zwei Kabellängen (370 m) vom geographischen Nordpol entfernt, das 30 cm dicke Eis und tauchte auf. Drei Jahre danach unternahmen zwei Atom-U-Boote, das eine vom *Projekt 627A (»November«)* und das andere vom *Projekt 675 (»Echo«)*, eine Gruppenfahrt um die Welt, die 54 Tage dauerte.

Leider war der Einsatz der ersten Atom-Boote von schweren Unfällen überschattet. Einer von ihnen ereignete sich am 8. September 1967 in der Norwegischen See, als an Bord von K-3, das von einer Fahrt zurückkehrte, ein starker Brand in Abteilung I entstand. Dabei kamen 39 Besatzungsangehörige infolge Vergiftung durch Verbrennungsgase ums Leben. Der erste Totalverlust entstand durch Untergang von K-8 im Frühling 1970 im Golf von Biscaya, etwa 750 km westlich der spanischen Küste. Am Abend des 8. April brach an Bord des getaucht fahrenden Bootes ein starker Brand aus. Es tauchte manövrierunfähig auf und blieb wegen des Abstellens des Reaktors ohne Energieversorgung liegen. Von der 125 Mann starken Besatzung waren zu dieser Zeit schon 30 ums Leben gekommen. Erst im Morgengrauen des 10. April näherte sich das erste Schiff zur Hilfeleistung und man evakuierte einen Teil der U-Boot-Besatzung. Da einige Schotten ihre Druckfestigkeit verloren, gab es keine Chance für die Rettung des U-Schiffs ohne fremde Hilfe. Der Kampf um seine Erhaltung war erfolglos, am 12. April verlor K-8 die Längsstabilität und sank. Von der letzten noch an Bord befindlichen Gruppe von 22 Seeleuten und Technikern, mit dem Kommandanten W.B. Bessonow an der Spitze, konnte niemand gerettet werden.

1963 konnte ein neues Atom-U-Boot des *Projekts 645 (»November«)* in die Flotte eingegliedert werden. Es wurde im SKB-143 unter Leitung von Chefkonstrukteur A. K. Nazarow entwickelt und unterschied sich äußerlich sehr wenig von den Serienbooten des *Projekts 627A*. Man baute auch dieses Schiff auf der Stapelkette der Schiffbauhalle 42 im Werk Nr. 402 in Sewerodwinsk. In ausländischen Flottenhandbüchern hat man diesem Schiff wenig Aufmerksamkeit geschenkt und zählte es nach der NATO-Klassifizierung zur »November«-Klasse, die alle Schiffe der *Projekte 627* und *627A* einschloß. In Wirklichkeit aber handelte es sich um das erste sowjetische Atom-U-Boot mit einem Dampferzeuger, dessen Reaktoren einen Flüssigmetall-Wärmeträger hatten.

Der Kommandant des Atom-U-Bootes L. M. Shiltzow (r.) und sein Politstellvertreter A. Schturmanow am Pol, Juli 1962

Admiral A. I. Sorokin befehligte 1966 die erste Unterwasserweltreise sowjetischer Atom-U-Boote

Diesem Schiff war ein dramatisches Schicksal beschieden. Es durchlief einen langen Entwicklungsweg von den ersten Skizzen bis zum Bau, machte dann einige Fahrten und erlitt einen schweren Unfall, der seiner Existenz ein Ende setzte.

Die ersten Arbeiten zur Entwicklung von Schiffsreaktoren mit Zwischenneutronen und der Verwendung von Flüssigmetall als Wärmeträger begannen in der UdSSR zur gleichen Zeit wie der Bau von Reaktoren mit Wärmeneutronen. Im Prinzip begann die Geschichte der mit solchen Kraftanlagen ausgerüsteten U-Boote im September 1952, als die Projektierungsarbeiten für das erste sowjetische Atom-Boot anliefen. Obwohl die Entscheidung bei ihm zugunsten eines Wasser-Wasser-Reaktors (Druckwasser-Reaktors) gefallen war, ging die Entwicklung des Reaktortyps mit niedrigschmelzendem Metall bzw. Metall-Legierung als Wärmeträger (Kühlmittel) zur Schaffung einer Alternativvariante weiter.

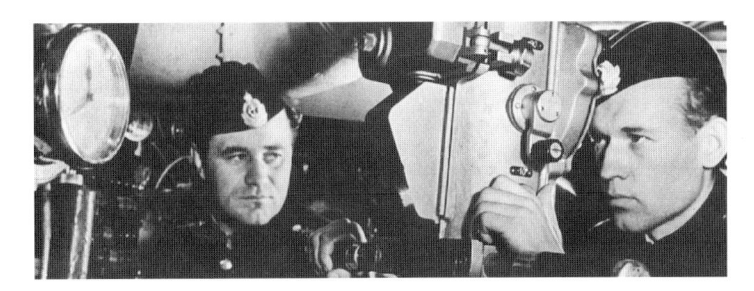

Das Boot des *Projekts 645* bekam als erstes eine mechanische Fernbedienung der Torpedorohre und eine Vorrichtung für das schnelle Nachladen der Torpedos, wodurch die für die Vorbereitung aller Ausstoßrohre notwendige Zeit von einigen Stunden bis auf 15 Minuten reduziert werden konnte. Große Aufmerksamkeit wurde auch der verbesserten Anordnung der Ortungsmittel geschenkt. Im Unterschied zum *Projekt 627A* veränderte man die Anordnung des Hauptsonars. Die ausstrahlende Antenne der akustischen Station »Arktika-M« wurde oberhalb der Torpedorohre installiert. Die Geräuschortungsanlage MG-10 kam in den Unterteil des vorderen Rumpfes, wo die Einwirkung von Störungen geringer war. Auch die Konturen des Bugs wurden verändert und dies wurde zum Hauptunterscheidungsmerkmal dieses Bootes gegenüber dem Projekt 627A.

Zusätzlich wurde ein zweites Sehrohr installiert, wodurch die Funktionen der Beobachter geteilt werden konnten. Der Kommandant führte in der Regel die optische Seeraumbeobachtung mit seinem Gerät durch. Mit Hilfe des Luftraumsehrohres konnte nun gleichzeitig die Beobachtung der oberen Halbsphäre erfolgen. Zur Reduzierung des Schiffsmagnetfeldes hat man für die Außenhaut einen neuen amagnetischen Stahl verwendet. Dies erleichterte zwar die Entmagnetisierung des Schiffes, führte aber mehrere Jahre später infolge Sprödigkeit und Brüchigkeit dieses Materials zu vielen Problemen.

Mit dem Grundprojekt des Bootes, das eine rund 300 Tonnen größere Wasserverdrängung hatte, war man 1956 fertig und im Verlaufe des nächsten Jahres wurden die Arbeitszeichnungen der Werft übergeben. Die Kiellegung erfolgte am 15. Juni 1958, und es war vorgesehen, das

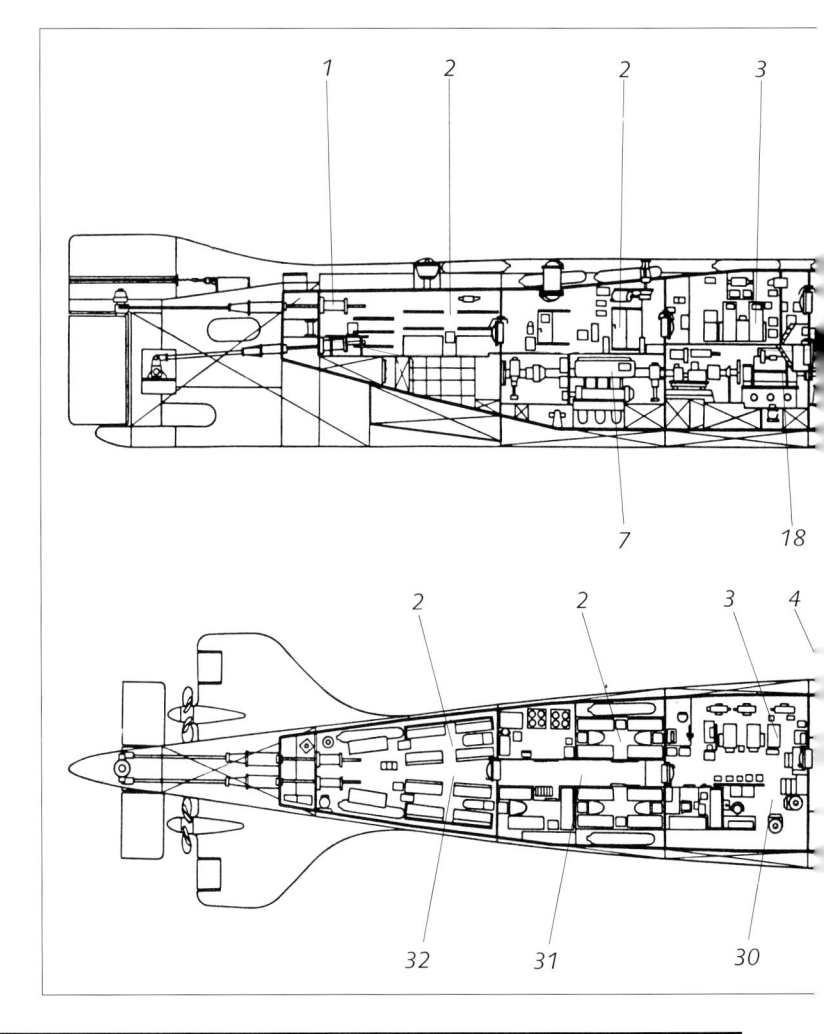

In der Zentrale eines konventionellen U-Boots.
Ein sowjetischer Oberleutnant am Periskop,
Mitte der 60er Jahre

Bauweise des Projekts 645
1. Ruderantrieb, 2. Wohnräume, 3. E-Motoren-Leitstand, 4. Steuerungspult der Hauptkraftanlage, 5. Kreislaufleitung, 6. Generatoren-Leitstand, 7. Kühlmaschine, 8. MG-13 (Anlage für die Auffassung feindlicher Sonarortung), 9. Reservetorpedo, 10. Bugtiefenruderantrieb, 11. Torpedorohr,

Schiff noch vor Ende des Jahres 1960 an das Erprobungskommando zu übergeben. Auftretende Komplikationen mit dem Dampferzeuger verhinderten das. Dieses Aggregat, bezeichnet als »27/WT«, befand sich seit März 1959 in Obninsk im Testbetrieb. Dabei wurden mehrere konstruktive Mängel entdeckt. Besonders viele Sorgen bereitete die Wärmeisolierung der Rohrleitungen des Primärkreises. Jede Beschädigung an ihnen zog das Erstarren der Flüssigmetall-Legierung nach sich. Schließlich war man gezwungen, die gesamte Isolation zu wechseln, weil sie unter der Einwirkung der Kernstrahlung Chlor absonderte, das die Korrosion verstärkte. Im Ergebnis dessen zog sich die Erprobung der Anlage bis Mitte 1961 hin. Letztendlich konnte aber die Betriebsfähigkeit des Reaktors und der gesamten neuen Antriebsanlage bestätigt werden.

Die Ablieferung der Kernkraftanlage an das Schiffbauwerk Nr. 402 zog sich bis Anfang 1962 hin. Am 1. April 1962 erfolgte der Stapellauf. Im August waren die beiden Reaktoren beschickt und Anfang Dezember wurden die Anlagen mit der Legierung gefüllt. In den ersten Tagen des neuen Jahres begannen die Probeläufe der Hauptkraftanlage. Die See-Erprobungen verliefen sehr schnell und bereits am 30. Oktober 1963 konnte das Übergabeprotokoll für das U-Boot K-27 unterschrieben werden.

Die neue Kernkraftanlage begeisterte die Besatzung hauptsächlich durch ihre Leistungsfähigkeit. In der ersten Etappe des Einsatzes der Atom-U-Boote der ersten Generation waren wiederholt Probleme mit den Druckwasser-Reaktoren aufgetreten. Nach einigen hundert Betriebsstunden begannen in der Regel die Dampferzeuger zu lecken. Die Flüssigmetall-Anlage arbeitete dagegen wäh-

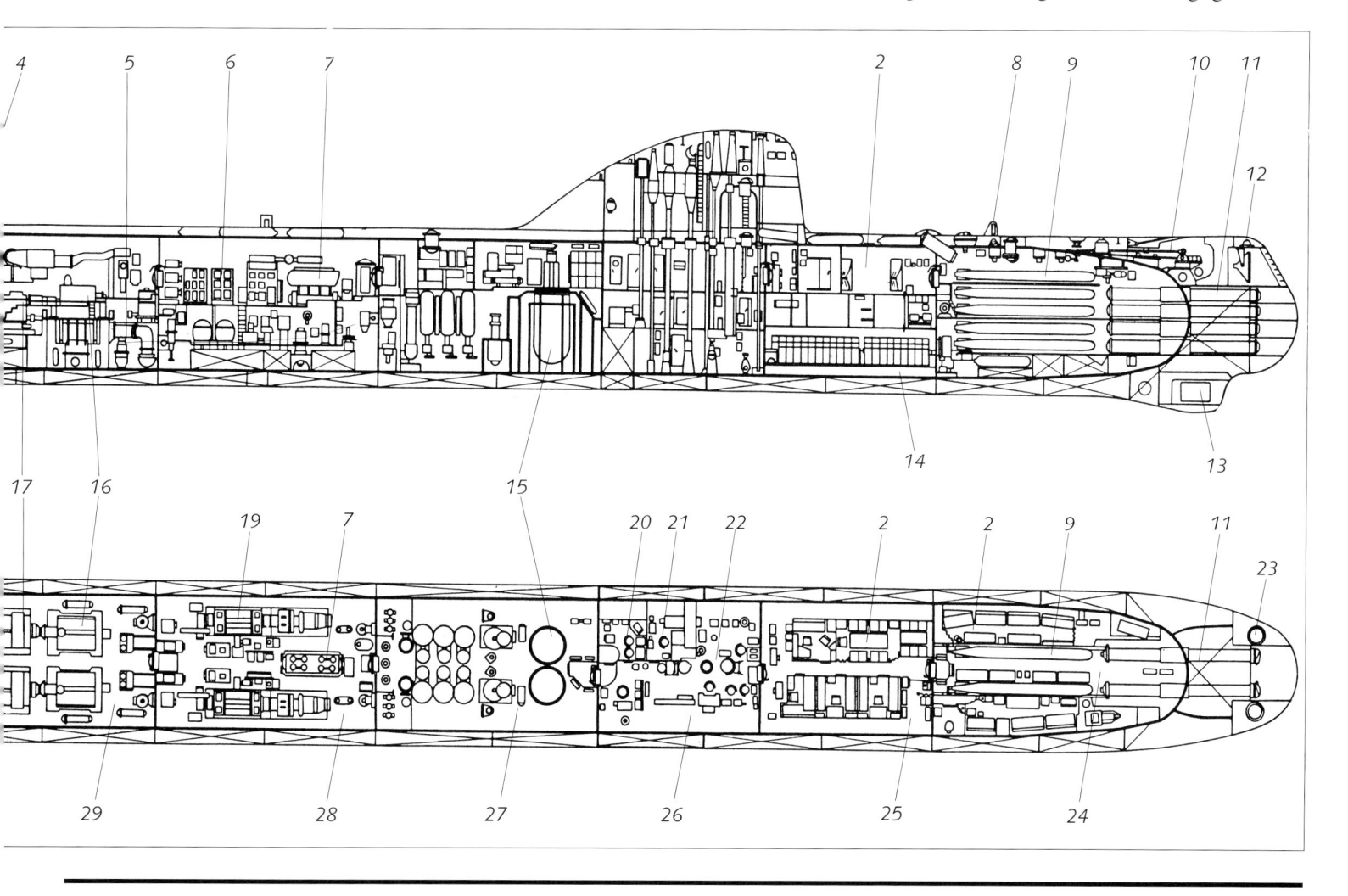

---

12. Antenne des Sonars »Arktika-M«, 13. Antenne der Geräuschortungsstation MG-10, 14. Batteriezellen, 15. Kernreaktor RM-1, 16. Hauptturbine, 17. Untersetzungsgetriebe, 18. E-Motoren, 19. Selbständiger Turbogenerator, 20. Horchraum, 21. Kartenraum, 22. Zentrale, 23. Minensuch-Sonar »Plutonij«

24. I Abteilung – Torpedoraum
25. II Abteilung – Batterieraum
26. III Abteilung – Zentrale
27. IV Abteilung – Kraftanlageraum
28. V Abteilung – Turbinengeneratoren

29. VI Abteilung – Turbinenraum
30. VII Abteilung – E-Motorenraum
31. VIII Abteilung – Wohnraum
32. IX Abteilung – Heckraum

rend der Erprobung sehr stabil und zuverlässig. Ohne besondere Probleme legte K-27 5760 sm zurück, davon 3370 sm in Unterwasserfahrt.

In der Iokanga-Bucht am nordöstlichen Ufer der Kola-Halbinsel baute man noch vor der Ankunft von K-27 einen speziellen Kesselraum, der während der Hafenliegetage für die Erhitzung des Wärmeträgers sorgte.

Nach einem halben Jahr bereitete die Besatzung das Schiff zur ersten selbständigen Fahrt vor, die das Ziel hatte, alle Anlagen und Aggregate unter den Bedingungen verschiedener Klimazonen zu testen und das optimale Betriebsregime der Kernkraftanlage herauszufinden. Aus diesem Grunde hatte man eine Fahrtroute aus der Arktis in die tropische Zone des Atlantiks festgelegt. Dieser Seetörn von K-27 dauerte 51 Tage im April und Mai 1964 und seine Ergebnisse überzeugten die Besatzung und das technische Kontrollpersonal des Herstellerwerkes von den Vorzügen der Flüssigmetall-Wärmeträger.

Im Sommer 1965 unternahm K-27 eine Fahrt ins Mittelmeer, die 61 Tage dauerte. Gegen Ende des Törns offenbarten sich die ersten Fehler im Betrieb der Dampferzeuger und man entdeckte ein großes Leck. Zu dieser Zeit waren die Reaktoren bis zu 92 bzw. 96 Prozent ihrer Kapazität ausgelastet worden.

Im Oktober 1965 absolvierte K-27 zwei Fernfahrten und kehrte nach Sewerodwinsk zur Instandsetzung und zur Neubeschickung der Reaktoren zurück. Das dauerte aus verschiedenen Gründen rund zwei Jahre und erst im September 1967 konnte die Nordflotte das Schiff wieder in den Bestand der Einsatzkräfte eingliedern. Von diesem Moment an begann eine Kette von Havarien und Defekten, die letztendlich zu einem schweren Unfall führte. Das erste Warnsignal bekam die Besatzung am 13. Oktober. Das Boot trat einen Seetörn an, als beim Steuerbordreaktor flüssige Metall-Legierung in das Gassystem des Primärkreises eindrang. Zwei Pumpen wurden durch erstarrtes Metall außer Betrieb gesetzt. Nach zweimonatiger Instandsetzung bereitete sich K-27 wieder auf den Gefechtsdienst vor, als am 24. Mai 1968 in einer Tauchtiefe von 50 m durch einen Defekt am Backbord-Dampferzeuger eine rasche Verschlechterung der Strahlungslage in den Betriebsräumen eintrat. Das Boot tauchte sofort auf und kehrte in den Stützpunkt zurück. Im Ergebnis dieses Unfalls sind 9 Besatzungsmitglieder von K-27 ums Leben gekommen. Als Ursache wurde eine Verminderung der Wärmeabgabe der aktiven Zone festgestellt, was zur teilweisen Zerstörung der Wärmeelemente und zum Austritt von radioaktiven Spaltprodukten geführt hat.

Eine Sonderkommission untersuchte das Schiff und kam zu der Entscheidung, daß es notwendig sei, in beiden Dampferzeugern die Legierung erstarren zu lassen. Das kam einem Todesurteil für K-27 gleich, weil es nach dem Erstarren kaum möglich wäre, die Reaktoren jemals wieder in Betrieb zu nehmen. Wegen der an Bord vorhandenen schweren Strahlungslage gab es aber keine andere Lösung. Im Juni 1968 waren die erforderlichen Vorbereitungen beendet und man hat K-27 zu einer langen Konservierung »verbannt«. Zuerst bestand noch die Hoffnung, daß es gelingen würde, das Boot wieder betriebsfähig zu machen, und zwar durch den Austausch der beschädigten Reaktoren gegen neue Druckwasser-Anlagen. Da aber in dieser Zeit die Flotte neue Atom-U-Boote der zweiten Generation erhielt, erwies sich die sehr aufwendige Wiederherstellung von K-27 unzweckmäßig. Es lag dann rund 13 Jahre isoliert in »Verbannung«, zuerst in einem Winkel des Stützpunktes und dann in Sewerodwinsk. 1981 ist das Boot nach der Konservierung der Reaktorabteilung unweit der Küste der Insel Nowaja Semlja in einer Tiefe von 75 m versenkt worden.

Im Unterschied zu den USA, wo man nach Problemen mit der Reaktoranlage des Versuchs-Atom-U-Bootes SSN 575 »SeaWolf« (Indienststellung 30. März 1957) keine U-Boote mehr mit Flüssigmetall als Wärmeträger baute, wurden in der UdSSR die Atom-U-Boote der zweiten Generation sowohl mit Druckwasser-Anlagen als auch mit Flüssigmetall-Dampferzeugern ausgerüstet.

Insgesamt sind der sowjetischen Seekriegsflotte in der Zeit von 1958 bis 1964 14 Mehrzweck-Atom-Boote der Projekte 627 und 627A übergeben worden. Etwas später entstand ein weiterer Typ solcher Schiffe. Die Rede ist von den Booten des *Projekts 659*, denen die Raketenbewaffnung entfernt worden war. 1968 bis 1974 hat man fünf Schiffe im Werk Nr. 159 in Komsomolsk am Amur und im Werk Nr. 892 in Bolschoi Kamen umgerüstet. Sie bekamen einen größeren Torpedovorrat und ein blasenfreies Ausstoßsystem für ihre Torpedorohre.

Tabelle 2
Taktisch-technische Daten der Torpedo-Atom-U-Boote der ersten Generation

Projekt-Nr.	627A	645	659
Wasserverdrängung (t)	3 118	3 414	3 650
Länge (m)	107,3	109,8	112,2
Breite (m)	7,9	8,3	9,2
Tiefgang (m)	5,7	5,8	6,2
Reserveauftrieb (%)	30	27	29
Tauchtiefe (m) (normal/maximal)	240/300	240/300	240/300
Seeausdauer (...)	50	50	50
Antriebsleistung, PS (kW)	2 x 17 500 (12 863)	2 x 17 500 (12 863)	2 x 17 500 (12 863)
Unterwassergeschw. (kn)	28	28	24
Bewaffnung: Bugtorpedorohre (Anzahl, Kaliber)	8 x 533	8 x 533	2 x 400
Hecktorpedorohre	–	–	2 x 400
Torpedovorrat	20	20	32
Besatzungsstärke	104	89	98
Bau des Nullschiffs	1959	1963	1968

An dieser Stelle erscheint es angebracht, etwas über die Hauptwaffe der Mehrzweck-U-Boote, über ihre Torpedos, auszuführen. Für die Entwicklung dieser Waffen war in der UdSSR das Leningrader Wissenschaftliche Forschungsinstitut NII-400 verantwortlich. Ende der 50er Jahre wurden zwei Entwicklungsrichtungen verfolgt und man teilte die Torpedos dementsprechend in die beiden Gruppen – U-Jagd- und Anti-Schiff-Torpedos.

Die Notwendigkeit für den Bau spezieller U-Jagd-Torpedos hatte sich schon im Verlaufe des Zweiten Weltkriegs ergeben. In der UdSSR begann man zu Beginn der 50er Jahre auf der Grundlage des elektrischen Torpedos mit akustischer Zielsuchlenkung SAET-50 den neuen U-Jagd-Typ SET-53 zu entwickeln. Er hatte einen passiven Suchkopf mit Zweiachsen-Selbststeuerung, elektromagnetischer Zündeinrichtung und konnte bis zu einer Tauchtiefe von 200 m eingesetzt werden. Die spätere Verwendung von Silber-Zink-Batterien ermöglichte bei dem modernisierten Typ SET-53 M eine wesentliche Steigerung der Geschwindigkeit und Reichweite.

Die Zunahme der Tauchtiefe und Geschwindigkeit bei ausländischen U-Booten erforderte von den sowjetischen Konstrukteuren eine 150- bis 200prozentige Steigerung der entsprechenden Daten der Torpedos. Im Jahre 1965 wurde der Typ SET-65 als erster Torpedo der neuen Generation in die Bewaffnung der Flotte eingeführt. Die erreichten Fortschritte in Wissenschaft und Technik ermöglichten es, kleinkalibrige Torpedos mit einem Durchmesser von 400 mm zu entwickeln. Als erste Waffe dieser neuen Art erschien 1962 der elektrische Torpedo SET-40 in der Flotte, der über eine aktiv-passive Selbstlenkung verfügte und für den Selbstschutz der Raketen-U-Boote bestimmt war. Es wurden auch Anti-Schiff-Torpedos für die Bekämpfung von Überwasserschiffen entwickelt, bei denen Wärmetriebwerke Verwendung fanden, die mit Flüssigsauerstoff und Wasserstoffperoxid arbeiteten. Das gab die Möglichkeit, die Reichweite und Geschwindigkeit der Torpedos um mehr als 50 Prozent zu steigern. Es kamen auch Zielsuch- und Lenksysteme in Anwendung, die das Ziel nach seiner Kielwasserspur suchten und verfolgten.

1956 beendete man die Entwicklung des geradelaufenden Torpedos vom Typ 53-56, der mit einer prinzipiell neuen optischen Zündeinrichtung versehen war. 1964 wurde auf der Grundlage der Torpedotypen 53-39PM und 53-56 ein im Betrieb vereinfachter Torpedo 53-56W (für den Export 53WA) mit passivem Suchkopf herausgebracht.

Als erster Heißgas-Torpedo mit Turboantrieb ist 1957 der Typ 53-57 in Dienst gestellt worden. Als Oxidator des Kerosin-Treibstoffes diente Wasserstoffperoxid, wodurch die Reichweite und Geschwindigkeit des Anti-Schiff-Torpedos wesentlich erhöht werden konnte. Vier Jahre später

Tabelle 3 Technische Daten sowjetischer U-Boot-Torpedos

Bezeichnung	SET-53	SET-65	SET-40	53-56	53-57	53-61	53-65	SAET-60	MGT-1
Kaliber (mm)	533	533	400	533	533	533	533	533	400
Reichweite (km)	7,5	15,0	7,5	13,0	18,0	15,0	12,0	13,0	6,0
Geschwindigkeit (kn)	23	40	29	40/49	45	55/35	68/44	42	28
Einsatztiefe (m)	200	400	200	–	–	–	–	–	–
Gefechtskopfmasse (kg)	100	250	80	400	300	–	300	300	–
Antrieb	elektr.	elektr.	elektr.	Heißgas-antriebe	Heißgas-antriebe	Heißgas-antriebe	Heißgas-antriebe	elektr.	elektr.
Zielsuchsystem	passiv	–	aktiv/passiv	–	–	aktiv	–	passiv	–
Baujahr	1958	1965	1962	1956	1957	1961	1965	1961	1961

folgte ihm der Torpedo 53-61 mit forcierter Antriebsanlage und aktiv wirkendem hydroakustischem Suchkopf. 1969 wurde er durch ein prinzipiell neues Lenksystem modernisiert.

Für den Selbstschutz der U-Boote vor angreifenden Überwasserschiffen kam als spezieller Elektro-Torpedo der Typ SAET-60 in Anwendung. Er hatte ein passiv wirkendes Lenksystem und seine Motoren wurden von Silber-Zink-Batterien gespeist. Gleichzeitig (um 1961) erschien der neue 400-mm-Torpedo MGT-1.

1.2 U-Boote mit ballistischen Raketen an Bord

Der russische Militäringenieur K. A. Schilder, der im 19. Jahrhundert lebte, gilt als Urheber der Idee, von U-Booten aus Raketen einzusetzen. 1942 wurde sie erstmals in Deutschland verwirklicht, wo das mit einer sechsrohrigen Startanlage bewaffnete Boot U 511 (Typ IX C, Baujahr 1942, Wasserverdrängung 1 120 bis 1 230 t) erprobt wurde. Es konnte aus der Unterwasserlage 125 kg schwere reaktive Geschosse mit einer Reichweite bis zu 8 km starten. 1944 bis 1945 untersuchte man in Deutschland die Möglichkeit des Starts von ballistischen Flüssigkeits-Raketen des Typs A 4 (V-2) aus einem hinter dem Boot geschleppten Container, der vor dem Start durch Fluten der hinteren Sektion senkrecht aufgerichtet wurde.

Der deutsche Ingenieur Professor Dr. Hellmuth Walter (1900–1980) experimentierte 1933/35 mit Flüssigkeits-Raketenantrieben für Flugzeuge, Raketen und U-Boote. Durch chemische Zersetzung von konzentriertem Wasserstoffsuperoxid mittels eines Katalysators (Kaliumpermanganat, Silber) erzeugte er ein Sauerstoff-Wasserdampf-Gasgemisch von etwa 480 °C (kaltes Verfahren) oder etwa 700 °C und mehr (heißes Verfahren). Als U-Boot-Antrieb war er für den deutschen Typ 26 vorgesehen und ist als solcher auch praktisch erprobt worden. Das Versuchsboot V 80 (nur 80 t Wasserverdrängung) erreichte 1939 mit einer 2 000 PS (1 471 kW) starken Heißgas-Turbine 28 Knoten.

In der UdSSR sind die ersten Versuche zur Raketenbewaffnung von U-Booten 1949 erfolgt. Im Speziellen Konstruktionsbüro SKB-18 entstand unter der Leitung des Chefkonstrukteurs ein Projekt unter der Bezeichnung »P-2«, das sich als ein U-Schiff von 5 400 t Wasserverdrängung darstellte. Dieses Schiff sollte ballistische Flüssigkeitsraketen des Typs R-1 (die sowjetische Variante der deutschen A4) und Flügelraketen »Lastotschka« (»Schwalbe«) tragen. Als Antrieb plante man eine Walter-Anlage. Wegen technischer Schwierigkeiten hat man auf dieses Projekt verzichtet.

Erst zu Beginn der 50er Jahre waren die Voraussetzungen zum Bau von ballistischen Raketen für den Marineeinsatz und von entsprechenden Trägerschiffen für die Raketen gegeben. Die Entwicklung eines solchen Waffensystems erforderte die Lösung einer schier endlos langen Reihe von technischen und auch anderen Problemen. Während der ersten Etappe wurde die Entwicklung eines U-Bootes mit ballistischen Raketen von Sergej P. Koroljow, dem Chefkonstrukteur des 1946 gegründeten Versuchskonstruktionsbüros OKB-1, persönlich geleitet. Er schlug vor, für diesen Zweck die operativ-taktische Rakete R-11 den Marinebedingungen anzupassen.

1954 entstand auf der Grundlage der einstufigen Flüssigkeitsrakete R-11 der erste Raketenkomplex D-1 der Seekriegsflotte. Die entsprechend navalisierte Rakete trug die Bezeichnung R-11FM. Nach den Erprobungen und Versuchen auf verschiedenen Testständen gelang am 16. September 1955 der erfolgreiche Raketenstart von einem inzwischen umgerüsteten konventionellen U-Boot des Projekts W611. Zum konstruktiven Merkmal wurde der für den Überwasserstart der Rakete aus einem Schacht ausfahrbare Abschußtisch. Auf dem Boot waren zwei Silos für Raketen R-11FM eingebaut. Die Entwurfsarbeiten leitete der Chefkonstrukteur des Zentralen Konstruktionsbüros ZKB-16, Nikolai Isanin, der später zum Mitglied der Akademie der Wissenschaften der UdSSR und zum »Helden der Sozialistischen Arbeit« ernannt wurde. Heute ist schwer zu begreifen, daß von der Verabschiedung des Regierungsbeschlusses über die Erarbeitung der streng geheimen Projektstudie »Wolna« bis zum erfolgreichen Start einer Rakete von einem in Sewerodwinsk umgebauten U-Boot nur rund anderthalb Jahre vergingen. Ein solches Tempo herrschte aber viele Jahre des »Kalten Krieges« hindurch.

Gleichzeitig mit dem Bau der Rakete und des Versuchs-U-Bootes begannen 1954 die Konstrukteure des ZKB-16 mit der Entwicklung serienreifer Raketen-U-Boote des *Projekts AW 611*. Von der NATO bekamen sie die Kennzeichnung »Zulu V«. Es waren konventionell angetriebene U-Boote mit einer Wasserverdrängung von 1890 t, die mit zwei Raketen R-11FM bewaffnet waren. 1957 wurden im Werk Nr. 402 vier solcher Schiffe gebaut und eine weitere Einheit des Projekts AW 611 entstand in Wladiwostok im Werk Nr. 202 durch Umbau eines Schiffes vom Projekt 611. Obwohl die R-11FM wegen ihrer begrenzten Reichweite nur für taktische Aufgaben verwendbar war, kennzeichnete ihre Indienstnahme eine neue Periode in der Entwicklung der Unterwasserstreitkräfte. Die UdSSR wurde zum ersten Staat, dessen Seekriegsflotte über solche Schiffe verfügte.

1955 begann Koroljows OKB-1 in der Moskauer Vorstadt Podlipki die Arbeiten am Raketenkomplex D-2, das speziell für die Installation auf U-Booten bestimmt war. Hauptteil des Komplexes war eine einstufige Flüssigkeitsrakete mit einer Reichweite bis zu 700 km. Von der NATO erhielt das Waffensystem die Bezeichnung SS-N-14, womit die Rakete als ballistische Boden-Boden-Rakete mit Atomsprengkopf klassifiziert war. Für die Weiterbearbei-

Ein »Boot« des Projekts 611 (»Zulu«-Klasse) auf der Newa in Leningrad. Mitte der 60er Jahre

R-13. In den Jahren von 1959 bis 1962 lieferte das Werk Nr. 402 in Sewerodwinsk zusammen mit dem Werk Nr. 199 in Komsomolsk am Amur 22 U-Boote des *Projekts 629*. Dabei muß man bemerken, daß die ersten drei Schiffe dieser Serie anfänglich mit Raketen R-11FM bewaffnet waren, weil sich die Fertigstellung des Waffensystems D-2 ein wenig verspätete. Außer dem größeren Kampfsatz an Raketen hatte das *Projekt 629* eine größere Tauchtiefe und einen höheren Fahrbereich sowie eine modernere Ausrüstung und Elektronik. Für die Besatzungen war es sehr wichtig, daß die Konstrukteure und Schiffbauer für eine bessere Unterbringung und Wohnlichkeit an Bord gesorgt hatten. Von einem U-Schiff dieses Typs wurde am 20. Oktober 1961 im Erprobungs- und Schießgebiet bei Nowaja Semlja zum ersten Mal in der Welt eine schiffsgestützte ballistische Rakete mit einer Wasserstoffsprengladung als Gefechtskopf gestartet.

Die Erfahrungen beim Bau der ersten Mehrzweck-Atom-Boote und bei den konstruktiven Lösungen für die Unterbringung von Raketen an Bord konventioneller U-Boote ebneten den Weg zur Entwicklung der ersten kernkraftgetriebenen U-Boote der UdSSR vom *Projekt 658* (NATO-Code »Hotel I«). Dieser Typ war für Raketenschläge auf Marinestützpunkte sowie administrative und industrielle Zentren im Küstenraum bestimmt. Die Entwicklung dieses Projekts begann 1956 im ZKB-18 unter Leitung von Chefkonstrukteur P. Golosowski, an dessen Stelle bald Sergej Kowaljow trat. Mit dem Namen von S. N. Kowaljow (geboren 1919) ist ein

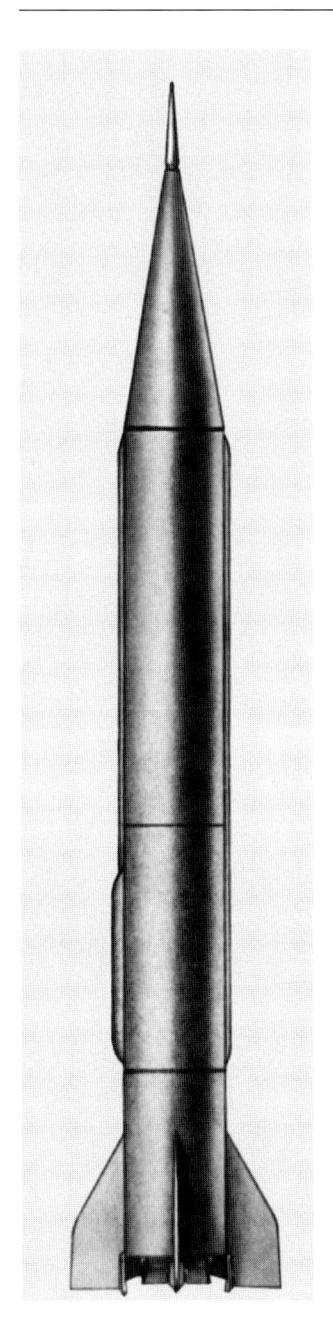

tung wurde das Projekt nach Miass (Ural-Region) übergeben, wo das Spezielle Konstruktionsbüro 385 unter Leitung von Wladimir Makejew entstand.

1956 entwickelte die Konstrukteursgruppe Isanin aus dem Torpedo-U-Boot-*Projekt 641* (NATO-Code »Foxtrot«) das Raketen-U-Boot vom *Projekt 629* (NATO-Code »Golf I«). Dieses Boot trug den Raketenkomplex D-2 in der Ausführung mit drei ballistischen Raketen des Typs

Sowjetische ballistische Raketen des Typs R-11

*Sowjetische Torpedo-U-Boote des Projekts 641 (»Foxtrot«-Klasse)
in einem Stützpunkt bei Murmansk. Ende der 60er Jahre*

weiterer Abschnitt in der Geschichte des sowjetischen U-Boot-Baus verbunden.

Das Typschiff des *Projekts 658* wurde in Sewerodwinsk am 17. Oktober 1958 auf Kiel gelegt und am 12. November 1960 der Seekriegsflotte übergeben. Im Verlaufe von zwei Jahren baute das Werk Nr. 402 acht solcher Schiffe in der Schiffbauhalle Nr. 50. Zu jener Zeit war es das größte Schiffbaugebäude der Welt und in ihm wurden später mehr als ein Drittel aller sowjetischen Atom-U-Boote gebaut.

Das *Projekt 658* besaß eine Wasserverdrängung von 4 080 t und war mit drei ballistischen Raketen des Komplexes D-2 für den Überwasserstart bewaffnet. Das äußere Hauptmerkmal dieses Typs war der enorm große Turm mit den Startsilos. Zu dem Raketenkomplex gehörten außer den Raketen und den Startvorrichtungen ein Vorbereitungssystem, der Feuerleitstand und Anlagen, die für den Betrieb der Raketen sorgten. Zum Start mußte das Schiff auftauchen. Innerhalb von 12 Minuten konnten alle drei Raketen gestartet werden. Für den Selbstschutz gab es außer sechs traditionellen Torpedorohren des Kalibers 533 mm auch zwei 400-mm-Ausstoßrohre im Heck. Letztere konnten bis zu einer Tiefe von 250 m eingesetzt werden.

Der technische Entwurf dieses Doppelwellen-Unterwasser-Raketenträgers mit zehn Abteilungen entstand auf der Grundlage der Konstruktion und der Verwendung von technischen Mitteln und Anlagen des Atom-Torpedo-U-Bootes vom *Projekt 627A*. Die Raketenboote verfügten über ein geräuscharmes und sehr wirksames elektro-

Raketen-U-Schiffe vom Projekt 629 (»Golf I«-Klasse) im Stützpunkt. Bei ihnen erfolgt der Start ballistischer Raketen durch den Turm

hydraulisches Rudersystem sowie über ein autonomes Brandschutzsystem der Reaktorabteilung. Der Rumpf hatte Längsspanten statt der bisher üblichen Querspanten.

Die Kraftanlage entsprach jener des *Projekts 627A*. Bei einer 80prozentigen Leistung beider Dampferzeuger ermöglichte die Anlage eine Unterwassergeschwindigkeit von 24 kn bei einer Fahrstrecke von 28 000 sm. Bei 100prozentiger Auslastung der Anlage erhöhte sich die Geschwindigkeit auf 26 kn und die Fahrstrecke auf 31 000 sm.

Am 4. Juli 1961 kam es auf dem Typschiff des Projekts, auf dem U-Schiff K-19, zu einer schweren Havarie der Kernkraftanlage, die zu einer überstarken Strahlenbelastung der Besatzung führte. Die Besatzung überlebte die Beinahe-Katastrophe. Bei den Wiederherstellungsarbeiten erhielt das Schiff, das in der Flotte fortan den Spitznamen »Hiroshima« trug, eine völlig neue Reaktorabteilung.

Da die Rakete R-13 dem amerikanischen Typ UGM-27 »Polaris« A-1 unterlegen war, wurde parallel zu den Arbeiten im OKB-1 und SKB-358 im OKB-586 unter Leitung von Michail Jangel eine ballistische Rakete mit der Bezeichnung R-15 mit größerer Reichweite (1000 km) entwickelt. Für ihre Stationierung entwarf das SKB-143 das Atom-U-Boot vom Projekt 639. Es konnte drei R-15-Raketen des Komplexes D-3 tragen. Die Startsilos hatten eine Länge von 17 m und einen Durchmesser von 3 m. Sie wurden in der Mittschiffsebene angeordnet. Zum ersten Mal war vorgesehen, die Flüssigkeitsraketen in der Überwasserlage senkrecht aus dem Silo starten zu lassen.

Zur Wahrung der Explosionssicherheit der R-15 wurde, wie auf allen anderen sowjetischen Raketen-U-Booten der ersten Generation, eine getrennte Lagerung der Treibstoffkomponenten in den Tanks und bei den Raketen in den Silos beibehalten und dieses Verfahren noch verbessert. Die geschlossene Betankung mit den toxischen Komponenten sollte erst unmittelbar vor dem Start erfolgen.

Das 6 000 t verdrängende Schiff sollte mit einer Flüssigmetall-Reaktoranlage ausgerüstet werden. Als Alternativlösung wurde die Verwendung einer Druckwasser-Kernkraftanlage erwogen. Zum ersten Mal war vorgesehen, das Bordnetz mit Wechselstrom zu speisen. Für den Druckkörper des Rumpfes kam die neue Stahllegierung AK-29 in Anwendung.

Der Vorentwurf 639 war 1957 beendet. 1958 fiel an höchster Stelle die Entscheidung, alle Projektierungsarbeiten an der Rakete R-15 und am Komplex D-3 zu stoppen. Der Entwurf wurde für perspektivlos erklärt, und mit dem Entwurfsstopp für die Raketen wurden auch die Arbeiten am *Projekt 639* eingestellt.

In der UdSSR hatten alle ballistischen U-Boot-Raketen der ersten Generation den entscheidenden Nachteil, daß sie nur aus der Überwasserlage gestartet werden konnten. In dieser Phase waren die U-Boote stärkstens gefährdet. Ungenügend war auch die Reichweite dieser Raketen, der Kampfsatz (zwei oder drei Raketen) und die Einsatzfähigkeit. Deshalb wurden schon 1955, parallel zum Bau der ersten Raketen, Forschungsarbeiten vorangetrieben, die sich mit dem Unterwasserstart der Raketen beschäftigten. Dabei sind wichtige Probleme der Stabilität und der Lenkung der Raketen beim Start gelöst worden. 1957 fanden in Nikolajew (Südukraine) die ersten Starts von Raketen-Attrappen auf einem umgebauten U-Boot des *Pro-*

Modell des Raketen-U-Boots vom Projekt 629 (»Golf I«-Klasse)

Tabelle 4 Taktisch-technische Daten des Projektes 639 (nicht verwirklicht)

Wasserverdrängung (t)	
normal	etwa 6 000
Länge (m)	114,1
Breite über alles (m)	11,4
Tiefgang (m)	etwa 8,0
Tauchtiefe max. (m)	300
Seeausdauer, Tage	50
Kraftanlageleistung PS (kW)	2 x 3 500 (2 573) (bei Flüssigmetall-Reaktoren) 2 x 2 500 (1 838) (bei Druckwasser-Reaktoren)
Unterwassergeschw. (kn)	25–26
Bewaffnung	ein D-3-Komplex mit 3 ballistischen Raketen R-15
533-mm T-Rohre	4 Kampfsatz-4 Torpedos
400-mm T-Rohre	4 Kampfsatz-12 Torpedos
Besatzung	100

jekts W613 statt. Da dies kein Versuchsboot war und ein grundsätzlicher Umbau nicht in Betracht kam, montierte man die Startsilos außen und beiderseits des Turms. Am 10. September 1960 erfolgte von einem modernisierten diesel-elektrischen U-Boot des *Projekts PW611* der erste Unterwasserstart einer Rakete 4S7 (Typ R-11FM). Der erste Versuch im Juli 1959 war mißlungen, die Rakete »verweigerte« den Start vom getauchten U-Boot und machte sich erst nach dem Auftauchen selbständig – und zwar ohne Startkommando.

Mit der Entwicklung der neuen Flüssigkeitsrakete R-21 (SS-N-5) für den Komplex D-4 wurde 1958 begonnen. V. P. Makejews Konstrukteursgruppe schuf ein ballistisches Geschoß mit der Reichweite von 1 400 km, das für den Unterwasserstart tauglich war. Die ersten Erprobungen fanden 1961 an Bord eines umgebauten U-Bootes des Projekts 613D4 statt und schon 1962 wurde D-4 an Bord eines Diesel-Elektro-U-Bootes des *Projekts 629B* (Golf IIA) – des letzten in der 629-Reihe – installiert. Es trug zwei Raketen R-21. In den Jahren von 1963 bis 1972 wurden 13 U-Boote des *Projekts 629A* (ZKB-16, Chefkon-

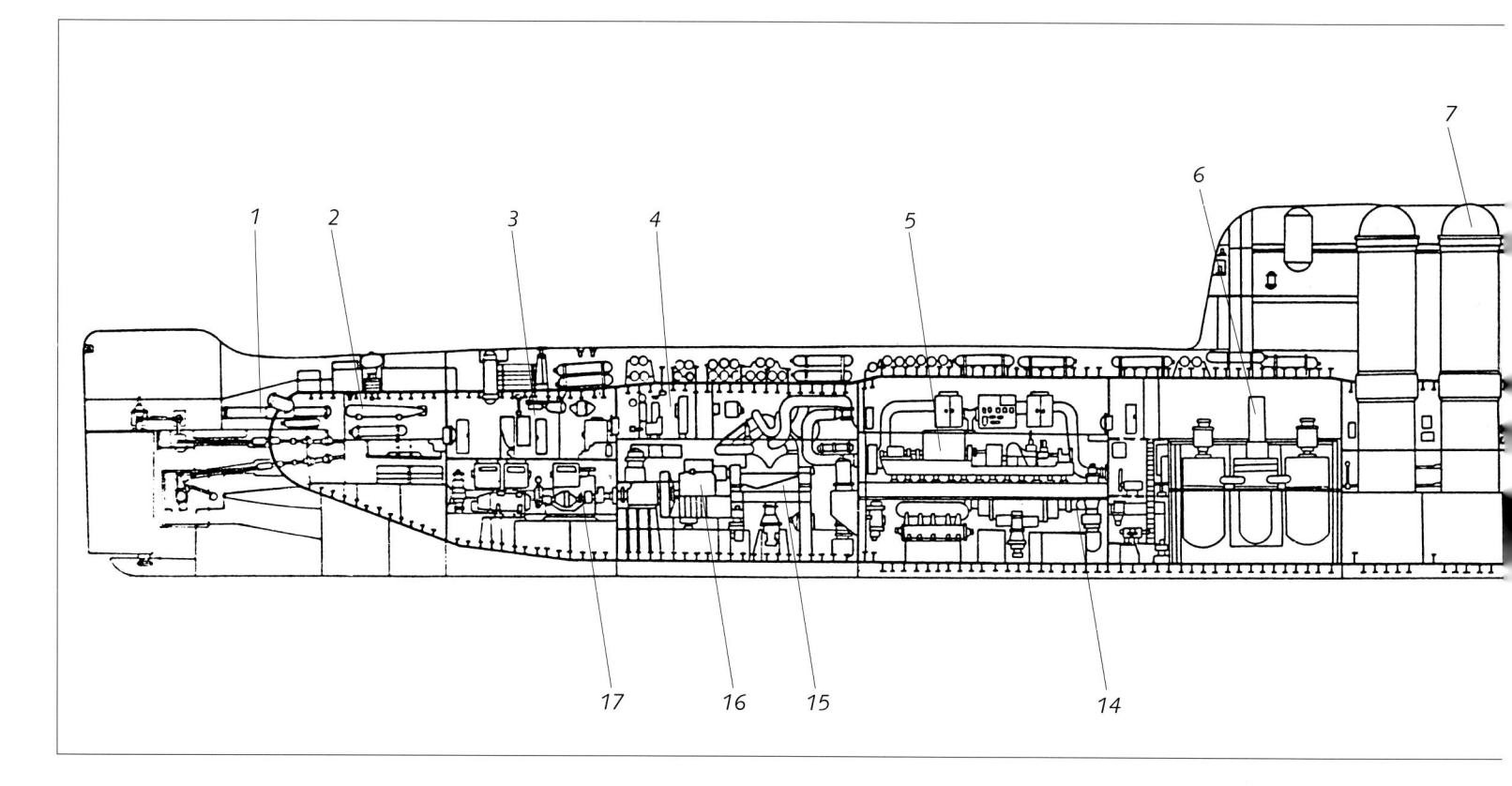

Bauweise des Projekts 639 (wurde nicht gebaut)
1. 400-mm-Torpedorohr, 2. 400-mm-Reservetorpedo, 3. Wohnräume, 4. Leitstand der Hauptkraftanlage, 5. Turbogenerator, 6. Kernreaktor, 7. Startsilo des Raketenkomplexes D-3, 8. Zentrale, 9. 533-mm-Torpedoraum, 10. Bugtiefenruderantrieb, 11. Antenne des Sonars »Radius«, 12. Antenne des Sonars »Arktika-M«, 13. Batterie, 14. Kreislaufleitung, 15. Hauptturbine, 16. Untersetzungsgetriebe, 17. E-Maschine

1.2 U-Boote mit ballistischen Raketen an Bord

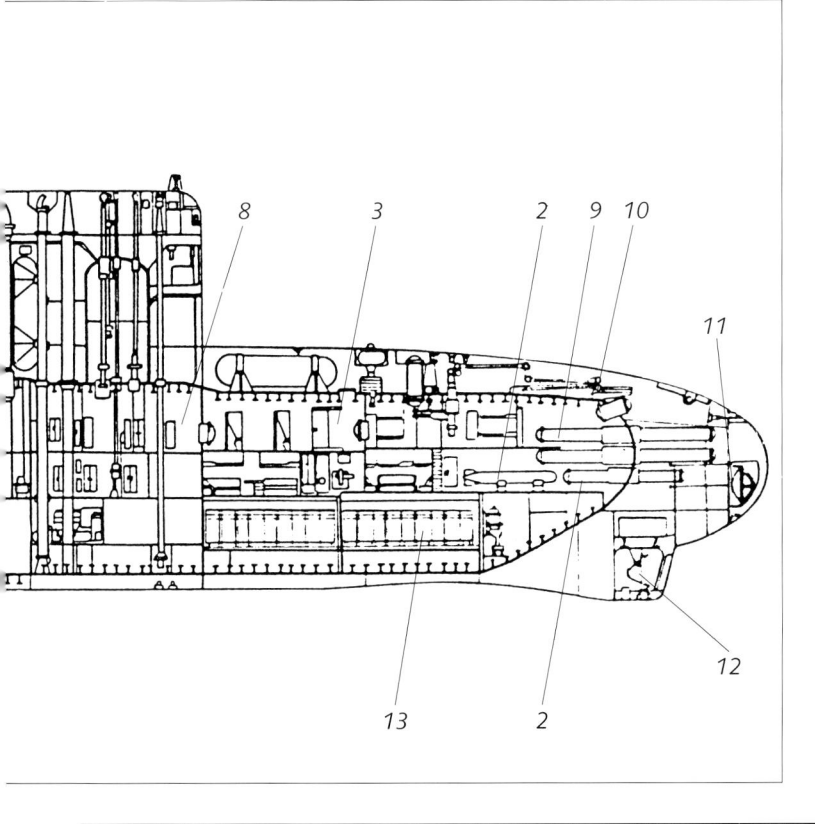

Tabelle 5 Taktisch-technische Daten von ballistischen U-Boot-Raketen der I. Generation				
Raketensystem (Kompl.)	–	D-2	D-4
Raketenbezeichnung	R-11FM	R-13	R-21
Max. Reichweite (km)	150	700	1 400
Gefechtskopftyp	Nuklear/ Monoblock	Nuklear/ Monoblock	Nuklear/ Monoblock
Länge (m)	10,34	11,83	14,22
Durchmesser (m)	0,88	1,3	1,3
Startmasse (t)	5,47	13,56	19,63
Vorbereitungszeit (min)	120	120	32
Startintervall (s)	300	280	150
Lagerungsfrist an Bord (Jahre)	0,25	0,5	1,0
Projektnummer des Trägerschiffs	W611 AW611 629	629 658	629A 629B 658M
Indienstnahme	1959	1961	163
NATO-Bezeichnung		SS-N-4 SARK	SS-N-5 SERB

Sowjetische ballistische Flüssigkeitsrakete R-21 (SS-N-5).
Hier während einer Parade auf dem Roten Platz in Moskau, 1962

strukteur Nikolai N. Isanin) und 7 Boote des *Projekts 658M* (ZKB-18, Chefkonstrukteur Sergej N. Kowaljow) mit dem Komplex D-4 bewaffnet.

Nach ihrer Modernisierung in den Schiffbauwerken Nr. 402 und 893 in Sewerodwinsk, Nr. 202 in Wladiwostok und Nr. 892 in Bolschoi Kamen (rund 40 km östlich von Wladiwostok) bekamen diese Boote je drei Raketen R-21, die aus den vorgefluteten Silos aus einer Tiefe von 40 bis 50 m bei einer Geschwindigkeit von 4 kn gestartet werden konnten. Der Unterwasserstart der über 14 m langen und fast 20 Tonnen schweren Raketen erforderte eine sehr genaue Einhaltung der Tauchtiefe, was in einem engen Zusammenhang mit der Festigkeit der Raketen stand. Um das U-Boot bei den Raketenstarts in einem vorgeschriebenen Tiefenbereich zu halten, machte sich die Anwendung einer komplizierten Technik notwendig. Ohne ein sofortiges Nachfluten und Gegensteuern, um nur zwei Probleme zu nennen, wäre das Boot nach dem Raketenstart auf 16 m oder auf eine noch geringere Tiefe aufgetaucht, und es hätte viel Zeit und Mühe erfordert, um es für den nächsten Start wieder in die entsprechende Ausgangsposition einzusteuern. Der Einbau des neuen Raketentyps machte auch ein neues Schiffssystem für die Wartung und Startvorbereitung der Raketen erforderlich. Um vor dem Start den Zwischenraum zwischen der Rakete und der Silowandung zu fluten, wurden an Bord spezielle Tanks mit einem Pumpsystem installiert.

Die Indienststellung des Komplexes D-4 im Jahre 1963 kennzeichnete das Ende der ersten Etappe in der Entwicklung der schiffsgestützten ballistischen Raketen und ihrer Träger. Das war eine Etappe, in der eine Vielzahl erstrangiger Probleme gelöst wurde und die Schaffung eines seestrategischen Systems begann. Gleichzeitig liefen seit Anfang der 60er Jahre umfangreiche und aufwendige Arbeiten zur Entwicklung neuer und noch vollkommener Raketensysteme der nächsten Generation.

Tabelle 6 Hauptdaten von U-Booten mit ballistischen Raketen

Projektbezeichnung	611	629	658
Wasserverdrängung normal (t)	1 890	2 820	4 080
Länge (m)	90,5	98,9	114,0
Breite über alles (m)	7,5	8,2	9,2
Tiefgang (m)	5,1	5,5	7,7
Reserveauftrieb (%)	27	26	31
Tauchtiefe (m)			
normal	170	250	240
maximal	200	300	300
Seeausdauer (Tage)	58	70	60
Leistung PS (kW)			
Diesel	3 x 2 000 (1 471)	3 x 2 000 (1 471)	–
E-Motoren	2 x 1 350 (993)	2 x 1 350 (993)	–
	1 x 2 700 (1 986)	1 x 2 700 (1 986)	–
Kernkraftanlage	–	–	2 x 17 500 (12 871)
Überwassergeschw. (kn)	16,7	15,5	18,0
Unterwassergeschw. (kn)	12,5	13,0	26
Fahrbereich (sm) (bei einer Geschw. von 9 kn)	16 800	27 000	unbegrenzt
Bewaffnung:			
Raketenkomplex	R-11FM	D-2	D-2
Anzahl der Raketen/Startanlagen	2	3	3
Torpedorohre:			
Bug	6 x 533	4 x 533	4 x 533, 2 x 400
Heck	4 x 533	2 x 533	2 x 400
Besatzungsstärke	72	83	104
Indienststellung des Typschiffs	1957	1959	–

1.3 U-Boote mit Flügelraketen

Der erfolgreiche Kampfeinsatz von Flügelraketen im Zweiten Weltkrieg lenkte auch die Aufmerksamkeit der Marinefachleute auf diese Waffengattung. Noch während des Krieges versuchte man in Deutschland, U-Boote mit Flugkörpern des Typs Fieseler Fi 103 (bekannt als Vergeltungswaffe V-1) zu bewaffnen. Einige Jahre nach Kriegsende baute man in den USA einige herkömmliche U-Boote zu Trägern von Flügelraketen um und entwickelte auch neue U-Boote zu diesem Zweck. Die ersten U-Boote mit »Regulus«-Flügelraketen der ersten Generation waren konventionelle U-Boote der Kriegsserien »Gato« und »Balao«. Nach ihrem Umbau trugen SSG 282 »Tunny« und SSG 317 »Barbero« jeweils eine »Regulus« in einem Startcontainer auf dem Achterschiff. Ihnen folgte bald das kernkraftgetriebene U-Schiff SSNG 587 »Halibut«, das 1959 fertig wurde. Die »Regulus«-Rakete hatte eine Reichweite von etwa 400 km und ihr Start geschah auf der »Halibut« direkt aus Startbehältern, die im Vorschiff installiert waren. Nach einigen Anfangserfolgen bei der Entwicklung ihrer ballistischen Feststoffraketen haben die USA und ihre europäischen NATO-Partner auf die schiffsgestützte Flügelrakete der Klasse Boden-Boden verzichtet.

In der UdSSR wurde mit der Einführung von »Flügelgeschossen« (in der damaligen Terminologie) im Jahre 1949 begonnen, als die Entwicklung eines Bootes für Raketen P-2 lief. Dieses Fahrzeug sollte mit »Lastotschka«-Flügelraketen für den Einsatz gegen industrielle und militärische Schwerpunktziele im Hinterland eines potentiellen Gegners bewaffnet sein. 1950 führte der Chefkonstrukteur des ZKB-18, F.A. Kawerin, eine Projektstudie eines U-Boots mit einer Wasserverdrängung von rund 2100 t durch. Man beabsichtigte, es mit Flugkörpern des Flugzeugkonstrukteurs Semjon Lawotschkin zu bewaffnen, die eine Flugweite von 300 km erreichen sollten. Für dieses Boot wurde ein Walter-Antrieb vorgesehen. Man hat aber beide Projekte nicht verwirklicht.

1952 bis 1953 plante der Chefkonstrukteur des ZKB-18, I.B. Michailow, ein U-Boot der Serie XIV für Versuche mit Flügelraketen des Typs 10 ChN »Wolna« von

Sowjetische Flügelrakete der I. Generation P-15 (»Styx«). Unter dem Heck ist die Starthilfsrakete sichtbar

Zum Vergleich eine amerikanische »Regulus«-Flügelrakete der I. Generation

Wladimir Tschelomej umzurüsten. Zu diesem Zweck ist zwar ein U-Boot bereitgestellt worden, aber noch im Laufe des Jahres 1953 hat man auch diese Arbeiten eingestellt. Die Hauptschwierigkeiten bei der Einführung der Flügelraketen entstanden durch die untauglichen Versuche, bereits existierende Modelle der Landstreitkräfte für die Seestreitkräfte brauchbar zu machen. Das wurde als Fehler erkannt und schon 1955 ist der Beschluß angenommen worden, komplexe Raketensysteme für die Bewaffnung von U-Booten herzustellen. Entsprechende Aufträge ergingen an zwei Konstrukteurbüros. Der Chefkonstrukteur des OKB-49 in Taganrog, Georgi M. Berijew, der Schöpfer vieler erfolgreicher Marineflugzeuge, entwickelte seine Rakete unter der Bezeichnung P-10. Sein Kollege Tschelomej, Leiter des OKB-52 in Reutow (am östlichen Stadtrand von Moskau), schuf seine Konstruktion P-5 (von der NATO als SSN-3C bezeichnet).

Für die Erprobung der P-10 modernisierte Chefkonstrukteur P. P. Pustyntsew ein Boot des *Projekts 611*. Der Behälter mit der Rakete befand sich hinter dem Turm. Vor

Ein Raketen-U-Schiff des Projekts 665

U-Schiff des Projekts 665 mit geöffnetem Raketenhangar (»Whiskey Long Bin«-Klasse)

dem Start des Flügelgeschosses sollte die Startrampe aus dem Behälter herausgezogen und das Geschoß auf sie heraufgerollt werden. Der Start verlief in Bugrichtung über den Turm hinweg. Das Boot wurde in Sewerodwinsk entsprechend umgerüstet und im Herbst 1957 fanden vier erfolgreiche Starts statt. Ungeachtet dessen sind aber diese Arbeiten bald gestoppt worden, weil sich die Rakete P-5 als überlegen erwiesen hatte. Im Entwurfsstadium endete damit auch die Entwicklung des *Projekts 642* auf der Grundlage des U-Boot-Typs *Projekt 613*, das ebenfalls als Träger von Raketen P-10 gedacht war.

Parallel zu diesen beiden Projekten leitete P. P. Pustyntsew im ZKB-18 die Entwurfsarbeiten für ein drittes Vorhaben. Er modernisierte 1955/56 ein Boot des *Projekts 613* in die Variante P613 für die Erprobung des Raketenkomplexes P-5. Der Behälter stand auch hier hinter dem Turm, und der Startverlauf glich im wesentlichen der P-10. Es gab aber einen prinzipiellen Unterschied. Die P-5 startete unmittelbar aus ihrem Transportcontainer vom aufgetauchten Trägerboot. Nach vielen Versuchen erfand Wladimir Tschelomej ein neues Konzept für den Start der Flügelrakete: Die Rakete startete mit angeklappten Flügeln mit Hilfe einer Starthilfsrakete (Booster) aus dem Behälter heraus, worauf ihre Flügel nach oben in Flugstellung klappten und der aerodynamische Flug beginnen konnte. Tschelomejs Erfindung erleichterte wesentlich die Bewaffnung der U-Boote mit Flügelraketen.

Die Umrüstung des U-Bootes S-146[1] der Nordflotte erfolgte in der Stadt Gorki (heute Nishni Nowgorod). Danach wurde es in einem Transportdock über die inneren Wasserwege nach Sewerodwinsk übergeführt. Da das »Krasnoje Sormowo«-Werk in Gorki keine P-5-Attrappe besaß, konnte man erst im Hohen Norden mit den Erprobungen für das Beladen des Startbehälters beginnen. Und dabei kam es zu einem kolossalen Skandal – die Abmessungen der Rakete waren größer als der Behälter! Der Bau des neuen Containers nahm einige Monate in Anspruch. Das Weiße Meer war bereits mit einer dünnen Eisschicht bedeckt, als am 22. November 1957 vom U-Boot S-145, das unter dem Befehl von Kapitänleutnant Wadim Korobow stand, der erste Abschuß einer Rakete P-5 erfolgte. Dabei legte die Rakete eine Strecke von nur 125 km zurück, obwohl ihre errechnete Reichweite nicht weniger als 300 km betragen sollte.

Die weiteren Erprobungen verliefen ebenfalls bei der Nordflotte und S-146 verlegte zu diesem Zweck in die Olenja-Bucht. Die vielseitigen Flugerprobungen endeten erst im April 1959, worauf der Komplex mit der Überschallrakete P-5 in Produktion gehen konnte. Für den Einsatz wurden zunächst umgebaute Diesel-Elektro-Boote vorgesehen. In »Krasnoje Sormowo« sollten weitere sechs Boote des *Projekts 613* umgebaut werden. Im Entwurf trugen sie je zwei Behälter und die Bezeichnung *Projekt 644*. Der Start war in Heckrichtung vorgesehen.

Gleichzeitig mit dem *Projekt 644* beschäftigte sich P. P. Pustyntsew im ZKB-18 mit dem *Projekt 646*, das eine Modifikation der Variante 641 darstellte. Dieses Boot sollte entweder vier P-5-Raketen oder zwei P-10 tragen. Sowohl dieser Entwurf wie auch das *Projekt 644* wurden aber letztendlich gestrichen.

1958 liefen im SKB-112 die Entwicklungsarbeiten für das U-Boot vom Projekt 665 an, das im Unterschied zum *Projekt 644* schon mit vier P-5-Raketen bewaffnet war. Die Behälter waren unmittelbar in die Konstruktion des Turmes integriert und wiesen einen Winkel von 14 Grad in der Vertikalen auf. Als Prototyp diente wiederum ein Boot des *Projekts 613*. Mit seiner Umrüstung und dem Umbau weiterer Schiffe beschäftigten sich die Werke Nr. 112 »Krasnoje Sormowo« in Gorki und Nr. 189 in Leningrad. Nach Überwindung vieler Schwierigkeiten, die vor allem bei der Vorbereitung des Starts unter den Bedingungen des veränderten Seeverhaltens der Schiffe entstanden, konnten schließlich sechs Schiffe der Seekriegsflotte übergeben werden. Nach dem NATO-Code hießen sie »Whiskey Long Bin«.

Gleichzeitig mit dem Umbau von konventionellen U-Booten begann man im ZKB-18 unter Leitung von P. P. Pustyntsew mit der Entwicklung des ersten Flügelraketen-Atom-Bootes vom Projekt 659, das den *Typ 627A* zum »Stammvater« hatte. Es wurde am 28. Dezember 1958 im Schiffbauwerk Nr. 199 in Komsomolsk am Amur auf Kiel gelegt und bereits am 28. Juni 1961 konnte die Seekriegs-

---

[1] Bei den Bezeichnungen der sowjetischen U-Boote stand S für »sredny« (mittleres), B für »bolschoy« (großes) und K für »Kreiser« (Kreuzer, also U-Kreuzer). Kleine U-Boote wurden mit M für »Maljutka« (kleines) gekennzeichnet.

flotte das erste mit Flügelraketen bewaffnete U-Boot K-45 in Dienst stellen. Insgesamt sind fünf Schiffe dieses Typs geliefert worden. Es waren zugleich die ersten im sowjetischen Fernen Osten gebauten und für die Pazifikflotte bestimmten Atom-U-Boote.

Ihre große Wasserverdrängung von 3 700 t gestattete die Bewaffnung mit 6 Flügelraketen, die paarweise in aufrichtbaren Behältern im Turm untergebracht waren. Der Start war nur in der Überwasserlage möglich, und das war einer der größten Nachteile des Raketenkomplexes. Andere Schwächen, z.B. ungenügende Genauigkeit und niedrige Gefechtsbereitschaft, kamen hinzu. Das OKB-52 modernisierte den Typ P-5, und es gelang ihm, die Reichweite und die Möglichkeiten zur Überwindung von gegnerischen Abwehrmitteln wesentlich zu verbessern. Die modifizierte Ausführung der Rakete bekam die Bezeichnung P-5D und zu ihrer Erprobung wurde ein nachgerüstetes U-Boot des *Typs 644D* bereitgestellt.

Die P-5 hatte eine Reichweite von 500 km. Ihr Flug verlief in geringen Höhen und das Lenksystem korrigierte die Flugbahn nach dem Abdriftwinkel und der zurückgelegten Flugstrecke. Der Überwasserstart hatte aber nach wie vor eine niedrige Einsatzeffektivität zur Folge und aus diesem Grunde entschloß man sich, den Raketentyp P-5 auszumustern, obwohl die Arbeiten an einem Nachfolgetyp, der P-7, noch nicht beendet waren. Die Einheiten des *Projekts 659* wurden zu Mehrzweck-U-Booten umgerüstet. Aber das geschah erst etwas später. Anfang der 60er Jahre dienten die maritimen Flügelraketen der UdSSR zwei wichtigen Aufgaben: Im Falle eines Krieges sollten mit ihnen neben Schlägen gegen stationäre Küstenziele auch Aktionen gegen große Überwasserschiffe durchgeführt werden. Das war eine kennzeichnende Aufgabe, die es nur in der sowjetischen Seekriegsflotte gab. Für sie galten Flügelraketen als das wichtigste Kampfmittel gegen die zahlreichen Angriffsflugzeugträger der NATO (attack aircraft carrier), für deren Bekämpfung die WMF kein anderes Abwehrpotential besaß.

Staats- und Parteiführer Nikita Chruschtschow deklarierte diesen Zustand von der Tribüne eines Parteitages wie folgt: »... Die Sowjetflotte wird den Aggressoren mit einem vernichtenden Schlag antworten und die gegneri-

Tabelle 7 Taktisch-technische Daten konventioneller U-Boote mit Flügelraketen

Typ (Projekt)	644	665	651
Wasserverdrängung (t)	1 160	1 480	3 140
Länge max. (m)	76,0	85,0	85,9
Breite über alles (m)	6,3	6,7	9,7
Tiefgang (m)	4,6	4,75	6,9
Reserveauftrieb (%)	27	30	31,6
Tauchtiefe (m)			
normal	170	170	240
max.	200	200	300
Seeausdauer (Tage)	20	45	90
Kraftanlage PS (kW)			
Diesel	2 x 2 000 (1 471)	2 x 2 000 (1 471)	2 x 4 000 (2 942)
			1 x 3 600 (1 000)
E-Motoren	2 x 1 350 (993)	2 x 1 350 (993)	2 x 6 000 (4 413)
Über/Unterwasser-Fahrgeschw. (kn)	17,5/11,5	14,5/11,0	16;0/18,1
Über/Unterwasser-Fahrbereich (sm)	–/300	–/–	16 000/810
Bewaffnung:			
Flügelraketen (Typ)	P-5	P-5	P-5, P-6
Zahl der Raketen/Startrampen	2	4	4
Torpedorohre:			
Bug	4 x 533	4 x 533	4 x 533
Heck	–	–	2 x 400
Torpedovorrat	4	4	22
Besatzungsstärke	57	58	78
Baujahr	1960	1961	1963

schen Flugzeugträger werden zu einem guten Ziel für unsere, von U-Booten startenden Raketen.« Und das war danach keine leere Drohung. Noch Mitte der 50er Jahre hatte das OKB-52 von Wladimir Tschelomej mit der Entwicklung der ersten Seezielrakete P-6 für die Bewaffnung der U-Boote begonnen. Dieses Gerät flog mit Überschallgeschwindigkeit bis zu einer Reichweite von rund 350 km. Es besaß außer einer Selbstlenkung auch ein Zielsuch- und Zielauswahlsystem, das den Angriff auf das Hauptziel innerhalb eines gegnerischen Flottenverbandes ermöglichte sowie ein Fernlenksystem.

Die ersten Seezielraketen der neuen Art wurden an Bord von U-Booten *der Projekte 675* (NATO-Code »Echo II«) und *651* (»Juliett«) untergebracht. Die Arbeiten an dem *Projekt 675* hatten 1958 begonnen und das erste U-Boot dieses Typs, das eine Weiterentwicklung des *Projekts 659* darstellte, war schon am 30. September 1963 der Flotte übergeben worden. Im Verlaufe der Jahre 1963 bis 1968 wurden in Sewerodwinsk und Komsomolsk am Amur insgesamt 29 solcher Boote gebaut. Mit diesem Ergebnis wurde diese Serie zur größten innerhalb der ersten Generation der Atom-U-Boote und zugleich zur stärksten Baureihe von U-Booten mit Flügelraketen-Bewaffnung.

Obwohl die Konstrukteure bei den Entwurfsarbeiten auf die technischen Lösungen früherer Projekte zurückgreifen konnten und sofort mit dem technischen Entwurf begannen, gab es Verzögerungen im Ablauf. In der Hauptsache war es auf zwei wesentliche Veränderungen zurückzuführen, daß das *Projekt 675* erst im September fertig wurde. Die erste dieser Veränderungen hatte die Installation einer besseren Antiradarschicht, die Senkung des Geräuschpegels durch verschiedene technische Einrichtungen und den Einbau leistungsfähiger Dampfejektor-Kühlmaschinen zum Inhalt. Das hatte eine Steigerung der Wasserverdrängung um 250 t und eine Vergrößerung des Druckkörperdurchmessers im Vorschiff bis auf 7 m zur Folge. Die zweite Veränderung gegenüber dem Ausgangsprojekt sah die Bewaffnung mit acht Flügelraketen und den Einbau eines neuen Sonarkomplexes vor, was zur weiteren Steigerung der Verdrängung und zu einer Verlängerung des Rumpfes um 2,4 m führte. Zum Zwecke der Verbesserung der Unterbringung und Wohnlichkeit sowie wegen der veränderten Betriebsbedingungen wurden einige Abteilungen und Räume völlig neu gestaltet.

Das 4500 t verdrängende Atom-U-Schiff des *Projekts 675* konnte acht Seezielraketen des Komplexes P-6 oder sechs Flugkörper P-5 für den Einsatz gegen Bodenziele und zwei Seezielraketen tragen. Sie lagerten im Turm in 11,85 m langen druckfesten Behältern mit einem inneren Durchmesser von 1,65 m, die eine sichere Lagerung der Raketen ohne zusätzliche Wartung für eine Dauer von drei Monaten ermöglichten. Die Raketen konnten in Überwasserlage 20 Minuten nach dem Auftauchen bei einem Seegang 4–5 und bei einer Geschwindigkeit von 10 kn mit einem Erhöhungswinkel von 15 Grad gestartet werden. Für den Einsatz der Seezielraketen war das Schiff mit einem Feuerleitsystem ausgerüstet. Außer der Raketenbewaffnung trug es Ausstoßrohre für 533-mm- und 400-mm-Torpedos.

Das Boot war mit Rundblickradar, zwei Luftraum-Sehrohren und einer Radarwarnstation ausgestattet. Die Kraftanlage bestand aus zwei Dampferzeugern mit einer Leistung von 88 t Dampf pro Stunde, zwei Turbinenanlagen mit zwei 1 400 PS (1 030 kW) leistenden Generatoren,

Tabelle 8 Hauptdaten der Flugkörper

Raketentyp	P-5	P-6
Länge (m)	11,75	12,05
Durchmesser bei geklappten Flügeln (m)	1,65	1,65
Startmasse (kg)	5500	5700
Max. Reichweite (km)	500	350
Fluggeschw. m/s (km/h)	420 (512)	420 (512)
Startwinkel (Grad)	15	15
Lenksystem	aktive Zielsuche	aktive Zielsuche + Fernlenkung über Funkkommando + Annäherungszünder
Träger-U-Boot	644, 665, 651, 659, 675	651, 675, 675K
Indienststellung	1995	1964

zwei E-Motoren zu je 450 PS (331 kW) und leistungsstarken Batterien. Eine dieselgetriebene Hilfsanlage diente für den Marsch und das Manövrieren in Überwasserlage und für das Nachladen der Akkumulatoren. Mit den Abgasen konnte man die Hauptballastzellen ausblasen.

Der Einsatz der U-Boote des *Projekts 675* machte deutlich, daß man sie mit hoher Effektivität zur Bekämpfung von Überwasser-Schiffsverbänden einsetzen konnte.

Zeitgleich mit dem *Projekt 675* bearbeiteten Konstrukteure der ZKB-18 unter der Leitung von A. S. Kassazier das *Projekt 651*. Dies war ein U-Boot mit konventionellem Antrieb und 3 140 t Wasserverdrängung, das mit vier Flugkörpern P-5 oder P-6 bewaffnet war. Von 1963 bis 1968 wurden in Gorki und Leningrad 18 solcher Schiffe gebaut. So wie alle sowjetischen U-Boote entstanden sie in Zweihüllenbauweise mit einem großdimensionierten Turm. Zum ersten Mal in der UdSSR kamen bei diesem Typ Silber-Zink-Batterien in Anwendung. Die Hülle des Druckkörpers war aus der Stahllegierung AK-25 gefertigt mit einer Belastbarkeit von 60 kg/mm².

Die Absicht, aus dem *Projekt 651* des ZKB-18 einen Typ 683 zu entwickeln und ebenfalls mit den Flügelraketen P-5 und P-6 zu bewaffnen, ist aus verschiedenen Gründen im Anfangsstadium aufgegeben worden.

Schon 1956 hatten der Ministerrat und die Führungsspitze der KPdSU einen Plan zum Bau neuer Atom-U-Boote bestätigt, die im Zeitraum von 1956 bis 1962 unter Verwendung der modernsten Raketenbewaffnung entstehen sollten. In diesem Plan befand sich inmitten anderer Schiffstypen das bereits im vorigen Kapitel erwähnte U-Boot des *Projekts 627A*. Es war beabsichtigt, diesen Typ in einen Träger der großen Flügelrakete P-20 aus dem Konstruktionsbüro des bekannten Flugzeugproduzenten Sergej W. Iljuschin zu verwandeln. Dieser Flugkörper mit einer Marschgeschwindigkeit bis zu 3 500 km/h sollte eine Reichweite von rund 3 500 km erhalten, was die Möglichkeiten der damaligen ballistischen Raketen weit überschritt. Der Typ P-20 war nicht nur für die Bekämpfung von Küstenobjekten, sondern auch für strategische Schläge gegen wichtige Ziele im weiten Hinterland eines potentiellen Gegners tauglich.

Für die mehr als 30 t schwere Rakete P-20 war im Turm ein druckfester Hangar in den Abmessungen 25 x 4,6 m gedacht. Der Start war nur in Überwasserlage möglich und dazu mußte die Rakete aus dem Hangar auf eine bewegliche Lafette transportiert werden, die auf einen Winkel von 16 Grad angehoben wurde. Alle Vorbereitungen verliefen ferngesteuert und dauerten etwa 6,5 Minuten. In dieser Zeit konnte das Boot kaum manövrieren und im Alarmfall auch nicht sofort tauchen.

Zuerst betrachtete man im Vorentwurf das *Projekt P-627A* lediglich als eine Version der Serie 627A. Die Erhöhung der Wasserverdrängung um 500 t veranlaßte aber die Konstrukteure im technischen Entwurf von den Vorga-

Raketen-U-Schiff des Projekts 651 (»Juliett«-Klasse), 1962

1.3. U-Boote mit Flügelraketen 39

Ausbildung an Bord: In der Leitzentrale

Am Tiefensteuer

Notwendige Bewegung an Bord durch Sport

Am Torpedorohr

Tabelle 9 Hauptdaten der Atom-U-Boote der I. Generation mit Flügelraketen		
Typ (Projekt)	659	675
Wasserverdrängung normal (t)	3 700	4 415
Max. Länge (m)	111,2	115,4
Breite über alles (m)	9,2	7,0
Tiefgang (m)	6,9	7,0
Tauchtiefe (m) normal/max.	240/300	240/300
Seeausdauer (Tage)	50	50
Antrieb PS (kW)	2 x 17 500 (12 871)	2 x 17 500 (12 871)
Unterwassergeschw. (kn)	24	22,7
Bewaffnung: Flugkörpertyp	P-5	P-5, P-6
Zahl der Raketen/ Startanlagen	6	8
Torpedorohre Bug	4 x 533 2 x 400	4 x 533 2 x 400
Heck	2 x 400	2 x 400
Torpedovorrat	–	16
Besatzung	88	109
Baujahr	1961	1963

ben der Standardisierung abzuweichen und praktisch ein neues Schiff zu bauen. Unter Beibehaltung des Druckkörperdurchmessers wuchs die Breite über die Außenhülle von 7,9 auf 9,2 m, was zur Steigerung des Reserveauftriebs auf 40 Prozent führte. Da die Torpedobewaffnung ihre Rolle als Hauptwaffe an die Rakete abtrat und zur Waffe des Eigenschutzes wurde, konnte die Anzahl der 533-mm-Torpedorohre von acht auf vier halbiert werden. Zusätzlich sollten aber zwei 400-mm-Rohre für den Ausstoß von U-Jagd-Torpedos und Täusch- bzw. Ablenkungskörpern installiert werden.

Ohne das Ende der technischen Projektierung abzuwarten, begann das Werk Nr. 402 in Sewerodwinsk, das Baumaterial und die Ausrüstungen zu bestellen und leitete den Bau des neuen Schiffes ein. Der Termin für seine Abgabe an das Erprobungskommando wurde auf das Jahr 1960 vorgemerkt. Parallel dazu begann die Entwicklung des *Projekts 653*. Das sollte ein U-Schiff mit einer Wasserverdrängung von 5 200 t und einer Hauptbewaffnung mit zwei P-20-Flügelraketen werden. Diese Arbeit leitete im SKB-143 Chefkonstrukteur M. G. Rusanow. Während der Entwurf P627A inzwischen als Versuchsfahrzeug für die Erprobung einer ganz neuen Konzeption galt, sollte das Projekt 653 bereits den Prototyp eines echten Kampfschiffes darstellen. Seine beiden P-20 sollten beiderseits der Ausziehvorrichtung unter einer einheitlichen Brückenverkleidung angeordnet werden. Diese Umhüllung erreichte eine Breite von rund 11 m. Aber trotz ihrer voluminösen Form war es den Konstrukteuren gelungen, sie organisch in die insgesamt strömungsgünstigen Konturen des Schiffes einzubeziehen.

Die Breite der Außenhülle betrug 12,2 m. Man hatte auch den Druckkörperdurchmesser vergrößern müssen. Das alles gab die Möglichkeit, die Länge des Schiffes zu reduzieren und die ursprüngliche Fahrtgeschwindigkeit des *Projektes P-627A* beizubehalten. Eine Besonderheit des *Projekts 653* war eine drehbare Verkleidung hinter dem Turm, die für das abwechselnde Öffnen der Behälterklappen sorgte. Die Zeitdauer für den Überwasseraufenthalt beim Start beider Raketen war mit 10 Minuten errechnet worden.

Im Unterschied zu den U-Schiffen des Typs *627A* sah man für das *Projekt 653* die Verwendung verbesserter Druckwasser-Dampferzeuger des Typs »WM-1M«, unabhängiger Turbogeneratoren, neuen hochfesten Stahl AK-29, verdoppelten Druck im Preßluftsystem und einige andere Neuerungen vor.

Die Indienststellung des Nullschiffs plante man für 1962 und bereits im Dezember 1959 erhielt das Werk Nr. 402 erste Bauzeichnungen. Aber gerade zu diesem Zeitpunkt führte die intensive Entwicklung der ballistischen Raketen zu einer Veränderung hinsichtlich der Bewertung der strategischen Bedeutung der Flugkörper. Im Februar 1960 wurde der Beschluß gefaßt, alle Bemühungen auf die Entwicklung moderner Unterwasser-Raketenträger zu konzentrieren und die Arbeiten an der Flügelrakete P-20 und an einigen perspektivlosen Raketenkomplexen abzubrechen. Damit verlor auch die weitere Entwicklung des *Projekts 653* und der Bau des *Projekts P-627A* an Aktualität. Im Zusammenhang mit der wachsenden Bedeutung der ballistischen Raketen sind 1964 die Arbeiten an allen strategischen Flügelraketen der Marine gestoppt worden.

Aus der großen Zahl der in den 50er Jahren entworfenen strategischen und Seeziel-Flügelraketen sind zur Bewaffnung der U-Boote nur die beiden Komplexe P-5 und P-6 angenommen worden. Beide stammten aus dem Konstruktionsbüro von Wladimir Tschelomej, der auch weiterhin neue Flugkörper für U-Boote schuf. Angesichts der Anfang der 60er Jahre herrschenden Raketeneuphorie, die sich einseitig auf die ballistischen Raketen orientierte, gerieten die Atom-U-Boote der *Projekte 659* und *675* aus dem Blickwinkel des Interesses. Sie schlossen die Reihe der Schiffe der *I. Generation* ab.

Der Zeitraum von der Mitte der 50er Jahre bis zur Mitte der 60er Jahre wurde für den sowjetischen U-Boot-Bau durch radikale Veränderungen geprägt. Die Einführung der Kernkraftanlagen und der Raketenkernwaffen verwandelten die U-Boote zur Hauptschlagkraft der Seekriegsflotte.

In dieser Periode wurden 56 Atom-U-Boote bzw. Schiffe der *I. Generation* und mehr als einhundert konventionelle Tauchboote in Dienst gestellt. Wurden die Unterwasserkräfte Ende der 50er – Anfang der 60er Jahre noch in erster Linie mit verbesserten herkömmlichen U-Booten aufgefüllt, die Torpedo- und Raketenbewaffnung trugen, so nahmen seit Mitte der 60er Jahre U-Boote mit Marschflugkörpern die vorderen Plätze in den Schiffbauprogrammen ein. Sie stellten für längere Zeit eine Besonderheit der sowjetischen Seekriegsflotte dar, die es in dieser Form in keiner anderen Marine der Welt gab.

In der zweiten Hälfte der 60er Jahre erreichte die Zahl der sowjetischen Atom-U-Boote und -Schiffe die Stärke der U-Boot-Flotte der US Navy, obwohl mit ihrem Bau während des ersten Jahrzehntes nur zwei Schiffbauwerke beschäftigt waren – in Sewerodwinsk und Komsomolsk am Amur. Zur Instandsetzung standen in der UdSSR außerdem zwei neue Schiffsreparaturwerke in Sewerodwinsk (im Nördlichen Gebiet) und in Bolschoi Kamen (im Fernen Osten) zur Verfügung. In den USA gab es zur gleichen Zeit sieben Werften, die Atom-U-Boote bauten, in New York (3 Werften), Groton, Newport News, Pascagoula und Quincy.

Eine wichtige Rolle für die Entstehung der sowjetischen Atom-U-Flotte spielte die Tätigkeit der wissenschaftlichen Forschungseinrichtungen und Entwicklungszentren der Kernkraft-, Raketen- und Schiffbauindustrie: ZNII-45 (Zentrales Wissenschaftliches Forschungsinstitut), ZNII-48, NII-8 (Wissenschaftliches Forschungsinstitut), SKB-143 (Spezielles Konstruktionsbüro), ZKB-18 (Zentrales Konstruktionsbüro), SKB-385, OKB-52 (Versuchskonstruktionsbüro), OKB-1 und viele andere.

Tabelle 10 Taktisch-technische Daten der nicht verwirklichten Atom-U-Boot-Projekte der I. Generation mit Flügelraketen

Typ	P-627A	653
Wasserverdrängung (t)	3 950	5 250
Länge max. (m)	110,2	97,5
Breite über alles (m)	9,2	12,2
Tiefgang (m)	6,3	7,8
Reserveauftrieb (%)	40	36
Größte Tauchtiefe (m)	285	300
Seeausdauer (Tage)	50–60	80
Leistung der Kraftanlage PS (kW)	2 x 17 500 (12 871)	2 x 17 500 (12 871)
Unterwassergeschw. (kn)	23–25,5	22–24
Bewaffnung:		
Raketenkomplex	P-20	P-20
Zahl der Flugkörper	1	2
Torpedorohre 533 mm		
Torpedovorrat	4/4	4/4
Torpedorohre 400 mm		
Torpedovorrat	2/6	2/12
Besatzung	90	101

Dieselelektrische Torpedo-(Flotten-)U-Boote

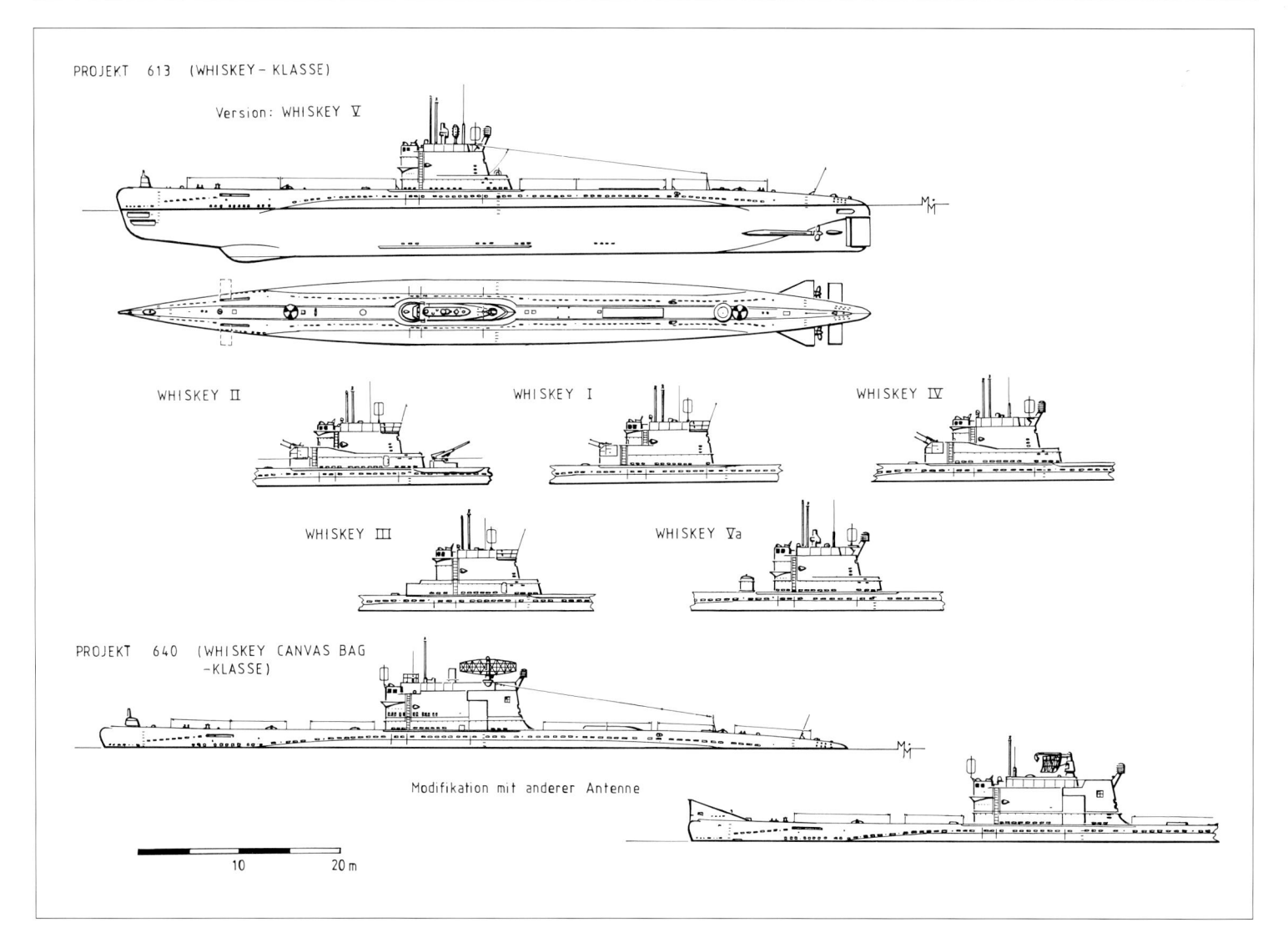

Projekt 613 (Whiskey-Klasse)

215 Einheiten gebaut von 1951 bis 1957
Bauwerft: Krasnoje Sormowo Gorki, Komsomolsk am Amur, Baltische Werke Leningrad, Nikolajew
Eine große Serie nach dem Zweiten Weltkrieg, Konstruktion durch das deutsche Typ XXI Boot beeinflußt, frühe Version noch mit Artilleriebewaffnung (Kal. 76 mm u. 25 mm), Version Va mit Kampfschwimmerausstieg vor dem Turm, Doppelhüllenboot, 7 Abteilungen, 40 Boote in Reserve noch vorhanden, sonst größtenteils verschrottet, einige als Denkmal oder Museumsstücke aufgestellt, 2 Boote (»Sewerjanka« und »Slawianka«) wurden zu ozeanologischen Forschungsschiffen umgebaut.
Exporte: nach Albanien 3, Ägypten 2, Bulgarien 2, China 21 und zahlreiche Exemplare in Lizenzbau hergestellt, Indonesien 12, Nordkorea 4 und Polen 2.
Verdrängung: 1080/1350 t
Abmessungen: 76 x 6,5 x 4,9 m
Bewaffnung: 6 Torpedorohre 533 mm (4 Bug, 2 Heck), Kampfsatz 12 Torpedos oder 24 Minen AMD-1000
Sensoren: 1 Radar, 1 bis 2 Sonar
Antrieb: 2 Dieselmotore 4 000 PS (2 934 kW), 2 Elektromotore 2 700 PS (1 980 kW), 2 Schrauben
Geschwindigkeit: 18/14 kn
Fahrweite: 8 500 nm bei 10 kn
Besatzung: 54 Personen

Projekt 640 (Whiskey Canvas Bag-Klasse)

4 Einheiten umgebaut aus Whiskey Booten 1959 bis 1961, für Funkmeßaufklärung und -überwachung S-62, S-73, S-149 und S-151
Verdrängung: 1062 t
Abmessungen: 76 x 6,3 x 5,1 m
Bewaffnung: 4 Torpedorohre 533 mm
Weitere Daten wie Projekt 613
Sensoren: Funkmeßanlage »Kasatka« mit Stabilisierungseinrichtung, kann bis Seegang 7 arbeiten
Antrieb: wie Projekt 613

Projekt 615, A615 (Quebec-Klasse)

107 Boote (Bau von 1953 bis 1962)
M-254 bis M-361
Bauwerft: verschiedene
Erste Boote hatten auf der Mittelwelle eine Walterturbine, nach Havarie von M-257 Entfernung dieser Anlage, Doppelhüllenboot mit 7 Abteilungen, einer der ersten U-Boottypen mit einem Floß zur Schwingungsdämpfung, auf dem alle Maschinen montiert sind, M-257 Verlust durch Feuer in der Ostsee 1956, M-259 Verlust durch Explosion 1956 und M-351 gesunken 22.08.57 – später gehoben, alle Boote außer Dienst und verschrottet, 4 sollen sich noch in Reserve befinden
Export: nach Rumänien 8
Tauchtiefe: 100 bis 120 m
Verdrängung: 405,8/503,9 t
Abmessungen: 56,76 x 4,46 x 3,59 m
Bewaffnung: 4 Bugtorpedorohre 533 mm, Kampfsatz 4 Torpedos K-45, 1 Fla-Doppellafette Kal. 25 mm
Typ 2M-8, diese wurden ab 1956 entfernt.

Dieselelektrische Torpedo-(Flotten-)U-Boote

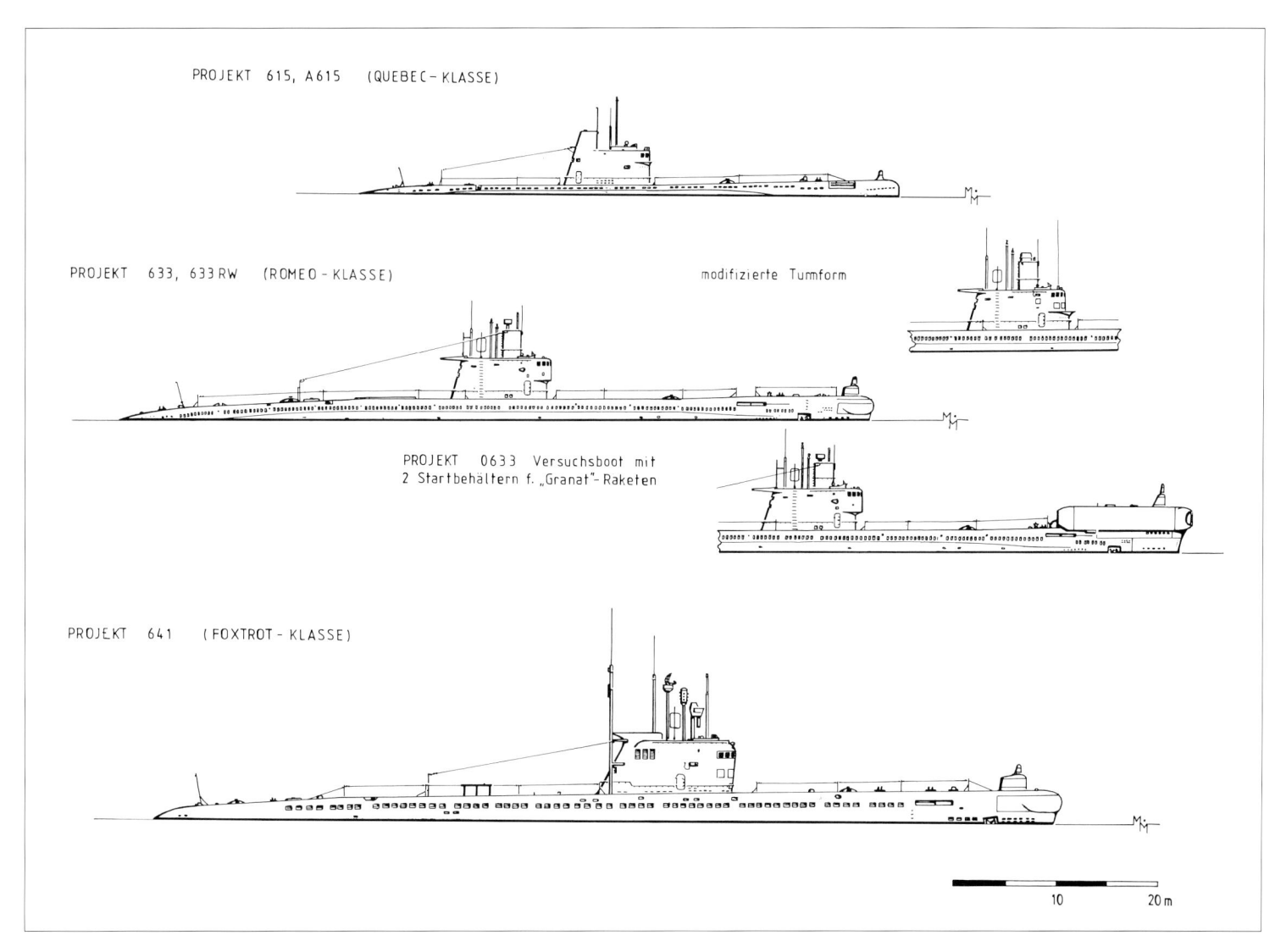

PROJEKT 615, A615 (QUEBEC-KLASSE)

PROJEKT 633, 633RW (ROMEO-KLASSE)   modifizierte Turmform

PROJEKT 0633 Versuchsboot mit 2 Startbehältern f. „Granat"-Raketen

PROJEKT 641 (FOXTROT-KLASSE)

Antrieb: 2 Dieselmotore M-50 je 900 PS (660 kW), ein Dieselmotor 32-D 900 PS (660 kW), 3 Elektromotore 2500 PS (1 833 kW), 3 Schrauben
Geschwindigkeit: 16,1/15 kn
Besatzung: 29 Personen

Projekt 633RW, 633 (Romeo-Klasse)

Mehr als 20 Einheiten gebaut von 1959 bis 1962
Bauwerft: Krasnoje Sormowo Gorki
Verbesserte Whiskey-Klasse, 1985 noch 4 Boote bei Nordflotte und 6 bei Schwarzmeerflotte im Einsatz, letzte 2 Einheiten als Erprobungsschiffe (u. a. 1989 für Flugkörpersystem »Granat«) im Dienst bis 1994.
Export: nach Algerien 2 (im Jan. 82 u. Feb. 83), Ägypten 6 (1966 bis 1968 und 4 aus chines. Prod.), Bulgarien 2 (1984 u. 1986) und Syrien 2 (1985 u. 1986), Lizenzbau in China und Nordkorea.
Tauchtiefe: 170 bis 200 m
Verdrängung: 1330/1730 t
Abmessungen: 76,6 x 6,7 x 5,5 m
Bewaffnung: 8 Torpedorohre 533 mm (6 Bug, 2 Heck), Kampfsatz 14 Torpedos oder 28 Minen AMD-1000, Schußtiefe bis 40 m,
Sensoren: 1 Radar »Burja«, 1 Radar »Nakat«, 1 Sonar »Tamir-2«, 1 Sonar »Swet M«
Antrieb: 2 Dieselmotore 4 000 PS (2 934 kW), 2 Elektromotore 2 700 PS (1 980), 2 Schrauben
Geschwindigkeit: 16/13 kn
Fahrweite: 8 000 nm bei 8 kn
Besatzung: 54 Personen

Projekt 641 (Foxtrot-Klasse)

45 Einheiten gebaut von 1958 bis 1971
Namen: u. a. »Tscheljabinski Komsomolez« (Namensgebung: 18.01.63), »Jaroslawski Komsomolez« (15.02.65), »Pskowski Komsomolez« (03.06.66), »Brjanski Komsomolez«, »Wkadimirski Komsomolez« (23.09. 67), »Rostowski Komsomolez«, »Uljanowski Komsomolez«, »Kuybischewski Komsomolez«, »Komsomolez Kasachstana«,
Bauwerft: Sudomech Leningrad und Admiralitätswerft Leningrad
Weiterentwickelte Zulu-Klasse, Langstreckenboot für ozeanische Patrouillen, es befinden sich noch 9 Einheiten in Reserve, alle anderen abgeschrieben und verschrottet.
Exporte: nach Kuba 3 (am 07.02.79, März 80 u. Feb. 84), Indien 8 (im Apr. 68, März 69, Nov. 69, Feb. 70, Nov. 73, Dez. 73 Okt. 74 u. Feb. 75), Libyen 6 (im Dez. 76, 2 Feb. 78, Feb. 81, Jan. 82 u. Feb. 83), Polen 2,
Verdrängung: 1950/2 500 t
Abmessungen: 91,3 x 7,5 x 5,1 m
Bewaffnung: 10 Torpedorohre 533 mm (6 Bug, 4 Heck), Kampfsatz 22 Torpedos oder 32 Minen
Sensoren: 1 Radar »Burja«, 1 Radar »Nakat«, 1 Rundumsonar »Tuloma«, 1 Suchsonar »Swet M« und ein Sonar »Arktika«
Antrieb: 3 Dieselmotore 6 000 PS (4 401 kW), 3 Elektromotore 5 200 PS (3814 kW), 3 Schrauben
Geschwindigkeit: 16/16 kn
Fahrweite: 16 000 nm bei 8 kn
Besatzung: 75 Personen

Dieselelektrische Torpedo-(Flotten-)U-Boote

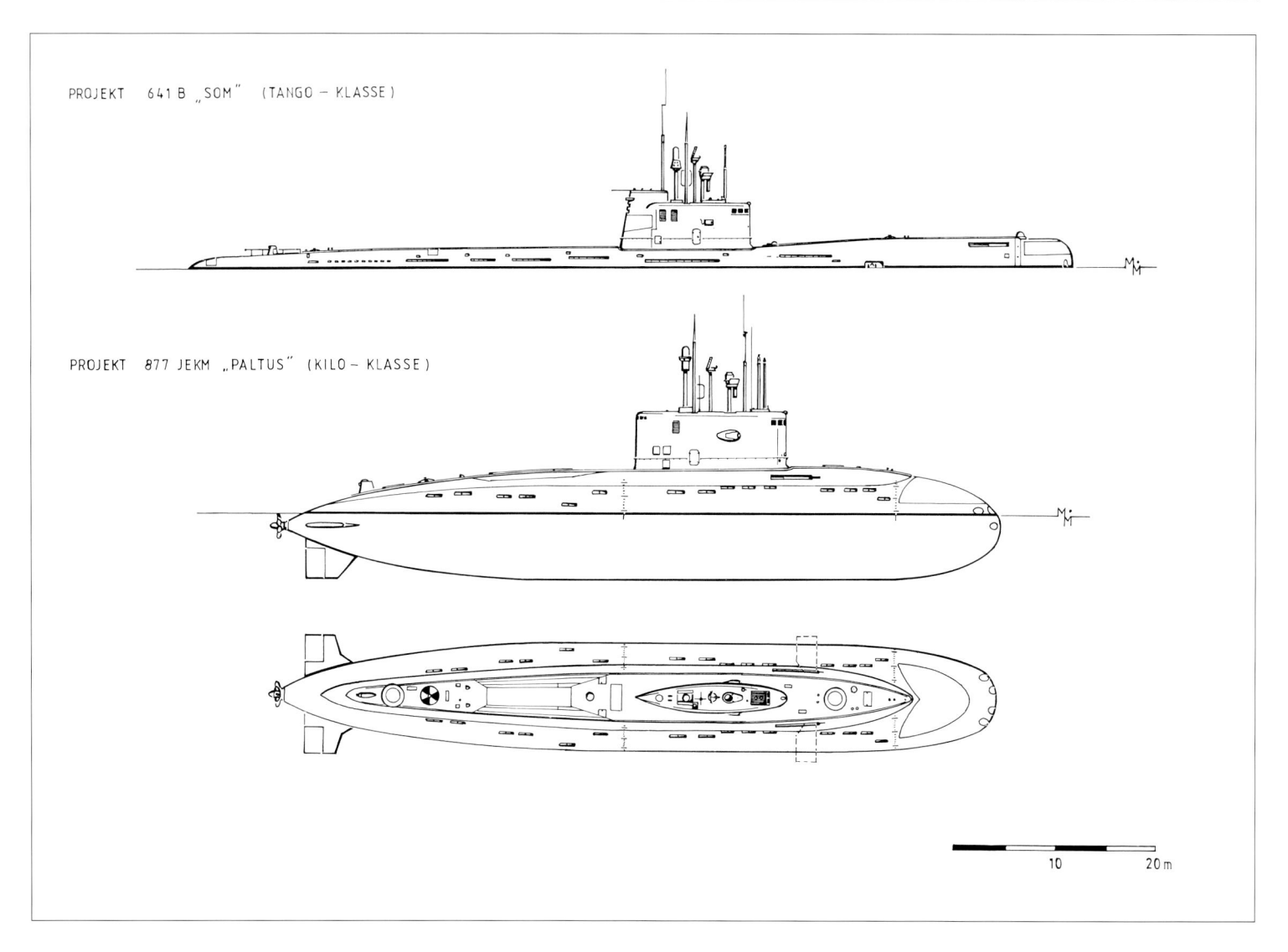

Projekt 641B »Som« (Tango-Klasse)

18 Einheiten gebaut von 1973 bis 1978
Namen: u. a. »Gorowski Komsomolez«, »Magnitogorski Komsomolez« (Namensgebung 09.06.80), »Komsomolez Tadzhikistana« (26.08.80),
Bauwerft: Krasnoje Sormowo Gorki, 1 Boot B-380 Sewastopol
Nachfolgetyp der Foxtrot-Klasse, erste sowjetische Dieselelektroboote mit Antisonarbeschichtung
Tauchtiefe: 240 bis 300 m
Verdrängung: 2 750/3 546 t
Abmessungen: 90,2 x 9,6 x 6,9 m
Bewaffnung: 6 Bugtorpedorohre 533 mm, Kampfsatz 24 Torpedos
Sensoren: 2 Radar, 2 Sonar
Antrieb: 3 Dieselmotore 6 000 PS (4 401 kW),
3 Elektromotore 5 200 PS (3 814 kW),
3 Schrauben
Geschwindigkeit: 20/16 kn
Besatzung 78 Personen

Projekt 877 EKM »Paltus« (Kilo-Klasse)

Über 25 Einheiten gebaut seit 1979, Serienbau dauert an
Bauwerft: Werft 199 Komsomolsk am Amur, Krasnoje Sormowo Gorki, Leningrad
Modernste Dieselelektroboote sowjetischer bzw. russischer Produktion,
Exporte: nach Algerien 2, Indien 6, Polen 1 und Rumänien 1,
Verdrängung: 2300/3200 t
Abmessungen: 72,6 x 9,9 x 14,7 m
Bewaffnung: 6 Bugtorpedorohre 533 mm, Kampfsatz 18 Torpedos oder 24 Minen, 4 Ausstoßeinrichtungen für Raketentorpedos SA-N-5/8 und »Unterwasser-Luft« Raketen SA-7/14IR
Sensoren: 1 Radar, 2 Sonar aktiv und passiv
Antrieb: 2 Dieselmotore 3 650 PS (2677 kW),
1 Elektromotor 5 900 PS (4327 kW), 1 Schraube sechsflügelig
Geschwindigkeit: 10/17 kn
Besatzung 52 Personen

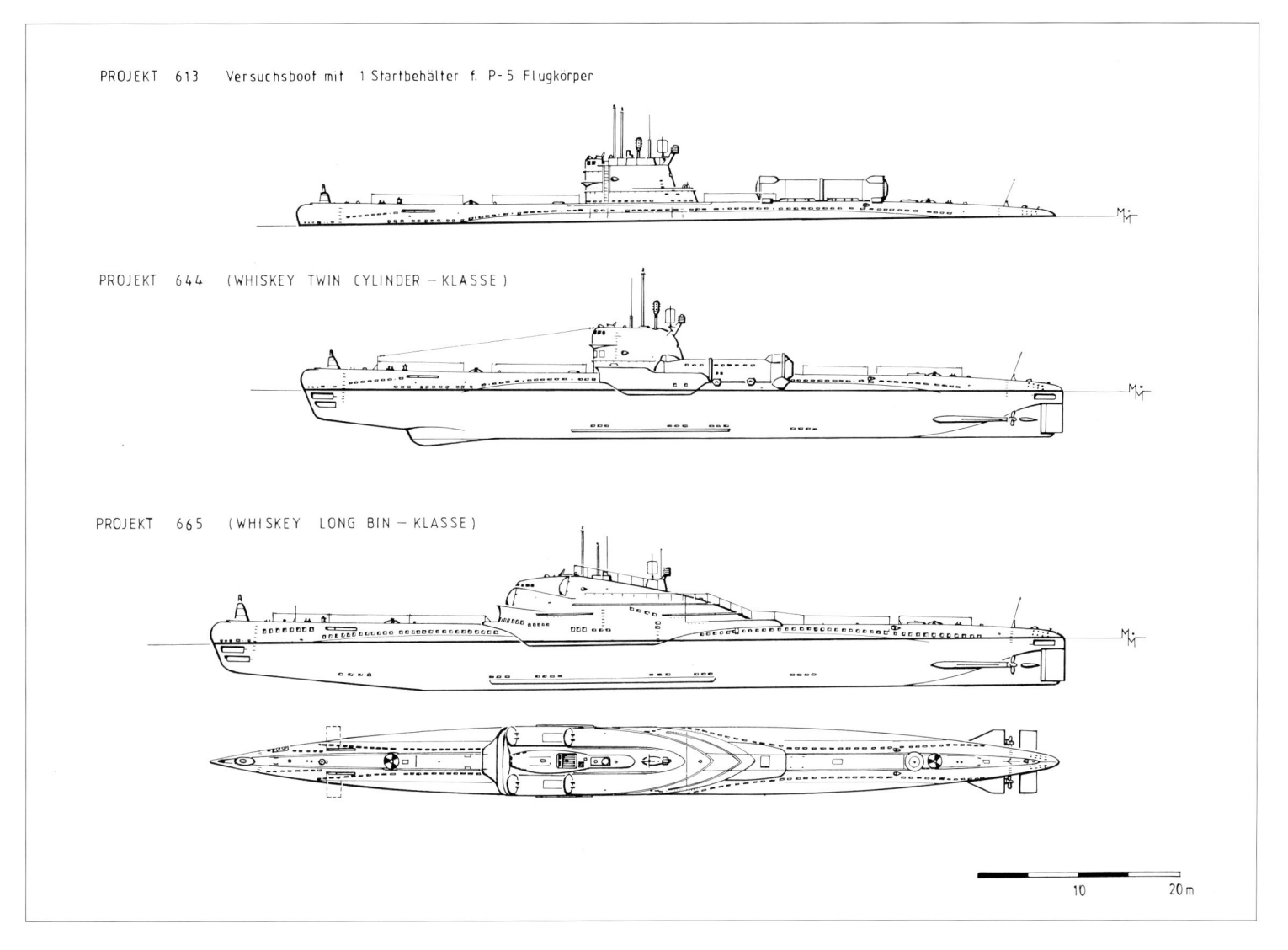

Dieselelektrische Angriffs-U-Boote mit Flugkörperbewaffnung

PROJEKT 613 Versuchsboot mit 1 Startbehälter f. P-5 Flugkörper

PROJEKT 644 (WHISKEY TWIN CYLINDER – KLASSE)

PROJEKT 665 (WHISKEY LONG BIN – KLASSE)

Projekt 644 (Whiskey Twin Cylinder-Klasse)

4 Einheiten 1959/60 umgebaut aus Whiskeybooten S-158, S-162, S-69 und S-80
Nach Versuchen 1 Startbehälter für P-5 Flügelraketen auf Projekt 613 U-Booten unterzubringen, rüstete man die o. g. Einheiten mit 2 Startbehältern aus. Der Start erfolgte in Überwasserlage, achteraus, aus den um 20° aufgerichteten Behälter. Umbau stellte nur Übergangslösung dar, Boote haben sich im praktischen Einsatz nicht bewährt, unter Wasser zu laut und zu langsam Boot S-80 am 27.01.61 gesunken und am 27.07.69 gehoben
Verdrängung: 1160 t
Abmessungen: 76 x 6,6
Bewaffnung: 2 Startbehälter für Flügelraketen P-5 (SS-N-3), 4 Bugtorpedorohre 533 mm
Weiter Daten wie Projekt 613
Geschwindigkeit: 16/10 kn

Projekt 665 (Whiskey Long Bin-Klasse)

6 Einheiten gebaut von 1958 bis 1962
S-61, S-64, S-142, S-152, S-155 und S-164
Bauwerft: Baltische Werke Leningrad
Versuch durch Vergrößerung des Projekts 613 vier Flugkörper P-5 unterzubringen. Start erfolgte über Wasser, voraus, aus den mit 20° fester Erhöhung eingebauten Behältern. Boote haben sich im praktischen Einsatz nicht bewährt, unter Wasser zu laut und zu langsam, liefen immer nur als Schulboote, 1986 noch 1 Einheit in der Schwarzmeerflotte und 2 in der Baltischen Flotte vorhanden, heute nur noch 1 Boot in Reserve
Verdrängung: 1490 t
Abmessungen: 84,6 x 6,7
Bewaffnung: 4 Startbehälter für Flügelraketen P-5 (SS-N-3), 4 Bugtorpedorohre 533 mm
Antrieb: wie Projekt 613
Geschwindigkeit: 14,5/11 kn

Projekt 611, 611R (Zulu IV-Klasse)

26 Einheiten gebaut von 1951 bis 1955
Bauwerft: Sudomech Leningrad 18, Werft 402
Sewerodwinsk 8
Erste Serie großer ozeanischer U-Boote in der Sowjetunion nach dem 2. Weltkrieg, 7 Boote 1956/57 zu ballistischen Raketenträgern umgebaut (siehe dort), 2 Einheiten später umgebaut als ozeanographische Forschungsschiffe, 1 Boot, BS-89, fuhr als Erprobungsschiff für hydroakustische Anlagen, 2 Einheiten, BS-69 und BS-891 taten, zu Kampfschwimmerbooten hergerichtet, in der Nordflotte Dienst und BS-82 diente nach entsprechendem Umbau als Unterwasserkabelleger, diese zu Hilfsschiffen umklassifizierten Einheiten bekamen Namen wie »Mars«, »Lira«, »Orion« und »Wega«, heute befinden sich noch 2 Boote in Reserve, alle anderen sind abgeschrieben und größtenteils verschrottet, ein Rumpf wurde nach Holland verkauft und zu einem schwimmenden Restaurant umgebaut

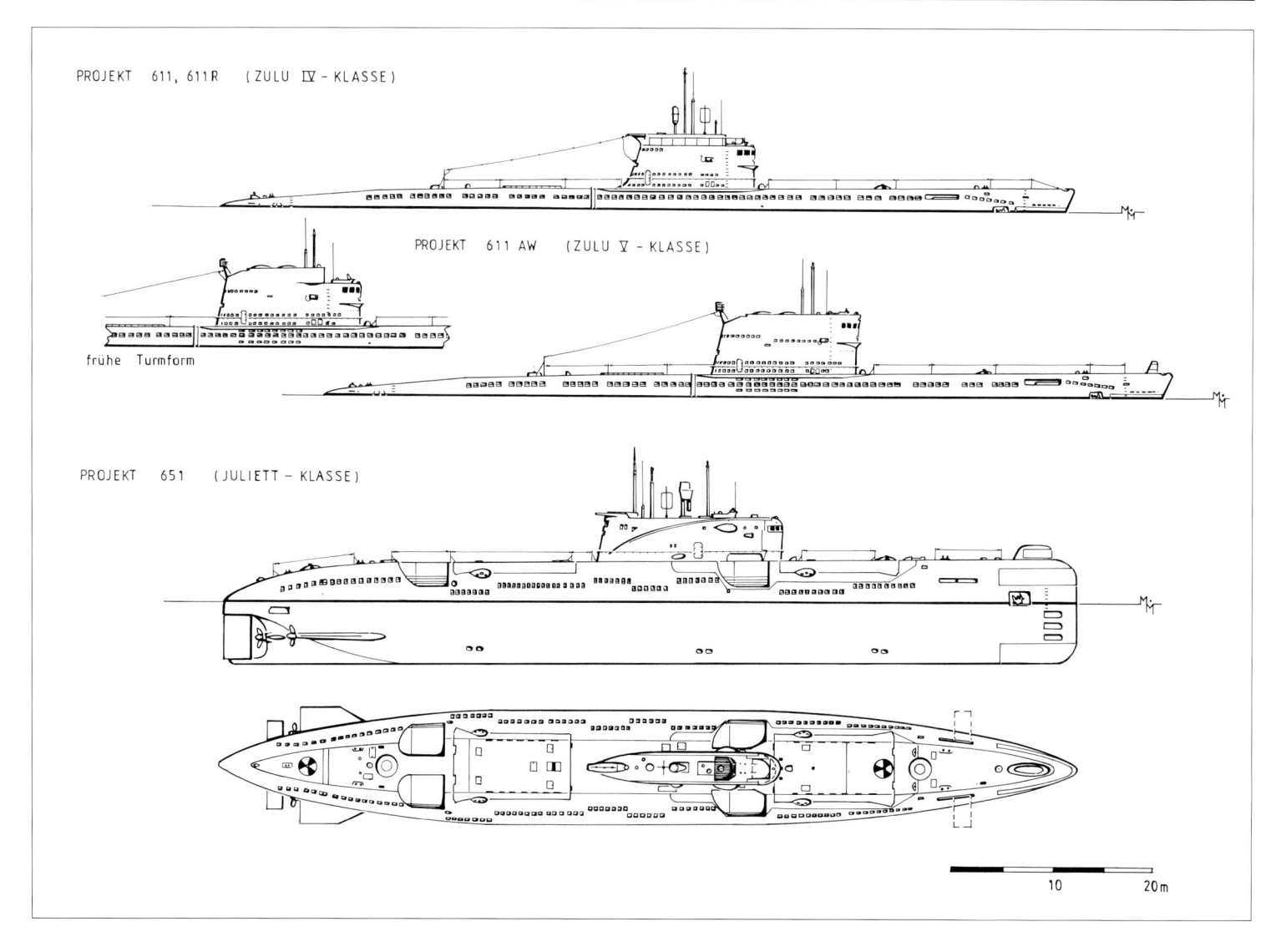

Dieselelektrische U-Boote mit ballistischer Raketenbewaffnung

PROJEKT 611, 611R (ZULU IV-KLASSE)

PROJEKT 611 AW (ZULU V-KLASSE)
frühe Turmform

PROJEKT 651 (JULIETT-KLASSE)

Tauchtiefe: 170 bis 200 m
Verdrängung: 1 850/2 400 t
Abmessungen: 90 x 7,5 x 5,1 m
Bewaffnung: 10 Torpedorohre 533 mm (6 Bug, 4 Heck), Kampfsatz 22 Torpedos oder 32 Minen AMD-1000 plus 4 Torpedos
Antrieb: 3 Dieselmotore 6 000 PS (4 401 kW), 3 Elektromotore 5 100 PS (3 740 kW), 3 Schrauben
Geschwindigkeit: 16/16 kn
Fahrweite: 20 000 nm
Besatzung: 75 Personen

Projekt 651 (Juliett-Klasse)

16 Einheiten gebaut 1961 bis 1968
Bauwerft: Baltische Werke Leningrad 2 und Krasnoje Sormowo Gorki 14
Gleiche Grundkonstruktion wie nuklear getriebene Echo-Klasse, Start erfolgt über Wasser aus den um 20° hochgefahrenen Behältern. Nordflotte erhielt 6, Baltische Flotte 3, Pazifikflotte 4 und Schwarzmeerflotte 3 Einheiten. Ab 1991 in die Reserve überführt, ein Boot diente noch länger als Hilfsschiff, inzwischen alle abgeschrieben, 2 Rümpfe 1994 nach Holland für Restaurantzwecke verkauft.
Tauchtiefe: 240 bis 300 m
Verdrängung: 3 174/3 750 t
Abmessungen: 85,9 x 9,7 x 6,3
Bewaffnung: 4 Startbehälter für Flügelraketen P-6 (SS-N-3a), 6 Bugtorpedorohre 533 mm, 2 Hecktorpedorohre 406 mm
Sensoren: 1 Radar, 1 Flugkörperleitstation, 1 Sonar »Gerkules«, 2 Sonar aktiv/passiv, aktiv
Antrieb: 2 Dieselmotore 3 500 PS (2 567 kW), 2 Elektromotore 6 000 PS (4 401 kW), 2 Schrauben in Ringdüsen? (widerspricht der Zeichnung!)
Geschwindigkeit: 17/18 kn
Besatzung: 79 Personen

Projekt 611AW (Zulu V-Klasse)

7 Einheiten umgebaut 1956/57
B-61, B-62, B-67, B-73, B-78, B-79 und B-89
Erste sowjetische U-Boote mit ballistischer Raketenbewaffnung, Umbauten aus Zulu IV Booten, 2 Startschächte für SS-N-4 Raketen im Turm, Start nur in Überwasserlage möglich, nach Außerdienststellung einige Boote umgebaut für Spezialzwecke, bzw. zurückgebaut als Zulu IV
Verdrängung: 2 100/2 600 t
Daten sonst wie Projekt 611, 611R (Zulu IV-Klasse)
Bewaffnung: 2 Raketen R-11FM (SS-N-4 »SARK«), 10 Torpedorohre 533 mm (6 Bug, 4 Heck)

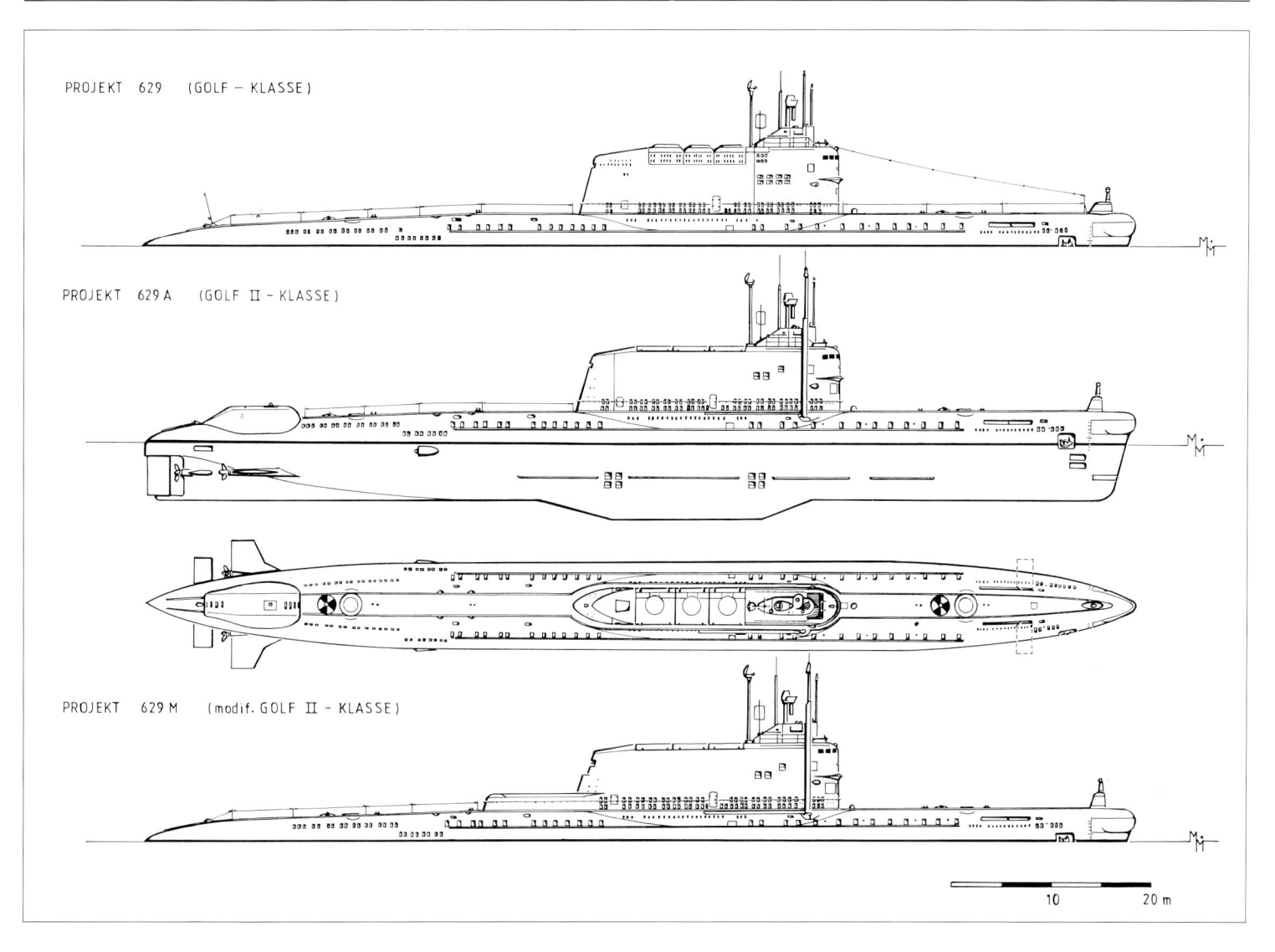

Dieselelektrische U-Boote mit ballistischer Raketenbewaffnung

PROJEKT 629 (GOLF – KLASSE)

PROJEKT 629 A (GOLF II – KLASSE)

PROJEKT 629 M (modif. GOLF II – KLASSE)

Projekt 629 (Golf-Klasse)

23 Einheiten gebaut 1958 bis 1962
Bauwerft: Werft 402 Sewerodwinsk 14 und Komsomolsk am Amur 7, restliche 2?
Erstes, speziell für den Einsatz von ballistischen Raketen gebautes U-Boot der Sowjetunion, 13 Boote ab 1962 umgerüstet zu Golf II-Klasse (siehe dort), restliche Einheiten später für Spezialzwecke umgebaut oder abgeschrieben und verschrottet
Export: nach China 3 Boote ohne Raketen
Tauchtiefe: 250 bis 300 m
Verdrängung: 2820/3553 t
Abmessungen: 99 x 8,8 x 8,1 m
Bewaffnung: 3 Raketen R-13 (SS-N-4 »SARK«), 6 Torpedorohre 533 mm (4 Bug, 2 Heck)
Sensoren: 1 Radar »Albatros«, 1 Radar »Nakat«, 1 Sonar »Arktika«, 1 Sonar »Swet M«
Antrieb: 3 Dieselmotore 37-D 6 000 PS (4401 kW), 3 Elektromotore 5 500 PS (4034 kW), 3 Schrauben
Geschwindigkeit: 15,5/12,5 kn
Fahrweite: 16000 nm bei 7 kn
Besatzung: 59 Personen, davon 10 Offiziere

Projekt 629A, 629M (Golf II-Klasse)

13 Einheiten umgebaut ab 1962
Umbauwerft: Werft 402 in Sewerodwinsk 8 und Komsomolsk am Amur 5
Umbau aus Projekt 229 1 Boot, K-129, am 08.03.68 gesunken und 1974 durch die USA teilweise gehoben, K-102 Nov. 1968 umgebaut für Erprobung der Rakete 4K-18 mit dem Startkomplex D-5, K-113 wurde 1974 in der Pazifikflotte mit der Projekt Nr. 629I zum Unterwasserminenleger umgebaut, 5 Boote befinden sich noch in Reserve
Bewaffnung: 3 Raketen R-21 (SS-N-5 »Serb«), 6 Torpedorohre 533 mm (4 Bug, 2 Heck)
Sensoren: ab 1968 Schleppsonar »Paravan«, sonst wie Projekt 629
Daten wie Projekt 629

Projekt 601 (Golf III-Klasse)

1 Boot umgebaut 1976
Umbau aus Projekt 629 zur Erprobung der SS-N-8, stationiert bei Nordflotte, inzwischen außer Dienst
Verdrängung: 2900/3300 t
Abmessungen: 118 x 8,2 x 7,6 m
Bewaffnung: 6 Raketen RSM-40 (SS-N-8 »Sawfly«) Reichweite 7500 km, 6 Torpedorohre 533 mm (4 Bug, 2 Heck)
Sensoren und Antrieb wie Projekt 629
Geschwindigkeit: 14/13 kn

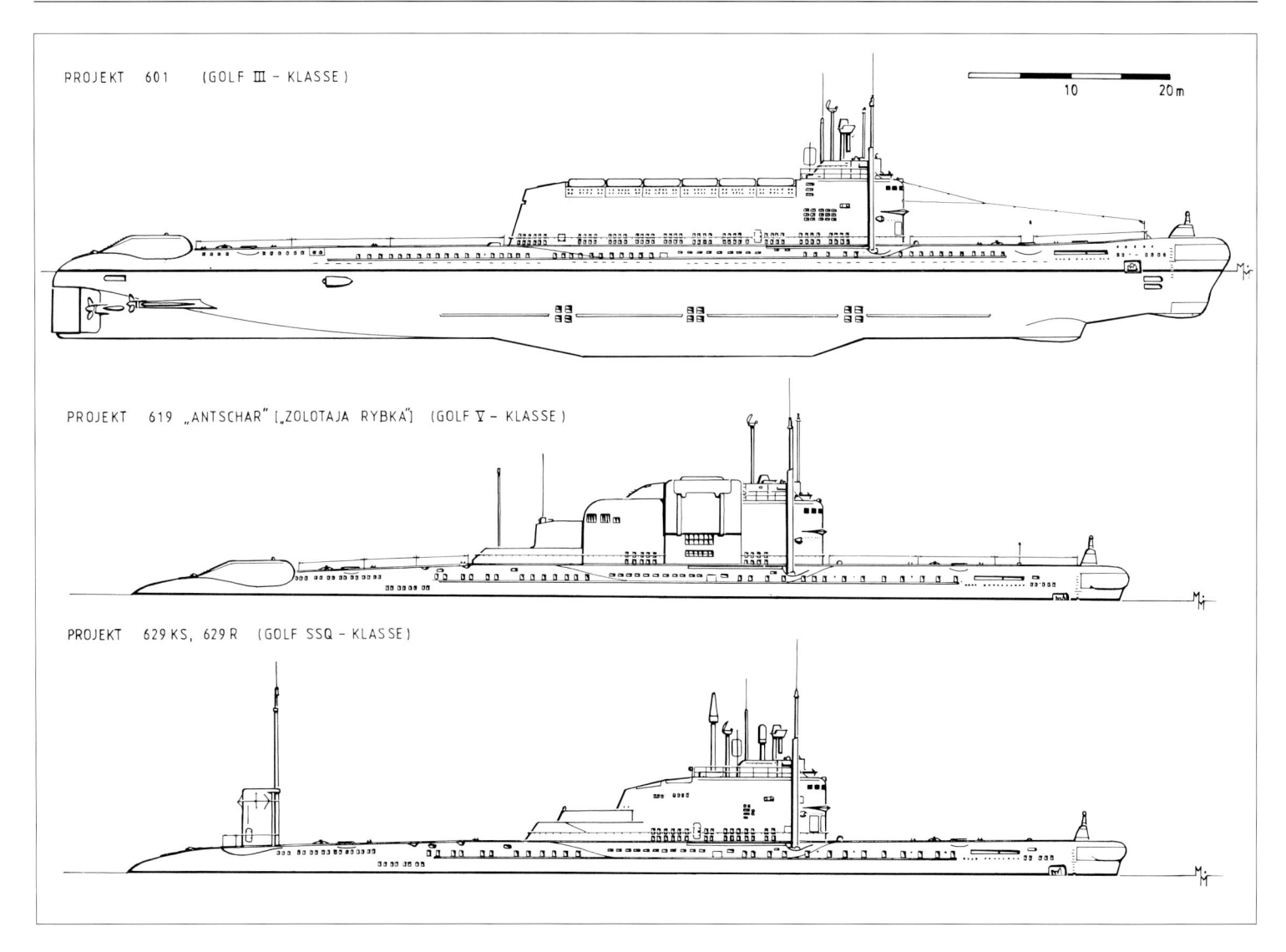

Dieselelektrische U-Boote für Spezial- und Hilfsdienste

PROJEKT 601 (GOLF III - KLASSE)

PROJEKT 619 „ANTSCHAR" [„ZOLOTAJA RYBKA"] (GOLF V - KLASSE)

PROJEKT 629 KS, 629 R (GOLF SSQ - KLASSE)

Projekt 619 »Antschar« auch »Zolotaja Rybka« (Golf V-Klasse)

1 Boot umgebaut 1974/78
Umbau aus Projekt 629 für Erprobung der für die Typhoon-Klasse vorgesehenen SS-N-20 Rakete, Dienst in der Schwarzmeerflotte bis 1985, danach Reserve und 1992 verschrottet
Tauchtiefe: 250 bis 300 m
Verdrängung: 2800 t
Abmessungen: 100 x 8,2 x 8 m
Bewaffnung: 1 Rakete SS-N-20 im Startkomplex D-19, 10 Torpedorohre 533 mm (6 Bug, 4 Heck), Kampfsatz 16 Torpedos
Sensoren: 2 Radar, 1 Sonar »Gerkules«, 1 Sonar »Feniks«
Antrieb: 3 Dieselmotore 6 000 PS (4 401 kW), 3 Elektromotore 5 500 PS (4 034 kW), 3 Schrauben
Geschwindigkeit: 15/14 kn
Besatzung: 87 Personen, davon 12 Offiziere

Projekt 629KS, 629R (Golf SSQ-Klasse)

3 Einheiten umgebaut 1973 bis 1979
K-83, K-107 und K-96
Umbauwerft: Dalsawod Wladiwostok
Umbau aus Projekt 629 für Funkmeßaufklärung und Kommunikation, K-107 diente in der Nordflotte, die anderen in der Pazifikflotte,
Verdrängung: 2000/2800 t
Abmessungen: 100 x 8 x 7,5 m
Bewaffnung: 6 Bugtorpedorohre 533 mm
Sensoren: 2 Radar, 1 Sonar »Gerkules«, 1 Sonar »Feniks« plus Spezialausrüstung
Antrieb: 3 Dieselmotore 6 000 PS (4 401 kW), 3 Elektromotore 5 500 PS (4 034 kW), 3 Schrauben
Geschwindigkeit: 15/14 kn
Fahrweite: 6 000 nm
Besatzung: 87 Personen, davon 12 Offiziere

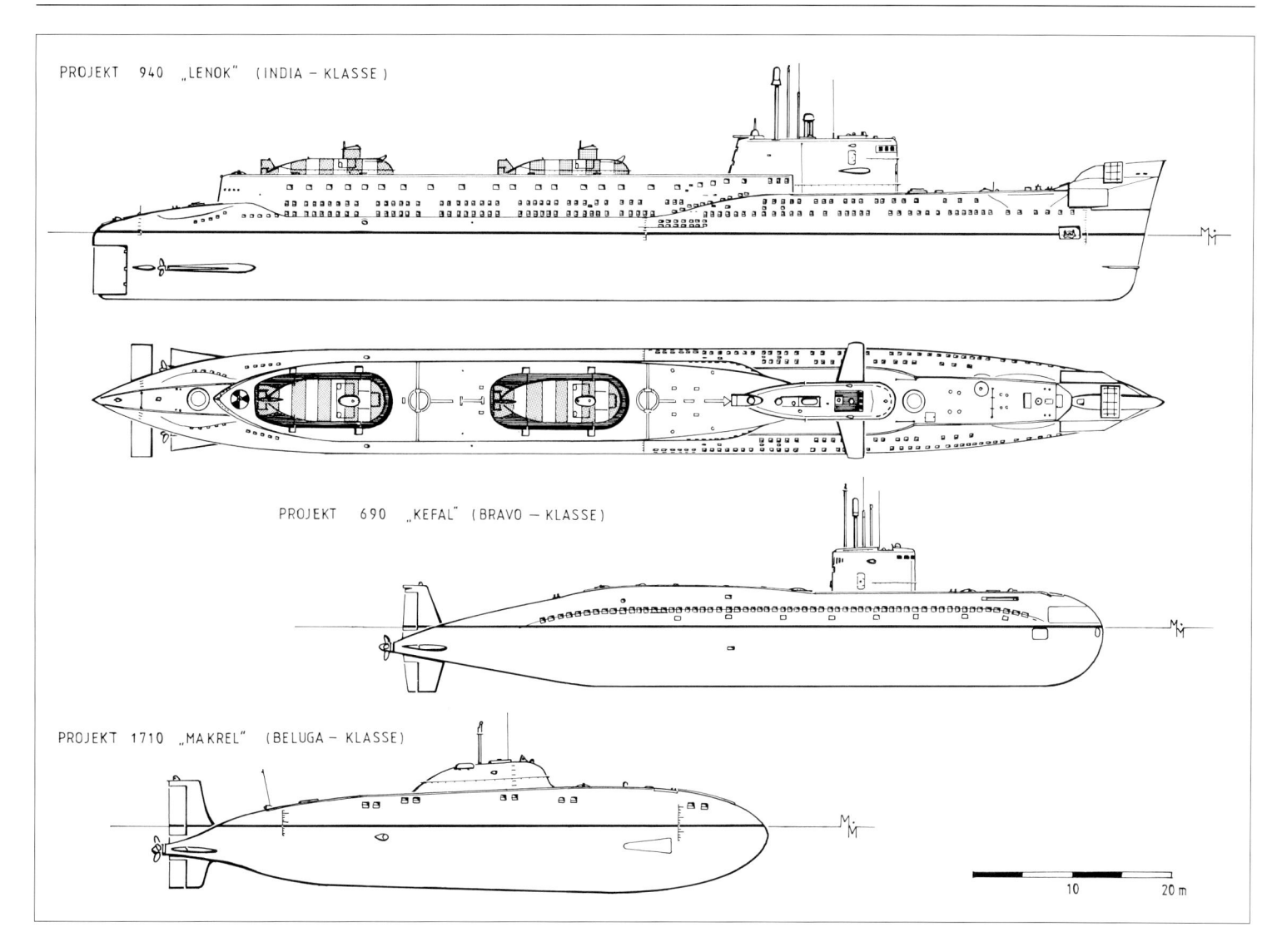

Dieselelektrische U-Boote für Spezial- und Hilfsdienste

Projekt 940 »Lenok« (India-Klasse)

2 Einheiten gebaut 1975 bis 1980
Namen: BS-203 »Komsomolez Usbekistana«, BS-486
Bauwerft: Komsomolsk am Amur
Rettungs- und Bergungs-U-Boote, Träger für je zwei Tieftauchapparate, BS-203 im Dienst bei Nordflotte, BS-486 bei Pazifikflotte, die Boote wurden auch für andere Sicherungs-, Forschungs- und Erprobungsaufgaben eingesetzt, BS-486 war 1981 an der Rettung der Besatzung von S-178 beteiligt, 1990 ging das Boot in Reserve
Verdrängung: 3950/4800 t
Abmessungen: 106 x 10 x 7
Bewaffnung: keine
Antrieb: 2 Dieselmotore D-42 3 800 PS (2787 kW), 2 Elektromotore 2 700 PS (1980 kW), 2 Schrauben
Geschwindigkeit: 15/10 kn

Projekt 690 »Kefal« (Bravo-Klasse)

4 Einheiten gebaut 1967 bis 1990
SS-368, SS-256, SS-310 und SS-356
Bauwerft: Komsomolsk am Amur
Ziel- und Schulboote für das Torpedoschießen, in erster Linie der nuklearen Angriffs-U-Boote, verfügen über alle Geräte und Anlagen eines modernen Atom-U-Bootes um ein solches darzustellen, jede der 4 Flotten erhielt ein Boot, SS-310 stellte als letztes am 31.10.70 bei der Schwarzmeerflotte in Dienst
Verdrängung: 2750/3300 t
Abmessungen: 73 x 9,8 x 7,3
Bewaffnung: 1 Torpedorohr 533 mm, 1 Torpedorohr 406 mm
Sensoren: 1 Radar »Tobol«, 1 Sonar »Arktika«
Antrieb: 1 Dieselmotor 3 500 PS (2 567 kW), 1 Elektromotor 3 000 PS (2 200 kW), 1 Schraube
Geschwindigkeit: 15 kn
Besatzung: 60 Personen

Projekt 1710 »Makrel« (Beluga-Klasse)

1 Boot gebaut 1982
Name: SS-533 »Beluga«
Bauwerft: Sudomech Leningrad
Erprobungsboot für die Rumpfform und die Anlagen schneller nukleare U-Boote, stationiert im Schwarzen Meer
Verdrängung: 1900/2400 t
Abmessungen: 62 x 8,7 x 6
Bewaffnung: keine
Antrieb: 1 Dieselmotor 2 000 PS (1467 kW), 1 Elektromotor 2 700 PS (1 980 kW), 1 Schraube
Geschwindigkeit: 10/28 kn
Besatzung: 40 Personen

50

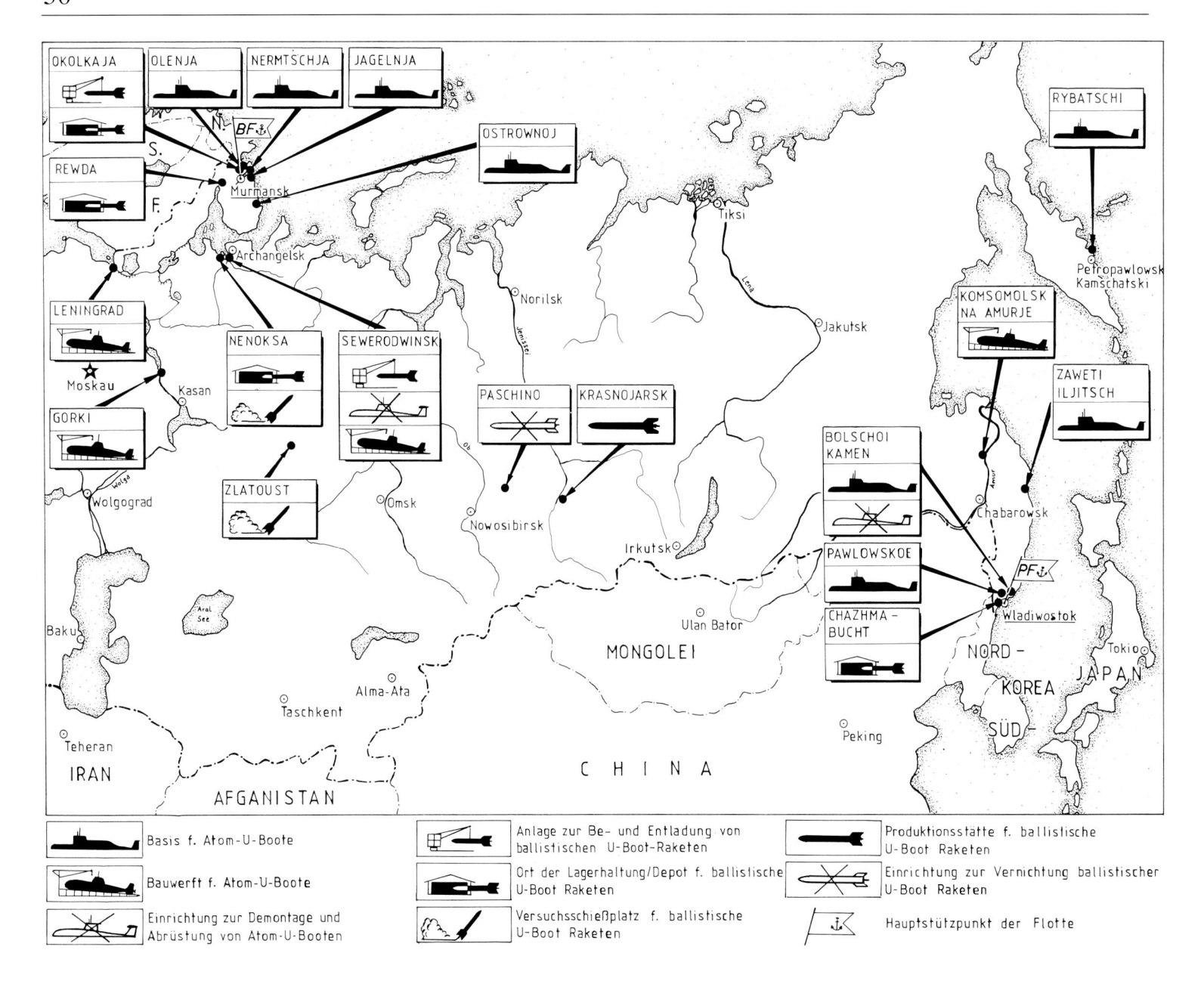

Symbol	Bedeutung
	Basis f. Atom-U-Boote
	Bauwerft f. Atom-U-Boote
	Einrichtung zur Demontage und Abrüstung von Atom-U-Booten
	Anlage zur Be- und Entladung von ballistischen U-Boot-Raketen
	Ort der Lagerhaltung/Depot f. ballistische U-Boot Raketen
	Versuchsschießplatz f. ballistische U-Boot Raketen
	Produktionsstätte f. ballistische U-Boot Raketen
	Einrichtung zur Vernichtung ballistischer U-Boot Raketen
	Hauptstützpunkt der Flotte

Standorte auf der Karte: OKOLKAJA, OLENJA, NERMTSCHJA, JAGELNJA, OSTROWNOJ, RYBATSCHI, REWDA, LENINGRAD, NENOKSA, SEWERODWINSK, GORKI, ZLATOUST, PASCHINO, KRASNOJARSK, KOMSOMOLSK NA AMURJE, ZAWETI ILJITSCH, BOLSCHOI KAMEN, PAWLOWSKOE, CHAZHMA-BUCHT

Städte: Murmansk, Archangelsk, Moskau, Kasan, Wolgograd, Baku, Teheran, Taschkent, Alma-Ata, Norilsk, Tiksi, Jakutsk, Omsk, Nowosibirsk, Irkutsk, Ulan Bator, Peking, Chabarowsk, Wladiwostok, Tokio, Petropawlowsk Kamschatski

Länder: IRAN, AFGANISTAN, MONGOLEI, CHINA, NORD-KOREA, SÜD-KOREA, JAPAN

2.
Die zweite Generation der sowjetischen Atom-U-Boote

Mitte der 60er Jahre wurden die Unterwasserkräfte, wie die Gesamtheit einer U-Boot-Flotte zusammen mit ihrer Führungs- und Ausbildungsorganisation sowie der übrigen vielschichtigen Infrastruktur definiert wird, zur Hauptwaffengattung der sowjetischen Seestreitkräfte. Maßgeblichen Einfluß auf den U-Boot-Bau übten die Fortschritte auf den Gebieten der Raketentechnik und der Marinebewaffnung aus. Hinzu kamen die Erfahrungen aus dem Masseneinsatz von U-Booten im Zweiten Weltkrieg und die Lehren, die sich aus ihrer Bekämpfung ableiteten.

Das auf dem Wege zum wirklichen Unterseeboot befindliche Tauchboot spielte nach dem Zweiten Weltkrieg und nach Ablauf der ersten zwei Nachkriegsjahrzehnte eine weitaus wichtigere Rolle als je zuvor. Die Vielfalt seiner Ausrüstung mit modernster Antriebstechnik, mit funkelektronischen und hydroakustischen Geräten, mit Feuerleit- und Zielzuweisungssystemen steigerte wesentlich ihre Effektivität. Hinzu kam die bedeutende Weiterentwicklung der von Unterwasserfahrzeugen aus einzusetzenden Waffen wie Torpedos und Minen, zu denen jetzt noch Raketen verschiedener Bauart und Zweckbestimmung kamen, die mit ihrer Wirksamkeit alles bisher Dagewesene in den Schatten stellten.

Dazu trug die Einführung neuer und verbesserter Navigationskomplexe bei, durch die die Genauigkeit und das Tempo der Ermittlung der Standortberechnung und die Bestimmung der Kursparameter eine bedeutende Verbesserung erfuhr. Zusätzlich zu neuen Mitteln und Methoden der Funk- und Astronavigation wurden die Trägheitsnavigation und die Satellitennavigation eingeführt.

Große Aufmerksamkeit fand die Leistungssteigerung, Automatisierung und Miniaturisierung der Fernmeldetechnik sowie die Steigerung ihrer Betriebsgeschwindigkeit bei Sendung und Empfang.

Für die Steigerung der Unterwassergeschwindigkeit der U-Boote und die Leistungserhöhung ihrer Akkumulatoren wurde eine sehr aufwendige Forschungsarbeit vorangetrieben. Dazu entwickelte man neue Baustoffe und Bauprinzipien. Auf dem Gebiet der Hydrodynamik strebten die Konstrukteure und Wissenschaftler nach Steigerung der Vortriebseigenschaften des Antriebs, wobei es vor allem darum ging, hohe Geschwindigkeiten bei gleichzeitiger Verringerung der Geräuschabstrahlung zu erreichen.

Seit Mitte der 60er Jahre erlangte die Gedecktheit der Boote in allen physikalischen Feldern, und in erster Linie im akustischen Feld, allergrößte Bedeutung. Bewirkt wurde dies durch ein effektives System der küstenfernen hydroakustischen Beobachtung (SOSUS), das die USA mit Unterstützung der NATO auf den Weltmeeren errichteten. Für die UdSSR wurde die Verminderung des Geräuschpegels ihrer Atom-Boote zu einem Problem von staatlicher Bedeutung. Beim Auslaufen aus ihren Stützpunkten waren die sowjetischen U-Boote gezwungen, mehrere U-Boot-Abwehr-Linien zu forcieren, und der Erfolg ihrer Missionen waren eng mit der Gedecktheit ihrer Bewegungen verbunden. Zur Überwindung der auf dem Ozeansockel (Schelf) stationierten Hydrophone und der mobilen Patrouillenkräfte der NATO untersuchten das »Krylow«-Institut (ex ZNII-45) und das Zentrale Wissenschaftliche Forschungsinstitut für Kriegsschiffbau (ZNIIWK) spezielle Maßnahmen gegen das akustische Aufspüren der Atom-U-Boote in der Unterwasserlage.

Drei große Schiffbaubetriebe, Nr. 194 und 196 in Leningrad und 112 in Gorki, begannen mit dem Bau von kernkraftgetriebenen U-Booten. 1966 bekamen alle sowjetischen Rüstungsbetriebe und Organisationen, die noch seit den Vorkriegsjahren Nummerbezeichnungen trugen, neue abgekürzte Benennungen. Die Konstruktionsbüros für den U-Boot-Bau erhielten folgende Namen: LPMB »Rubin« (ex ZKB-18), SPMBM (ex SKB-143), ZPB »Wolna« (ex ZKB-16) und SKB »Sudoprojekt« (ex SKB-112). 1974 wurden SPMBM und ZPB »Wolna« zum SPMBM »Malachit« vereinigt und das SKB »Sudoprojekt« wurde in ZKB »Lazurit« umbenannt.

Das Schiffbauwerk Nr. 402 in Sewerodwinsk wurde zum »Nördlichen Maschinenbaubetrieb« (Sewernoje maschinostroitelnoje predprijatie) und unter diesem Namen existiert es bis heute als Basis des Staatlichen Zentrums für Atomschiffbau. Das Werk Nr. 199 in Komsomolsk am Amur trug lange Zeit den Namen des »Lenin-Komsomol«, und erst ab 1991 bekam es den unpolitischen und besser verständlichen Namen »Amurski Schiffbauwerk«.

Die Werke Nr. 194 und 196 in Leningrad, die »Admiralitätswerft« und die »Neue Admiralitätswerft«, wurden später in die Leningrader Admiralitätsvereinigung reorganisiert. Heute sind es die »Admiralitätswerften« in Sankt Petersburg. Solche zweifache »Umtaufe« erlebte auch das Werk Nr. 112 in Gorki, das zuerst »Krasnoje Sormowo« hieß. 1991 bekam die Stadt Gorki wieder ihren uralten Namen Nishni Nowgorod zurück.

Außer den Werken »Zwezdotschka« (ex Werk Nr. 893) in Sewerodwinsk und »Zwezda« (ex Werk Nr. 892) in Bolschoi Kamen (nahe Wladiwostok), die sich mit der Instandsetzung, Modernisierung und Umrüstung von Atom-U-Booten beschäftigen, wurde speziell für diesen Zweck das Werk »Nerpa« in Sneshnogorsk (südlich von Norilsk, an einem Zufluß des Jenissej) gebaut. Reparaturfunktionen erfüllen auch andere Schiffbaubetriebe, wie zum Beispiel »Sewmorzawod« in Sewastopol (Krim) und »Dalzawod« in Wladiwostok.

2.1 U-Boote mit ballistischen Raketen

Atom-U-Boote mit ballistischen Raketen wurden seit Mitte der 60er Jahre zum Schwerpunkt des sowjetischen Schiffbauprogramms. Mit der Entwicklung der neuen U-Schiffe wurde noch 1958 begonnen und im Ergebnis dessen entstand das *Projekt 667A* mit dem Raketenkomplex D-5. Von der NATO wurde das Schiff als »Yankee I« und die Rakete als SS-N-6 (SS für surface-surface – Boden-Boden-Einsatz) bezeichnet. Aber dieses Ereignis hatte seine Vorgeschichte.

Anfangs beabsichtigte man das Schiff des *Projekts 667*, dessen Entwicklung im Rahmen einer Wettbewerbsausschreibung verlief, mit Raketen R-21 (SS-N-5) zu bewaffnen. Nach dem Ausscheiden des Konkurrenz-Entwurfs wurde der Entwicklungsauftrag dem Chefkonstruk-

*Atom-U-Boot des Projekts 667A (»Yankee«-Klasse).
Von diesem Typ wurden 34 Einheiten fertiggestellt. Es war der größte Serienbau in der Geschichte des sowjetischen Atom-U-Boot-Baus*

teur des ZKB-18, A. S. Kassazier, übertragen. 1960 wurden der Vorentwurf und der Typentwurf vorgelegt. Sie ließen große Schwierigkeiten bei der Verwirklichung einer bereits angenommenen Konstruktion von beweglichen Startsilos der R-21-Raketen des Komplexes D-4 erkennen. Man muß an dieser Stelle anmerken, daß D-4 fast drei Jahre später als die amerikanische U-Boot-Rakete »Polaris« A-1 und ein Jahr nach der Indienstnahme der wesentlich verbesserten Ausführung »Polaris« A-2 einsatzreif wurde und mit ihren charakteristischen Parametern den amerikanischen Raketen unterlegen war. Um die USA einzuholen, war es nötig, ein prinzipiell neues Raketensystem zu schaffen, mit kleineren Dimensionen und größerer Reichweite, mit besseren Bedienungseigenschaften und hoher Einsatzbereitschaft. Das *Projekt 667* wurde 1962 im ZKB-18 gründlich überarbeitet und unter der Leitung von Sergej Kowaljow entstand das *Projekt 667A*, für das als Hauptwaffe der modernste verfügbare Komplex D-5 oder D-7 vorgesehen war.

In seinem Beschluß Nr. 386-179 vom 24. April 1962 bestätigte der Ministerrat der UdSSR die Entwicklung der Rakete R-27 und des Waffensystems D-5 für die neuen Atom-U-Boote. D-5 sollte universell einsetzbar sein und war sowohl für eine »klassische« ballistische Rakete R-27 (gegen Bodenziele), als auch für die R-27K mit passivem Radarzielsuchkopf (für die selektive Bekämpfung großer Seeziele von der Art eines Flugzeugträgers oder eines amphibischen Schiffsverbandes) vorgesehen.

Die Flüssigkeitsraketen der 2. Generation sollten von den Nachteilen ihrer Vorgänger befreit werden. Die Raketen R-11FM und R-13 mußten in ihren Silos wegen der Aufrechterhaltung der Brandsicherheit unbetankt mitgeführt werden. Die Gefährlichkeit ihres Betriebs an Bord von U-Booten wurde durch die hohe Toxizität der Treibstoffkomponente zusätzlich erhöht. Für die R-27 war von Anfang an vorgesehen, die Druckbetankung und den Verschluß der Tanks (Ampulisation) nur unter Werkbedingungen durchzuführen. Das verlängerte die Frist zur Lagerung der Raketen in den Silos der U-Boote und gab die Möglichkeit, in den Flottenstützpunkten auf Lager- und Umfüllanlagen mit sperrigen Einrichtungen und Tanks für asymmetrischen Dimetylhydrazin und Asotthetraxid zu verzichten und den ganzen Betrieb einfacher und billiger zu machen. Außerdem konnte die Vorbereitungszeit vor der Anbordnahme der Raketen reduziert werden.

Die R-27 war von einstufiger Bauweise. Sie hatte ein nukleares Monoblockgefechtsteil mit einer speziellen Wärmeisolation auf der Basis des Asbothekstolits. Der Rumpf war aus einer Aluminium-Magnesium-Legierung hergestellt und hatte große »Waffel«-Platten zur gewichtssparenden Verstärkung besonders belasteter Zonen der Konstruktion. Für das Lenksystem war ein druckfester

---

Modell des Atom-U-Boots des Projekts 667A (»Yankee«-Klasse).
Mit der Entwicklung wurde 1958 begonnen

Raum unter dem halbsphärischen oberen Boden des Oxidatortanks angeordnet. Das Triebwerk der R-27 bestand aus zwei Blocks, aus dem Hauptblock mit einem Schub von rund 23 t und aus dem Ruderblock mit einem Schub von 3 t. Der Hauptblock war im Brennstofftank »versenkt«, der Ruderblock befand sich im Heck der Rakete.

Eine Übergangssektion im unteren Teil der Rakete diente zur Kopplung mit dem Starttisch und zur Schaffung einer »Luftglocke«, die das Anlassen des Triebwerks im mit Wasser gefüllten Silo erleichterte. Der Starttisch hatte eine gummi-metallische Federung. An der Rakete fehlten aerodynamische Stabilisatoren (Leitwerkflächen), was zur Minimierung des Schachtdurchmessers beitrug. Auf dem U-Boot sorgte ein automatisiertes Steuer- und Prüfsystem für die tägliche und Vorstartkontrolle an der Rakete von einem einheitlichen Pult aus. Die Betätigung der Vorstartvorbereitung und des Startes sowie die komplexen Regelüberprüfungen aller lebenswichtigen Baugruppen in und an der Rakete geschahen am Lenkpult der Raketenwaffe.

Das System D-5 ermöglichte es, alle 16 Raketen in zwei Salven zu starten. Die Ausgangsdaten für das Schießen lieferte das Informations- und Gefechtsführungssystem »Tutscha«, für dessen Entwicklung Chefkonstrukteur R. R. Belski verantwortlich zeichnete.

Die Erprobungen des D-5-Komplexes und der Raketen R-27 verliefen in drei Etappen. Zuerst erfolgten Wurfversuche, um die Eignung der Rakete, des Raketentriebwerks und der Schachtkonstruktion für den Unterwasserstart zu überprüfen. Fünf Versuche fanden von einem schwimmenden Erprobungsstand und sechs von einem umgerüsteten Diesel-U-Boot des *Projekts 613* aus statt. In der zweiten Etappe wurden 17 Starts von einer Bodenrampe aus durchgeführt. Erst danach begann man mit den Erprobungen des gesamten Komplexes. Vom Nullschiff des *Projekts 667A*, K-137 »Leninets«, fanden 6 Starts aus einer Tiefe von 40 bis 50 m statt. Bei dem Schießen auf maximale Reichweite wurde eine Arbeitszeit des Triebwerks von 128,8 s erreicht. Die Höhe des aktiven Teils der Flugbahn betrug 120 km, die maximale Gipfelhöhe 620 km.

Nach den erfolgreichen staatlichen Erprobungen ist das Waffensystem D-5 am 13. März 1968 offiziell in den Dienst der sowjetischen Marine übernommen worden. Parallel zu der Entwicklung des D-5 und der R-27 waren im Leningrader Konstruktionsbüro »Arsenal« unter Leitung von Chefkonstrukteur Petr Tjurin die Projektarbeiten an dem Feststoffraketenkomplex D-6 erfolgt. »Arsenal« beschäftigte sich seit 1949 mit Marine-Flugabwehr-Anlagen. Zum Ende des Jahrzehnts erwarb es eine gewisse Erfahrung auf dem Gebiet der gemischten Raketentreibstoffe. Das gab der Führung des Konstruktionsbüros den Anlaß, über die Möglichkeit der Schaffung einer strategischen Rakete für die Bewaffnung der U-Boote zu sprechen. Die Entwicklungsarbeiten zeigten aber, daß zu diesem Zeitpunkt nur der Bau einer zweistufigen Konstruktion mit Ballistitpulver denkbar war. Sie hätte aber große Abmessungen erfordert und nur außen am Druckkörper in speziellen druckfesten Behältern beiderseits des Rumpfes installiert werden können. Vor dem Überwasserstart sollten die Behälter in eine senkrechte Lage geschwenkt werden. 1961 wurde die Entwicklung des D-6-Komplexes abgebrochen. Mit dem gleichen Ergebnis endeten auch die Arbeiten an der Feststoffrakete RT-15M und dem Komplex D-7. Der Entwicklungsstand des damaligen Raketenbaus in der UdSSR ließ es ganz einfach noch nicht zu, eine mit der »Polaris« vergleichbare Konstruktion zu schaffen. Für lange Jahre wurde die Hauptbewaffnung der strategischen Unterwasserkräfte von den Raketen des Komplexes D-5 gestellt.

Zu ihrer Startplattform wurden Raketenträger des *Projekts 667A*. Doch ihm gingen noch zwei Projekte voraus. Anfang des Jahres 1960 untersuchte man im ZKB-18 die Möglichkeiten des Einsatzes des D-5-Systems mit einem Atom-U-Boot des *Projekts 658A*. 1964/65 arbeitete der Chefkonstrukteur des SKB-143, W. W. Borisow, an dem Entwurf eines schnellen U-Schiffes »687« mit einer Wasserverdrängung von rund 4200 t. Die Arbeiten an diesem Projekt wurden aber in der Phase des Vorentwurfs gestoppt. Das gleiche Schicksal erlitt auch das *Projekt 679 (671B)*, ein Atom-U-Boot des Chefkonstrukteurs G. N. Tschernyschew vom SKB-143.

In Serienfertigung gingen nur die Schiffe des *Projekts 667A*. Das Nullschiff mit der Bezeichnung K-137 wurde am 5. November 1967 der Seekriegsflotte in Sewerodwinsk übergeben. In den Jahren von 1967 bis 1974 ist in

Sewerodwinsk und Komsomolsk am Amur mit 34 Einheiten die größte Serie in der Geschichte des sowjetischen Atom-U-Boot-Baus fertiggestellt worden.

Die Schiffe des *Projekts 667A* hatten eine Überwasserverdrängung von rund 7 850 t und waren mit je 16 Raketen des Typs R-27 bewaffnet. Die Startsilos standen hinter dem Turm in zwei Reihen. Damit wurde das klassische Schema eines Unterwasserraketenträgers, das zum ersten Mal ab 1958 in den USA gebaut worden war, auch von sowjetischen Schiffbauern kopiert. (Ab 1964 hatten es auch die Engländer mit dem Typ »Resolution« übernommen und wenig später wandten die Franzosen das gleiche Konzept beim Typ »Le Redoutable« an.) Die äußerliche Ähnlichkeit des *Typs 667A* mit dem amerikanischen Typ »George Washington« führte dazu, daß diese U-Schiffe in der sowjetischen Flotte Spitznamen wie »Iwan Washington« oder »Dschordschik« bekamen.

Die kompakte Bauweise der Startanlagen und die Abmessungen der Rakete ermöglichten es, die Geschosse in 10,1 m langen Schächten mit einem Durchmesser von 1,7 m zu installieren. Sie standen in acht Paaren in der IV. und V. Abteilung. Da Dämpfe der Treibstoffkomponenten durch Ventile aus den ampulisierten Tanks in die Schächte geraten konnten, waren dort Gasanalisatoren und spezielle Belüftungs- und Bewässerungssystems sowie Klimaanlagen angeordnet worden.

Im Vergleich mit den Waffensystemen der I. Generation steigerte sich die Reichweite der D-5 um das 1,8fache. Zugleich reduzierte sich die Startvorbereitungszeit um das 4fache und die Startmasse der Rakete um das 2,25fache. Die Raketen konnten bei einer Geschwindigkeit von 3-4 kn und bis zu Seegang 5 gestartet werden.

Zum Eigenschutz hatten die Boote des *Projekts 667A* vier 533-mm-Bugtorpedorohre für Torpedos des Typs 53-65K oder SET-65 mit Schnelladeanlagen und einem Fernbedienungssystem. Für Einsätze aus einer Tiefe bis zu 250 m standen zwei 400-mm-T-Rohre zur Verfügung. Man untersuchte auch die Möglichkeit, in zwei der R-27-Raketenschächte Fla-Raketenkomplexe »Osa-M« einzubauen, aber dies wurde nicht verwirklicht.

Ein Navigationskomplex »Tobol-667A« diente der Schiffsführung und lieferte zugleich Ausgangsdaten für das Raketensystem. Einige Schiffe rüstete man mit modernsten Navigationsanlagen aus, die die wahre Geschwindigkeit des Schiffes über Grund messen konnten. Für die Lagedarstellung im Unter- und Überwasserbereich, für die Zielzuweisung der Torpedowaffe, für die Minenortung, die Verbindung mit anderen Über- und Unterwasserschiffen, für die Erkennung und Auswertung akustischer Signale befanden sich das hydroakustische System »Kertsch«, die Radarstation »Zaliw-P« und ein TV-System an Bord.

SSN-571 »Nautilus«, erstes Atom-U-Boot der Welt (Stapellauf 21. 1. 1954, Indienststellung 22. 4. 1955)

56   2. Die zweite Generation der sowjetischen Atom-U-Boote

Nach dem Stapellauf des ersten britischen »Polaris«-U-Bootes »Resolution«, 1966

Französisches Atom-U-Boot »Redoutable« nach dem Stapellauf in Cherbourg, 1967

Diese Darstellung macht die Unterbringung der Raketen eines SSBN deutlich. Links eine »Poseidon C 3«, die »Trident« entspricht in ihren Abmessungen genau der »Poseidon«

2.1 U-Boote mit ballistischen Raketen 57

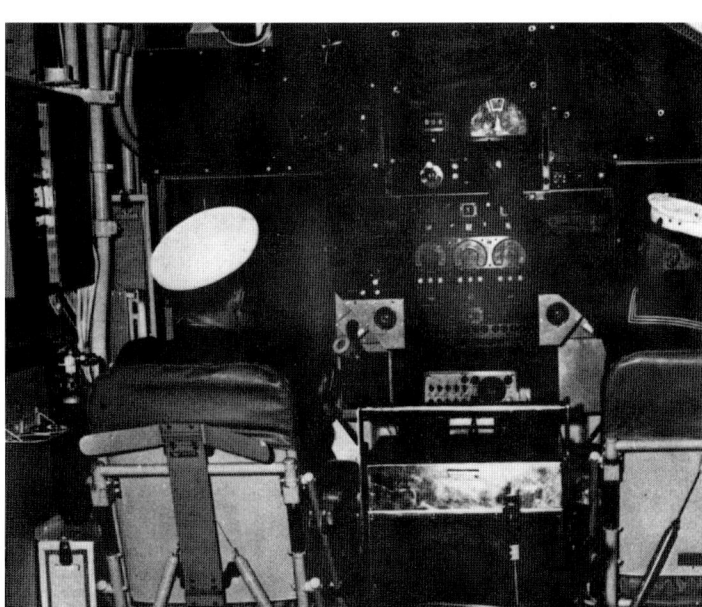

Das amerikanische Atom-U-Boot »George Washington« wird mit »Polaris«-Raketen beladen, die in einem doppelwandigen, wärmeisolierenden und stoßdämpfenden Behälter verstaut sind, 1959/60

Im Kontrollraum des britischen Atom-U-Boots »Dreadnought«

Geöffnete dickwandige Lukendeckel über den Startschächten für »Polaris«-Raketen auf dem britischen U-Schiff »Resolution«

Im Raketenraum des 1963 in Dienst gestellten amerikanischen Atom-U-Boots »Lafayette«. Das 7 000-t-Boot war 140 m lang

Zur Hauptkraftanlage gehörten zwei voneinander unabhängige Aggregate, jeweils aus einem Druckwasser-Reaktor »WM-4/2« als Dampferzeuger und einer Turbinenanlage des Typs »TZA-635« bestehend. Mit einer maximalen Gesamtleistung der Hauptkraftanlage von 89,2 Megawatt betrug die Geschwindigkeit bei Unterwasserfahrt rund 25 kn. Als zusätzliche Kraftanlage dienten zwei Dieselgeneratoren DG-460, eine Akkumulatoren-Batterie aus 112 Zellen 48-SM und zwei E-Motoren. Sie dienten für den Start und die Kühlung der Hauptanlage, für die Notstromversorgung und als Reserveantrieb in Überwasserlage (z. B. beim An- und Ablegen oder anderen Manövern). Es sei noch anzumerken, daß auf den Schiffen des *Projekts 667A* zum ersten Mal Wechselstrom verwendet wurde, wodurch die Nutzungsfrist und Zuverlässigkeit des E-Systems wesentlich gesteigert und der Umfang der technischen Wartung verringert werden konnte. Es war eine Fernbedienung vorhanden, mit der ein Operateur die Hauptkraftanlage von einem Bedienpult in der Zentrale aus fahren konnte.

Im Unterschied zu den amerikanischen Atom-U-Booten war die »667A« ein Zweihüllenschiff mit Doppelschraubenantrieb, wobei sich die Schrauben hinter dem Heck befanden. Der Druckkörper mit einem Durchmesser von 9,4 m war in zehn Abteilungen unterteilt. Die Querschotten konnten einem Druck bis zu 100 N/cm² widerstehen. Die zylindrische Hülle des Schiffskörpers bekam im Bug einen ovalen Querschnitt und im Heck eine schaftartige Form mit gestumpften Winkeln des Abganges der Wasserlinien. Zum ersten Mal im sowjetischen U-

SSBN-616 »Lafayette« (31 Einheiten)

Boot-Bau kamen am Turm horizontale Stabilisatoren zur Anwendung, bei den vorangegangenen Konstruktionen hatte man noch konventionelle Bugruder eingebaut. Das Steuerungssystem des Schiffes gab die Möglichkeit, den Kurs und die Tauchtiefe programmweise zu wechseln und das Boot in der Unterwasserlage auch mit gestoppter Maschine zu stabilisieren.

Große Aufmerksamkeit hatten Sergej Kowaljow und seine Kollegen dem Schutz des Bootes vor verschiedenen physikalischen Feldern geschenkt, die das Schiff enttarnen können. Zur Verringerung des Lärmpegels verwendeten sie geräuscharme Propeller mit verbesserter Vortriebsleistung, der Druckkörper hatte eine Gummischicht und die Außenhülle des Bootsrumpfes erhielt eine zugleich ortungs- wie auch geräuschdämpfende Gummibeschichtung. Die Fundamente unter den Haupt- und Reservekraftanlagen hatten starke Schwingungsdämpfer. Zum Schutz vor Magnetortungsgeräten, vor Magnetminen und vor U-Jagd-Waffen mit magnetischen Fernzündern erhielten die Boote des *Projekts 667A* stationäre Entmagnetisierungsanlagen. In der Konstruktion der Hülle, des Turms, der Ruder und von anderen Außenteilen wurde ein spezieller magnetarmer Stahl verarbeitet. Für die Verringerung des Magnetfeldes hatten alle E-Aggregate Schutzsysteme. Als Pionierleistung war die Einführung eines aktiven Kompensierungssystems für das elektrische Feld zu werten, mit der das galvanische Paar »Rumpf – Schraube« geschaffen wurde.

Aber nicht nur technische Fragen interessierten die Konstrukteure. Für die monatelangen Unterwasserfahrten erhielt das Problem der Bewohnbarkeit des Schiffes eine vorrangige Bedeutung. Es gelang, die ganze Besatzung in Kajüten unterzubringen. Außer der Offiziersmesse war auch ein Speiseraum für die Unteroffiziere vorgesehen, den man in kurzer Zeit in eine Kino- oder Sporthalle verwandeln konnte. In jeder Abteilung stand eine unabhängige Klimaanlage zur Verfügung. Für die Reaktor- und Kraftanlagen gab es getrennte Belüftungssysteme.

Nach der Indienststellung der ersten Atom-Boote des *Projekts 667A* wurden die Besatzungen mit einem Widerspruch zwischen den außerordentlichen Kampfmöglichkeiten dieser Schiffe und den veralteten Mitteln der Funkverbindung zwischen den neuen Raketenträgern und den Führungsstellen an Land konfrontiert. Das technische Niveau jener Zeit erlaubte keine ständige Führung der Schiffe durch die Stäbe. Für die Aufnahme eines Funkkontaktes mit ihren Stäben sollten die U-Boote auf Sehrohrtiefe gehen und auf ihren wichtigsten Vorteil, ihre Gedecktheit, verzichten. In dieser Lage waren sie relativ leicht durch fliegende und schwimmende UAW-Mittel zu entdecken, und während es für die konventionellen Torpedo-Boote verschiedene Möglichkeiten für eine »Flucht« gab, bedeutete dies für einen Unterwasser-Raketenträger das Ende der strategischen Aufgabe. Für alle Flotten, die über kernkraftgetriebene U-Schiffe verfügten, wurde der stabile Einsatz der Fernmeldetechnik aus großen Tiefen zum vorrangigen Problem.

In der UdSSR löste man diese Frage mit echt »staatlichem« Schwung, indem man Mitte der 60er Jahre ein spezielles langfristiges Programm zur Entwicklung von Nachrichtenverbindungsmitteln mit tiefgetauchten Booten verabschiedete. Die damit befaßten Wissenschaftler und Konstrukteure mußten sich dabei schier unlösbaren Aufgaben stellen. So war es erforderlich, für die Steigerung der Tiefe des Funkverkehrs leistungsfähigere Funkstationen zu schaffen. Aber es war geradezu unmöglich, auf kleinem Raum großdimensionierte Längstwellen-Sender zu installieren, und die Verbindung selbst war auch wegen der riesigen Verluste an elektromagnetischer Energie infolge der starken Dämpfung durch das Seewasser in Tiefen von mehr als 20 m unmöglich. Aber den Fachleuten aus dem Institut für Funktechnik und Elektronik, dem Forschungsinstitut für Nachrichtenwesen der Seestreitkräfte, NIMIST, und aus einigen anderen wissenschaftlichen Zentren gelang es, nach zahlreichen Experimenten mit speziell errichteten Anlagen ein neues Fernmeldesystem zu schaffen, das eine Zukunftsperspektive hatte. Dazu waren leistungsfähige Längstwellen- und Tiefstfrequenzfunkstationen mit riesigen Küstenantennen erforderlich.

Ein spezieller Problemrat der Akademie der Wissenschaften der UdSSR unter der Leitung von Professor W. Kotelnikow hat dieser Entscheidung seine Zustimmung gegeben, und man begann ein großangelegtes System für weltweite Funkverbindungen zu bauen. Von den Maßstäben der Arbeiten zeugen folgende Daten der Bodenobjekte: Die stationären Antennen des erweiterten Bereichs befanden sich auf 380 m hohen Masten, die Fläche der Antennenfelder betrug 1 600 ha und mit Luftballons konnte man Reserveantennen bis in eine Höhe von 4 000 m tragen lassen.

Vizeadmiral G. Tolstolutski, Chef des Fernmeldedienstes der Seekriegsflotte, und sein späterer Nachfolger, Vizeadmiral M. Krylow, leiteten persönlich dieses Projekt, das bis Ende der 80er Jahre im großen und ganzen verwirklicht war. Auf der Grundlage neuer Informationsübertragungsmittel wurde ein modernes Fernmeldesystem geschaffen, das eine ununterbrochene Führung der Atom-U-Boote an allen Punkten der Weltmeere und in großen Tiefen ermöglichte.

Das erste U-Boot des *Projekts 667A* wurde am 5. November 1967 unter der Bezeichnung K-137 »Leninets« in den Bestand der sowjetischen Nordflotte eingegliedert.

Mit dem Bau der 667A-Serie errichtete die UdSSR ein strategisches Kernwaffensystem, das imstande war, einem potentiellen Gegner im Falle eines erforderlichen Vergeltungsschlages großen Schaden zuzufügen. Es entstand zwar später das amerikanische »Polaris«-System, aber seiner Effektivität nach gehörte es zur gleichen »Gewichtskategorie« (Transportkapazität an Kernwaffen). Obwohl die sowjetischen Raketen von geringerer Reichweite und Genauigkeit waren und ihre Trägerschiffe ihrer Lärmerzeugung und dem Grad ihrer operativen Belastung noch der amerikanischen Konkurrenz unterlegen waren, steigerten sie die Rolle der maritimen Komponente des strategischen Systems der UdSSR.

Die Erfolge des U-Boot- und Raketenbaus trugen in großem Maße zum Erreichen der strategischen Parität bei, die 1972 in den Dokumenten von SALT-1 und im späteren SALT-2-Vertrag vom 18. Juni 1979 fixiert wurde (SALT – Abkommen über die Begrenzung der strategischen Offensivwaffen).

Die Zweckmäßigkeit der technischen Umsetzung der Beschlüsse, die der Entwicklung des *Projekts 667A* und seines Raketenkomplexes zugrundegelegt worden waren, gab die Möglichkeit der schrittweisen Modernisierung der Raketenträger der II. Generation durch die Verwendung neuer Raketenkomplexe mit verbesserten Eigenschaften. Am 10. Juni 1971 trat der Beschluß des Ministerrates der UdSSR über die Modernisierung des Raketenkomplexes D-5 in Kraft.

Die Schiffserprobungen der Rakete R-27U dauerten von September 1972 bis August 1973. Es erfolgten 16 Starts aus einer Tiefe von 42 bis 48 m bei Seegang 5 von einem Test-U-Boot, das sich mit einer Geschwindigkeit von rund 4 kn bewegte. Am 4. Januar 1974 wurde das System D-5U nach dem Ministerratsbeschluß in Dienst gestellt. Die Trägerschiffe wurden teilweise während ihres Baus, teilweise im Zuge ihrer Modernisierung mit dem Komplex D-5U ausgestattet. Die Rakete R-27U hatte einen einfachen nuklearen Gefechtskopf und ihre Reichweite steigerte sich dank des leistungsfähigeren Triebwerkes bis auf 3 000 km. Als Alternative konnte die R-27U einen Mehrfachgefechtskopf mit drei Teilladungen tragen, wobei aber ihre Reichweite die gleiche blieb. Das System D-9U stand bis zum Jahr 1990 im Dienst und in diesen 16 Jahren erfolgten 161 Raketenstarts.

Die Trägerschiffe des D-5U-Komplexes bekamen die Bezeichnung 667AU. Eines dieser Schiffe, K-219, sank am 6. Oktober 1986 um 11.03 (Moskauer Zeit) im Atlantik infolge einer Treibstoffexplosion in einer Rakete und eines starken Brandes an Bord. Dies geschah etwa 1 000 km nordöstlich der Bermuda-Inseln. Es war eine schwere und bis heute nicht in allen Einzelheiten geklärte Katastrophe. Die Überlebenden erzählten später, daß es in einem Schacht schon vor diesem Törn Defekte gegeben hatte. Die Undichtheit des Schachtes habe wahrscheinlich dazu geführt, daß die dort befindliche Rakete R-27U einfach zerdrückt worden sei, wodurch sie explodierte. Ein Teil der Besatzung vergiftete sich mit den toxischen Dämpfen und Verbrennungsgasen. Auf den Befehl »Abteilung IV verlassen!«, rettete sich die Mannschaft in die fünfte Abteilung. Kapitän III. Ranges, A. Petratschkow, und die Matrosen Smogljuk und Chartschenko kamen ums Leben.

Das Boot tauchte auf und die Besatzung begann mit den Rettungsarbeiten. Der Brand in der vierten Abteilung hatte zu einem Kurzschluß geführt und der Havarieschutz des Steuerbord-Reaktors trat selbständig in Aktion. Das Signalsystem in der Zentrale zeigte aber Störungen in der automatischen Regelung der Brennelemente an. Daraufhin versuchte man mit Hilfe der manuellen Steuerung die

Störung zu beseitigen, ansonsten bestand die Gefahr, daß der Reaktor außer Kontrolle geriet.

Der Kommandant des Schiffes, Kapitän II. Ranges Igor Britanow, schickte dreimal Havarietrupps in die Reaktorabteilung, aber sie konnten eine einfache Aufgabe nicht lösen. Diese bestand darin, einen speziellen Schlüssel zu bedienen und ihn um 90 Grad zu drehen. Warum die Mannschaft der Reaktorabteilung das nicht schaffte, ist unklar. Die letzte Hoffnung der Schiffsbesatzung war der erfahrene Matrose der Abteilung VII, Sergej Preminin, einer von drei Fachleuten, die unmittelbar den Reaktor bedienten. Er ging allein in die Abteilung V zurück und konnte bald der Zentrale melden, daß alle erforderlichen Arbeiten erfüllt sind. Das bedeutete, daß die Gefahr einer Reaktorexplosion überwunden war.

Sergej Preminin hat wahrscheinlich die ganze Welt vor einem neuen Tschernobyl gerettet, aber sein Schicksal war tragisch. Der Brand zerstörte eine Druckluft-Hauptleitung und in allen Abteilungen verdoppelte sich der Druck. Lediglich in der Abteilung V, in der sich Preminin befand, blieb der Druck normal. Die Kraft eines einzelnen Menschen reicht nicht aus, um die Luke zu öffnen. Preminin war schon zu stark vergiftet, als daß er noch die ansonsten einfache Bedienung des Druckausgleichs hätte vollziehen können. Für den Einsatz der Rettungsgruppe war die Situation schon zu gefährlich; sie wäre nicht zurückgekehrt ...

In dieser Zeit nahm der Tiefgang des Bootes zu und die Mannschaft wurde auf sowjetische Schiffe evakuiert. An Bord blieben lediglich neun Mann unter Führung des Kommandanten, die den letzten Versuch unternahmen, das Schiff zu retten. Erst als das Wasser schon die Oberkante des Turms erreichte, sahen sie sich gezwungen, K-219 zu verlassen. Was fühlte dabei der Kommandant, der wußte, daß er nicht als letzter sein Schiff verläßt? Was fühlte Matrose Sergej Preminin, der in einen dunklen Raum eingesperrt, in die Tiefe des Ozeans sank? Er hat sein Leben geopfert, damit die versunkene K-219 nicht zur Kernbombe wurde, und die Menschheit sollte seinen Namen kennen.

Das Unglück mit K-219 war die erste militärische Katastrophe der Perestrojka-Epoche, über die der sowjetische Staatschef Michail Gorbatschow den USA-Präsidenten Ronald Reagan offiziell informierte. Aber schon vorher hatten sich schwere Havarien mit Verlusten an Menschenleben ereignet, wie zum Beispiel auf dem Diesel-Elektro-Raketen-U-Schiff K-129 im März 1968, und auf anderen Schiffen, über die lange Zeit der Schleier der Geheimhaltung ausgebreitet wurde. Über einige dieser Fälle wird in weiteren Kapiteln berichtet (s. a. Anhang).

Es bleibt festzustellen, daß die Militärs von Anfang an von der Sicherheit der ampulisierten Flüssigkeitsraketen nicht überzeugt waren. Vor der Modernisierung der 667A-Schiffe, die zum Zweck der Erhöhung ihrer Kampfeffektivität geplant war, untersuchte die Führung der Seekriegsflotte im Rahmen eines Ausscheidungswettbewerbes zwei Alternativprojekte. Einer der Entwürfe stammte aus dem Konstruktionsbüro von Viktor Makejew und hatte die Verwendung einer Flüssigkeitsrakete zum Inhalt. Als Alternative dazu entwickelte das schon erwähnte KB »Arsenal« in Leningrad, das zu dieser Zeit große Erfahrungen besaß, zwei Varianten für die Verwendung von Feststoffraketenkomplexen für die dreistufige 8K98 in einer Schachtvariante und für die zweistufige 8K96 in einer Ausführung mit beweglichem Startsilo. Die letztere sollte in Serie gebaut werden.

»Arsenal« hat den Ausscheid gewonnen. Der Stab der Marine schuf gemeinsam mit dem Ministerium für Schiffbau die Grundlage für einen Regierungsbeschluß über die Entwicklung eines Feststoffraketenkomplexes mittlerer Reichweite, der eine größere Genauigkeit, eine höhere Gefechtsbereitschaft und größere Reichweite als D-5 besitzen sollte. Die taktisch-technische Aufgabenstellung forderte den »trockenen« Start der Rakete aus einer Tiefe von 50 m bei einer Geschwindigkeit des Trägers von 5 kn. Die Frist der Lagerung sollte nicht weniger als 10 Jahre sein und beim Einsatz an Bord von U-Booten sollte die ständige Bereitschaft und Brandsicherheit für die Dauer von 7 Jahren garantiert sein.

Für das neue Waffensystem war der Katapultstart mit Hilfe eines Feststoffdruckbehälters aus einem »trockenen« Silo vorgesehen. Die Schachtöffnung war durch eine Gummimembrane abgedichtet. Auf diese Weise wurde es möglich, auf ein verzweigtes Netz von Rohrleitungen, auf Pumpen und Wassertanks, die für die Füllung des Silos beim »feuchten« Start erforderlich waren, zu verzichten.

Tabelle 11
Taktisch-technische Daten der Atom-U-Kreuzer mit ballistischen Raketen (II. Generation)

Typ	667A	667B	667BD	667BDR
Wasserverdrängung (t)				
Überwasser	7 770	8 900	10 500	10 600
Unterwasser	11 500	13 700	15 750	16 000
Max. Länge (m)	130	139	155	155
Breite über alles (m)	11,7	11,7	11,7	11,7
Tiefgang (m)	7,9	8,4	8,6	8,7
Seeausdauer (Tage)	70	80	80	80
Kraftanlage PS (kW)	2 x 20 000 (14 710)	2 x 20 000 (14 710)	2 x 20 000 (14 710)	2 x 20 000 (14 710)
Max. Unterwasserhöchstgeschw. (kn)	26	25	24	25
Überwassergeschw. (kn)	16	15	14	14
Bewaffnung:				
Raketenkomplex	D-5	D-9	D-9	D-9R
Anzahl der Raketen	16	12	16	16
T-Rohre	4 x 533	4 x 533	4 x 533	4 x 533
	2 x 400	2 x 400	2 x 400	2 x 400
Torpedovorrat	16	16	16	16
Besatzung	114	120	135	130
Ablieferung des Nullschiffs	1967	1972	1975	1976

Das Vorfluten mit Wasser war ohnehin mit einer starken Geräuschentwicklung verbunden, die das einsatzbereite Boot enttarnte. Der »trockene« Start war von diesem Nachteil frei. Außerdem störte ein solches Verfahren den Ausgleich des Schiffes nicht und bewahrte zugleich die Rakete vor den schädlichen Einwirkungen des Meereswassers, wenn auf den Start verzichtet wurde. Bei dem neuen Verfahren schleuderte ein Feststoffdruckbehälter den Flugkörper zuerst bis über die Meeresoberfläche, bevor das Marschtriebwerk der ersten Stufe gezündet wurde. Die Vorbereitungszeit war kurz und machte sich nur für das Anlaufen der Kreisel erforderlich. Die volle Raketensalve konnte in einer Minute gestartet werden.

Die Entwicklung der Rakete 3M17 samt der Triebwerke der ersten Stufe und des Pulverdruckakkumulators erfolgte im KB »Arsenal« unter Leitung von Chefkonstrukteur Petr Tjurin. Alle dynamischen und Festigkeitserprobungen führte das Zentrale Forschungsinstitut für Maschinenbau (ZNIIMasch) in Podlipki nahe Moskaus durch. Für die Steuerungssysteme war der Chefkonstrukteur des Wissenschaftlichen Forschungsinstituts NIIA N. A. Semichatow verantwortlich. Die für die Spezifik der Feststoffraketen adaptierten Kreiselsysteme entwickelte eine Konstrukteursgruppe des Instituts NIIKP unter Leitung von W. P. Arefjew.

Die im Konstruktionsbüro für Schwermaschinenbau (KBTM) entworfene Bodenausrüstung ermöglichte die Beförderung der 3M17-Rakete in einem speziellen Behälter vom Herstellerwerk zum Flottenstützpunkt oder direkt zum U-Boot zur weiteren Beschickung der Startsilos. Diese Behälter hatten ein thermostatisches System für die sichere Lagerung unter freiem Himmel bei verschiedenen Wetterbedingungen.

Bei der Konstruktion der 3M17 benutzte man die neuesten Bau- und Brennstoffe. Zum ersten Mal in der Praxis des sowjetischen Raketenbaus entwickelte das Konstrukteursbüro KBMasch in Perm einen glasfaserverstärkten Mantel für die Hülle des Triebwerks der zweiten Stufe.

Mit den Schießplatzerprobungen der 3M17 hat man an Land begonnen. Für die See-Erprobungen wurde das zweite Atom-U-Boot des Typs 667A, K-140, modernisiert und am 26. Dezember 1976 erfolgte der Start aus einer Tiefe von 50 m im Gebiet des Kandalakscha-Golfs im Weißen Meer. Nach einer Serie von Unterwasserstarts wurde die Rakete 1980 unter der Bezeichnung R-31 mit dem Waffensystem D-11 in Dienst gestellt.

Die R-31 hatte eine doppelt so große Masse wie die R-27, aber ihre Reichweite vergrößerte sich nur um 900 km. Die damalige Technologie bei der Herstellung der Feststofftriebwerke gab keine Chance, die Daten der Rakete wesentlich zu verbessern. Die Leistung des Gefechtskopfs und der Genauigkeit des Schießens blieben unverändert. Die Unterlegenheit des Systems D-11 war auch durch die Benutzung des alten Schifftyps bedingt. Von seinem Vorläufer unterschied sich K-140 nur durch die Konstruktion der Raketenabteilung, alle anderen Systeme blieben praktisch unverändert. Man war gezwungen, die Anzahl der Startsilos an Bord von K-140 auf zwölf zu reduzieren. Ein solches Schiff konnte man als moralisch veraltet einschätzen. Aus diesem Grunde wurde das *Projekt 667AM* mit dem Komplex D-11 nicht in Serie gebaut und K-140 blieb ein Einzelexemplar. 1969/71 entwarf Chefkonstrukteur S. M. Bawilin im ZKB »Wolna« das Projekt eines U-Bootes mit 16 Raketen R-31, aber es existierte nur auf dem Papier, und das System D-11 erfuhr keine weitere Entwicklung.

1989 wurden die Raketen R-31 von K-140 durch Ausschießen der Silos vernichtet und das Trägerschiff im Januar 1990 ausgemustert.

Die Modifikation des Raketenkomplexes D-5 mit ballistischen Raketen des Typs 4K18 erfolgte 1975 an Bord eines konventionellen U-Bootes vom *Typ 629*, das nach dem *Entwurf 605 (»Golf IV«)* durch Umrüstung im »Zwezdotschka«-Werk entstanden war. Im Unterschied zur R-27 hatte die Rakete 4K18 ein Selbstansteuerungssystem und war zur Bekämpfung von Schiffsschlagverbänden bestimmt, worunter man in der Terminologie der sowjetischen Streitkräfte Gruppierungen der Angriffsflugzeugträger und anderer Überwasserschiffe mit offensiver Aufgabenstellung verstand. Ähnlich der Rakete 3M17 wurden aber die neuen Ideen zur Bewaffnung von U-Booten nur durch den Einbau von vier 4K18 an Bord eines einzelnen Bootes des *Projekts 605* verwirklicht. 1974 arbeitete S. N. Kowaljow an dem Vorentwurf eines mit 4K18 bewaffneten Atom-U-Schiffes, aber auch diese Arbeit ist nicht zu Ende geführt worden. Zu dieser Zeit war bereits ersichtlich, daß man von den seegestützten ballistischen Raketen neue Charakteristiken fordern mußte.

Die UdSSR begann sich durch den Ausbau und die Perfektionierung ihres strategischen Marinesystems dem Niveau der USA auf diesem Gebiet zu nähern. Für den »Konterschlag« hatten die USA das großangelegte Pro-

Tabelle 12 Taktisch-technische Daten der ballistischen Raketen der U-Schiffe

Waffensystem	D-5	D-5U	D-9	D-11	D-9R
Max. Reichweite (km)	2 400	3 000	9 100	3 900	6 500/8 000
Anzahl der Gefechtsköpfe	1	1 bzw. 3	1	1	1;3 oder 7
Länge (m)	9,65	9,65	13,0	10,6	14,1
Durchmesser (m)	1,5	1,5	1,8	1,54	1,8
Startmasse (t)	14,2	14,2	33,3	26,9	35,3
Anzahl der Stufen	1	1	2	2	2
Treibstoff	flüssig	flüssig	flüssig	fest	flüssig
Einbau auf U-Schiff-Typen	667A	667AU	667B, 667BD, 601, 701	667AM	667BDR

gramm der Umrüstung ihrer 31 U-Raketenträger des Typs SSBN 616 »Lafayette« mit neuen Feststoffraketen des Modells UGM-73A (Zweistufen-Aufbau) »Poseidon C-3« verwirklicht. Deren Hauptmerkmal war ein neuartiger Mehrfachgefechtskopf (MIRV), der zum ersten Mal in der Unterwasserflotte zur Anwendung kam. Bereits die verbesserte Ausführung A3 der »Polaris«-Rakete hatte einen Mehrfachgefechtsteil des Typs MRV (multiple re-entry vehicle – Mehrfach-Wiedereintrittskörper) gehabt, mit dem drei Teilgefechtsladungen zu je 200 kt Sprengkraft gegen ein großes Flächenziel eingesetzt werden konnten. Der neuartige Kassettengefechtskopf der »Poseidon« trug die Bezeichnung MIRV (multiple independently re-entry vehicle), weil seine 10 bis 14 Teilgefechtsladungen (meist zu je 50 kt Sprengkraft) unabhängig voneinander und vorprogrammiert gegen verschiedene Ziele eingesetzt werden konnten. Nach dem Abtrennen vom Muttergefechtskopf legten die »Tochterköpfe« separate ballistische Flugbahnen zu den Zielen zurück, wodurch u. a. die Abwehr des Angriffs ungemein erschwert wurde.

Angesichts dieser Gefahr wurde in der UdSSR der strategische Raketenkomplex D-9 von interkontinentaler Reichweite entwickelt. Mit dem Entwurf einer neuen zweistufigen Flüssigkeitsrakete R-29 (SS-N-8) hatte Viktor Makejew schon 1963 begonnen. Im selben Jahr wurde im ZKB »Wolna« unter Leitung von A. S. Smirnow und N.F. Schulshenko das Vorprojekt 701 als Träger eines neuen Waffensystems entwickelt. Es wurden eine Reihe von Varianten untersucht: als konventionelles U-Boot, als kernkraftgetriebenes U-Schiff und beide Arten mit verschiedenen Munitionsbeständen.

Die Ergebnisse dieser Arbeit führten 1964 zu dem Beschluß, ein Atom-U-Boot des *Projekts 658* in Sewerodwinsk umzurüsten. Die Erprobungen des Versuchsbootes für das *Projekt 701 (»Hotel III«)* wurden 1970 absolviert. Auf dem rund 5000 t verdrängenden Schiff wurden sechs Raketen R-29 installiert, die in zwei Räumen an der Stelle der herausgeschnittenen alten Raketenabteilung angeordnet waren.

Parallel zu dem System D-9 wurde auch der Komplex D-8 entwickelt, mit dem man Schiffe des Projekts 702 bewaffnen wollte. Fast gleichzeitig untersuchte S. N. Kowaljow die Möglichkeiten des Baues einer tauchbaren Plattform für den Start von ballistischen Raketen, aber beide Studien blieben unverwirklicht. Für die weitere Entwicklung erhielt der Raketenkomplex D-9 Vorrang und 1965 begann das LPMB »Rubin« mit den Arbeiten am *Projekt 667B (»Delta I«)*, das die Atom-U-Boote des Typs 667A ablösen sollte.

Das Nullschiff ist der Flotte am 22. Dezember 1972 in Sewerodwinsk übergeben worden und im Verlaufe der Jahre 1972 bis 1977 wurden in den Werken von Sewerodwinsk und Komsomolsk am Amur 18 U-Boote des *Projekts 667B* gebaut.

Um an Bord der 9000 t verdrängenden Schiffe ballistische Raketen großer Reichweite zu installieren, mußte der

---

Flüssigkeitsraketen des Typs SS-N-8 (RMS-40-»Wyssota«) auf einer Parade, 1968

Raketenbestand auf 12 reduziert werden. Für die Bedienung des Raketenkomplexes wurde ein unabhängiges Hydrauliksystem verwendet. Die weitere Verringerung des Geräuschpegels wurde durch die Verwendung von doppelelastischen Fundamenten für alle schwingungsaktiven Aggregate der Dampfturbinenanlage erreicht.

Ungeachtet der Steigerung der Wasserverdrängung um rund 1 200 t und der Geschwindigkeitserhöhung um 2 kn nahm die Kampfeffektivität im Vergleich zum *Typ 667A* um das 2,5fache zu. Das war in erster Linie mit dem Erreichen einer interkontinentalen Reichweite verbunden, wodurch der Start der Raketen aus den von der UdSSR kontrollierten Regionen ermöglicht wurde. Damit konnte man die Raketen auch direkt von den Liegeplätzen der U-Boot-Stützpunkte starten.

Der Zwang zur Einsparung von Gewicht und Abmessungen führte zum Bau einer zweistufigen Rakete ohne Zwischenabteilungen. Die Triebwerke befanden sich in den Brennstofftanks. Der obere Boden des Brennstofftanks der zweiten Stufe war kegelförmig ausgelegt und hier befand sich in der Lage »entgegen der Flugrichtung« der nukleare Gefechtskopf. Zum ersten Mal trug eine sowjetische Marinerakete leichte Scheinziele von der effektiven Reflexionsfläche eines Raketen-Gefechtskopfes. Während des aktiven Teils des Fluges lagen diese Scheinziele in speziellen Behältern im Brennstofftank der zweiten Stufe. Sie wurden nach der Trennung des Gefechtskopfes von der Rakete zeitgleich weggeschleudert und

Atom-U-Boot des Projekts 667 B »Buki« (»Delta I«), Klasse »Murena«

Atom-U-Boot des Projekts 667 B. Aus dieser Sicht wird auch der charakteristische »Buckel« der »Delta-I«-Boote deutlich

lenkten die gegnerische Raketenabwehr vom eigentlichen Gefechtskopf ab.

Dank der in verschiedenen Winkelgrößen mit Hilfe der Astronavigation möglichen Korrektur der Flugbahn besaßen die R-29-Raketen eine höhere Genauigkeit des Schießens. Dazu trug auch ein neuer Astro- und Trägheits-Navigationskomplex des U-Schiffes bei. Für die Lösung der Schußaufgaben verwendet man unabhängige Bordcomputer. Auch das Informations- und Gefechtsführungssystem befand sich auf dem neuesten Stand der Entwicklung. Die Funkverbindungsmittel wurden in Fernmeldesysteme vereinigt, wodurch ihre Effektivität gleichfalls zunahm.

Der neue Raketenkomplex D-9 wurde nach dem Regierungsbeschluß Nr. 808-33 vom 28. September 1964 entwickelt. Sein hoher Automatisierungsgrad reduzierte die Vorbereitungszeit vor dem Start um das 5- bis 7fache, also auf einen Bruchteil der bei älteren Systemen erforderlichen Zeit. Alle Raketen konnten in einer Salve ausgestoßen werden, wozu an Bord des U-Bootes größere Ausgleichstanks und spezielle Wasserbehälter für das Fluten des Ringspalts installiert wurden. Der Unterwasserstart war bei Seegang Stärke 6 und einer Geschwindigkeit von 5 kn möglich.

Im Vergleich zur R-27 steigerte sich die Startmasse der R-29 um mehr als das Doppelte. Ihr Durchmesser war um 20 Prozent größer und ihre Länge um 40 Prozent. Dementsprechend veränderten sich beim *Typ 667B* die Dimensionen des Aufbaus der Raketenschächte, was ihm die Form eines »Buckels« einbrachte.

In Weiterentwicklung der *U-Boot-Serie 667B* wurden 1975/76 in Sewerodwinsk vier U-Schiffe des *Projekts 667BD (»Delta II«)* gebaut. Das Nullschiff konnte am 30. September 1975 in Dienst gestellt werden. Dieses »Quartett« unterschied sich von den 667B-Schiffen durch einen größeren Raketenbestand. Dank der Verlängerung des Druckkörpers um 16 m zwischen den Abteilungen IV und V wurde Platz für weitere vier Raketen gefunden, die als selbständige zweite Salve gestartet werden sollten.

Mit dem Bau der U-Boote dieses Typs überschritt der Weltschiffbau eine markante Grenze. Zum ersten Mal war die Wasserverdrängung eines U-»Bootes« größer als

Atom-U-Boot des Projekts 667 BDR (»Delta III«).
In der sowjetischen Flotte auch als »Kalmar« bezeichnet

10 000 t. In diesen Schiffen waren zusätzliche Maßnahmen zur weiteren Reduzierung der Unterwassergeräusche und zum Schutz der eigenen Sonarstationen vor akustischen Störungen getroffen worden. Weiter kamen neuartige vibrationsabsorbierende und -dämpfende Materialien innerhalb und außerhalb des Rumpfes zur Anwendung. Alle Rohrleitungen und Hydraulikanlagen waren vom Druckkörper isoliert angebracht. Im Interesse einer bestmöglichen Bewohnbarkeit des Schiffes während der monatelangen, von der Außenwelt abgeschlossenen Unterwasserfahrten wurde an Bord des Projekts 667BD ein System zur elektrochemischen Luftregeneration installiert.

Außer auf den schon erwähnten Fahrzeugen befand sich der Komplex D-9 auch auf einem konventionellen U-Boot des *Typs 601 (»Golf III«)*. Es war in der Helling des »Zwezdotschka«-Werks 1976 aus einem Boot des Projekts 629 umgerüstet worden. Dieses Schiff mit einer Unterwasserverdrängung von rund 4 000 t trug sechs Raketen R-29, deren Startschächte teilweise im Turm standen. Der Chefkonstrukteur des ZPB »Wolna«, W. W. Borisow, arbeitete Ende der 60er Jahre am Entwurf eines neuen dieselelektrischen Bootes und versuchte es auch mit D-9 zu bewaffnen. Die Wiederaufnahme des Baus von U-Raketenträgern mit klassischem Diesel-Elektro-Antrieb wurde aber als unzweckmäßig erkannt und daher abgelehnt.

In der Zeit des Kalten Krieges war man ständig bemüht, die technischen Eigenschaften aller Waffengattungen weiter zu steigern. In erster Linie betraf dies die strategische Komponente der Streitkräfte. Die beiden sich feindlich gegenüberstehenden Supermächte strebten unentwegt nach militärischer Überlegenheit und bemühten sich, die modernsten Ideen auf dem Gebiet der Kernwaffen und des Raketen- und Schiffbaus zu verwirklichen. 1973 begann Makejews Team mit der Entwicklung der RSM-50, die als erste sowjetische Rakete MIRV-Gefechtsköpfe erhielt. Für die Stationierung der neuen Waffen war ein neuer U-Boot-Typ erforderlich, da die Versorgung des Raketenkomplexes D-9R den Einbau neuer Feuerleitsysteme, Navigationskomplexe und anderer Anlagen unumgänglich machte. Die Indienstnahme der RSM-50 erhielt die höchste Dringlichkeitsstufe. Das galt

Atom-U-Boot des Projekts 667 BDRM (»Delta IV«). Boote dieses Typs, in der sowjetischen Flotte auch als »Delfin« bezeichnet, trugen 16 SSN-23-Raketen

natürlich auch für die Arbeit der Schiffbauer beim Bau eines neuen Trägerschiffes. Parallel zum System D-9R entstand unter der Leitung von S. N. Kowaljow das *Projekt 667BDR* und bereits 1976 wurde das erste U-Schiff der neuen Serie in Sewerodwinsk auf Kiel gelegt.

Nach seiner Konstruktion stellte der *Typ 667BDR* keine revolutionäre Neuheit dar und besaß die Grundmerkmale der Vorläufer. In seiner hydrodynamischen Bauweise war die veränderte Form des Raketenaufbaus für 16 Startanlagen auffällig. Der Druckkörper war in 11 Abteilungen unterteilt, von deren die I., II. und XI. Abteilung als Rettungsräume vorgesehen waren. Ihre Druckschotten konnten die höchste errechnete Belastung aushalten. Zugleich waren auch die Brandschutzvorrichtungen verbessert und verstärkt worden, das Schiff bekam ein Freon-Gas-System für die chemische Feuerbekämpfung.

Was die Ausrüstung anbetrifft, so gab es viel Neues. Ein hochpräzis arbeitendes Navigationssystem ermittelte die Daten für die Standortbestimmung des Schiffes und seinen Kurs sowie die Daten der Raketenflugbahnen auf der Grundlage der Astronavigation. Ein hydroakustisches System konnte die Lage des Schiffes durch die Auswertung der Impulse der Sonarantwortgeber bestimmen. Neu waren auch die hydroakustischen Ortungsanlagen und das Informations- und Gefechtsführungssystem an Bord der 667BDR-Schiffe.

Im Zeitraum von 1976 bis 1982 wurden in Sewerodwinsk 14 neue Unterwasser-Raketenträger gebaut, die in der Flotte auch unter dem Namen »Kalmar« bekannt wurden. Wegen ihrer Größe wurde zum ersten Mal erwogen, die Bezeichnung Unterwasser-Raketen-Kreuzer einzuführen. Zur praktischen Anwendung kam eine solche Klassifikation bei der Einführung der Raketen-U-Schiffe der III. Generation. Während ihres Serienbaus »erlebte« die Rakete eine Reihe von Modernisierungen und hatte schließlich 7 Gefechtsteile, die für die getrennte Bekämpfung kleindimensionierter Ziele bestimmt waren. Durch die Verwendung eines Einfachgefechtsteils (Monoblock) konnte die Reichweite bis auf 8 000 km erhöht werden.

2.2 U-Boote mit Marschflugkörpern

Bis zur Mitte der 60er Jahre war das Programm für den Bau der Marschflugkörper abgeschlossen und die sowjetische Schiffbauindustrie richtete ihre Anstrengungen auf die Atom-U-Schiffe der II. Generation. Die Werften in Sewerodwinsk und Komsomolsk am Amur waren in die Verwirklichung des Programms für den Bau von U-Schiffen mit strategischen Raketen eingegliedert und in ihrer Kapazität ausgelastet. Die Produktion der mit Flugkörpern bewaffneten Atom-U-Boote konzentrierte sich daher in der Hauptsache auf Gorki und sein Schiffbauwerk »Krasnoje Sormowo«.

Da der Überwasserstart des Flugkörpers das Trägerschiff enttarnte, was in unmittelbarer Nähe von gegnerischen Schiffsverbänden besonders gefährlich und beim Einsatz gegen Flugzeugträger einfach selbstmörderisch war, begann das Versuchskonstruktionsbüro (OKB) Nr. 25 unter Leitung von Wladimir Tschelomej noch Ende der 50er Jahre an der Entwicklung von Seezielraketen für den Unterwasserstart zu arbeiten. Der erste Sprößling der neuen Generation war die »Ametist«-Rakete, von der NATO als SS-N-7 »Starbright« bezeichnet.

Am 1. April 1959 trat der Beschluß des Ministerrates der UdSSR Nr. 363-170 in Kraft, der vier Firmen mit der Schaffung der weltersten Flügelrakete beauftragte, die von einem getauchten U-Boot aus eingesetzt werden konnte. Das OKB-52 des Staatlichen Komitees für Luftfahrttechnik (GKAT) wurde zur Hauptorganisation des Programms ernannt, das Konstruktionsbüro KB-2 des GKAT sollte die Start- und Marschtriebwerke entwickeln, das Zentrale Konstruktionsbüro ZKB-34 war für den Startsilo verantwortlich und das Wissenschaftliche Forschungsinstitut NII-6 des Staatlichen Komitees für Wehrtechnik (GKOT) sollte den Treibstoff auswählen und einen konventionellen Gefechtskopf projektieren.

Für das neue Flugkörpermuster wurde ein Feststofftriebwerk ausgewählt, das besser für die Bedingungen des Unterwasserstarts geeignet war. Es war mit 140 kg Monergol LTS-2KM gefüllt. Für die Feststoffstarthilfen (Booster) verwendete man einfaches Ballistitpulver NMF-2.

Der Druckbehälter wurde in der Startvorbereitungszeit mit Wasser gefüllt. Beim Start wurden gleichzeitig vier Unterwasserbooster und zwei Unterwassermarschtriebwerke gezündet. Nach dem Austritt des Flugkörpers aus dem Wasser arbeiteten zuerst vier weitere Starttriebwerke. Erst bei einer Geschwindigkeit von rund 250 km/h wurde das Marschtriebwerk des Typs 293-P angelassen, dessen Arbeitszeit etwa 3 Minuten betrug. Die Tragflächen des Geschosses entfalteten sich noch während der Unterwasserbewegung unter der Wirkung der Auftriebskraft.

Der Marschflug dicht über der Wasseroberfläche verlief in einer Höhe von 60 m mit transsonischer Geschwindigkeit, das heißt, sie flog mit gerade unter bzw. etwas über der Schallgeschwindigkeit liegenden Geschwindigkeit (1 230–1 300 km/h). Die Reichweite sollte 80 km betragen, aber während der Erprobung gelang es nur maximal 70 km zu erzielen. Die 3 700 kg schwere Rakete konnte alternativ mit einem konventionellen Gefechtsteil 4G-66 (Gewicht 1 000 kg) oder mit einem nuklearen Gefechtsteil bestückt werden.

Die Erprobung der »Ametist« verlief 1964 bis 1966 an Bord von umgerüsteten Diesel-Elektro-U-Booten der *Typen 613A* und *613D (»Whiskey«)*. 1967 wurde dieses Waffensystem in die Bewaffnung der Unterwasserkräfte eingeführt.

Im Unterschied zu den Flugkörpern der I. Generation sind die neuen Raketen nur auf Atom-U-Booten installiert worden. Dazu entwickelte man seit 1957 parallel die beiden *Projekte 670 (»Charlie I«)* und *661 (»Papa«)*.

Mit dem Projekt 670 beschäftigte sich in Gorki eine Konstrukteursgruppe des Speziellen Konstrukteursbüros SKB-112 unter Leitung von W. P. Borisow. Die Entwicklung des Schiffes vom *Projekt 661* lag in den Händen von Nikolai N. Isanin beim Leningrader ZKB-16. Beide Schiffe verdienen eine detailliertere Betrachtung.

Atom-U-Boot des Projekts 670 (»Charlie I«)

Ursprünglich war das U-Schiff des Projekts 670 nur für eine Torpedobewaffnung bestimmt. Man entschloß sich erst zu einem späteren Zeitpunkt zu einer Bestückung mit Seeziel-Marschflugkörpern des Typs »Ametist«, die Wladimir Tschelomej für das Versuchsschiff des Projekts 661 entwickelte. »670« hatte eine Wasserverdrängung von 3 580 t und trug nach dem Umbau acht Raketen, die sich kompakt im Bugteil in geneigten stationären Behältern befanden. Außer den Flugkörpern selbst und ihren Startvorrichtungen gehörten zum Raketenkomplex ein Feuerleitsystem und eine Kontrollapparatur für die Startvorbereitungen und den Start.

Zur Bekämpfung von Unterwasserschiffen trug das Schiff außer den Raketen noch sechs 533-mm-Torpedorohre und einen Gefechtssatz von 12 Torpedos. Informationen zur Darstellung der Unter- und Überwasserlage sowie für die Zielzuweisung der Torpedo- und Raketenbewaffnung lieferte ein hydroakustischer Komplex »Kertsch«. Die Funkmeßausrüstung (Radar) bestand aus je einer Station für die Zielsuche (»Topol«), für Navigationszwecke (»Zaliw«) und Freund-Feindkennung (»Nichrom-M«). Die Genauigkeit der Ortsbestimmung des Navigationssystems »Sigma-670A« war wesentlich präziser als bei den früheren Atom-U-Schiffen der ersten Generation.

Das Schiff hatte einen Stromlinienrumpf. Die großen Abmessungen der akustischen Antennen und das Bestreben, ihnen einen breiten Ortungssektor zu geben, führten zu einer Abstumpfung der Bugform. Der Druckkörper hatte im Bugteil die Form einer »8«, die Zentralen und die Heckabteilungen des Rumpfes waren konventionell, also kreisförmig konzipiert. Alle sechs Querschotten des Druckkörpers waren flach und für eine Druckbelastung bis zu 15 kg/cm² ausgelegt. Die Außenhülle und einige anderen Konstruktionsteile waren aus magnetarmem Stahl gebaut. Die Verkleidung des Turmes war eine Konstruktion aus Aluminiumlegierung und die hydroakustischen Antennen befanden sich hinter einer Titanverkleidung.

Für die Verringerung des Wasserwiderstandes hatten die Konstrukteure spezielle Klappen entwickelt, die bei der Fahrt die Flutschlitze, Entlüftungsöffnungen und Speigatten abdeckten. Alle Außenflächen des Schiffes waren zum Zweck eines besseren Schutzes vor Radar- und Sonarortung mit einer Gummischicht beplankt. Der Druckkörper hatte außerdem eine spezielle Geräuschisolierung. Alle Anlagen besaßen eine Federung, die Fundamente der Maschinen sowie die Schotten und Decks waren mit schwingungsdämpfenden Stoffen überzogen. Es waren auch neue lärmarme Propeller für die Antriebsanlage entwickelt worden.

Auf den Schiffen dieses Projekts sind viele Neuerungen zum Einsatz gelangt. Zum ersten Mal im sowjetischen U-Schiffbau wurde eine einwellige Dampfturbinenanlage mit einem einzigen Kernreaktor WM-4 installiert. Für die E-Versorgung waren zwei unabhängige Turbogeneratoren TM-88, jeweils mit 2 000 kW Leistung, ein Wechselstrom-Dieselgenerator DG-500 (500 kW) und zwei Akkumulatoren-Teilbatterien vorhanden. Als Reserveantrieb dienten zwei Wasserstrahlantriebe. Wie bei allen Atom-U-Booten der II. Generation üblich, verwendete man im elektrischen Bordnetz Wechselstrom mit einer Spannung von 380 V und 60 Hz Frequenz. Alle Schiffe

Modell des Projekts 661 »Antschar« (»Papa«). Man beachte den geöffneten Raketenschacht. U-Schiffe dieses Typs waren erstmals aus Titan gefertigt

des *Typs 670* besaßen drei unabhängige Hydrauliksysteme für die Rudermaschinen, für die Hubeinrichtungen der Raketenbehälter und das dritte für alle anderen Anlagen.

Große Aufmerksamkeit wurde der Automatisierung geschenkt. Sowohl die Vorbereitung des Raketenstarts und des Torpedoschießens, die Stabilisierung des Schiffes in der Tauchtiefe und auf dem Kurs während der Fahrt oder auch gestoppt, das Auftauchen und Tauchen als auch die Steuerung der Kraftanlage erfolgten über eine automatisierte Fernbedienung.

Für die gesamte Besatzung gab es feste Schlafstellen, Offiziere und Unteroffiziere waren in Ein- und Zweimannkajüten untergebracht. Es gab Offiziers- und Mannschaftsmessen.

Mit dem Bau der Schiffe des *Projekts 670* wurde in »Krasnoje Sormowo« 1967 begonnen und im Laufe von sechs Jahren bekam die Seekriegsflotte 11 Schiffe dieses Typs, die alle in den Bestand der Nordflotte eingegliedert wurden. Nach der Fertigstellung wurden die U-Schiffe in speziellen Transportdocks über die Wolga und den Belomor-Kanal zum Weißen Meer nach Sewerodwinsk befördert, wo die Reaktoren mit Kernbrennstäben beschickt wurden. Das Nullschiff K-43 wurde im Januar 1988 für drei Jahre der Indischen Marine zur Verfügung gestellt, wo es unter dem Namen »Chakra« gefahren ist. Dies war der einmalige Fall der Überlassung eines Atom-U-Bootes an eine ausländische Marine.

K-429 sank 1983 im flachen Wasser im Stützpunkt in Petropawlowsk auf Kamtschatka. Interessant ist, daß dieses Schiff während der Reparaturarbeiten zum zweiten Mal an der Pier der Werft sank. Nach diesem Unfall wurde es nur als Schulschiff verwendet. Die gleiche Geschichte passierte dem amerikanischen Atom-U-Schiff SS-N-665 »Guitarro« des »Sturgeon«-Typs.

Ursprünglich war geplant, mit den »Ametist«-Marschflugkörpern nur Atom-U-Boote des *Projekts 661* zu bewaffnen, mit deren Entwicklung sich ab 1958 im Leningrader ZKB-16 Chefkonstrukteur Nikolai Isanin mit seinen Mitarbeitern beschäftigte. Es war ihnen gelungen, eine ganze Reihe von technischen Problemen zu lösen, die die Kampfeigenschaften wesentlich zu steigern vermochten. Das Projekt sah zum ersten Mal in der Welt vor, ein U-Boot mit einem Rumpf aus Titan zu bauen. Damit sollten die Dimensionen des Schiffes reduziert und sein magnetischer und elektrischer Schutz verbessert werden. Durch Einbau einer leistungsfähigen Kernkraftanlage sollte das Schiff eine außerordentlich hohe Geschwindigkeit erreichen und allen ausländischen und einheimischen U-Schiffen überlegen sein.

Die Einführung von Titanlegierungen erforderte umfangreiche Forschungsarbeiten der Zentralen Wissenschaftlichen Forschungsinstitute (ZNII 45 und 48) sowie von anderen wissenschaftlichen Einrichtungen der Schiffbauindustrie und der Metallurgie. Am Bau des Versuchsschiffes waren insgesamt 400 Institute und Betriebe beteiligt. Der Vorentwurf wurde in 14 Versionen entwickelt und in der Phase des Skizzenprojekts sind auch Varianten für die Konstruktion und die Bauweise des Druckkörpers untersucht worden.

1961 war man mit dem technischen Projekt fertig. Nach der Bestellung des Titans begann das Schiffbauwerk Nr. 402 1962 mit dem Bau der Rumpfsektionen. Am 28. Dezember 1963 erfolgte auf der Helling Nr. 42, die speziell für die Arbeit mit Titanlegierungen umgerüstet worden war, die offizielle Kiellegung. Bis zur Beherrschung der neuen Technologie des Titan-Schiffbaus waren zahlreiche Schwierigkeiten, beispielsweise beim Schweißen u. a., zu überwinden. Dies verzögerte den Fortgang der Arbeiten beträchtlich. Erst nach fünf Jahren, am 21. Dezember 1968, erfolgte der Stapellauf des U-Schiffes und am 31. Dezember des nächsten Jahres wurde es mit der taktischen Nummer K-162 der Flotte übergeben. Noch während der Baubelehrung der Besatzung kam unter den Marineangehörigen der Name »Antschar« (»Goldfisch«) für das neue U-Schiff auf und der war richtig, denn alle Baukosten waren so groß, als ob das Schiff nicht aus Titan, sondern aus Gold gefertigt worden wäre.

Während des Baus von K-162 erprobte man ganz neue Fertigungsmethoden für Guß- und Schmiedestücke aus Titan und für die mechanische Bearbeitung hochfester Titanlegierungen. Für die statische und dynamische Erprobung im ZNII-45 wurden von einzelnen Abteilungen Attrappen in Originalgröße bzw. in maßstäblicher Verkleinerung gebaut. Ansprengversuche stellten die hohe Schockfestigkeit der Schweißnähte und der gesamten Konstruktion unter Beweis. Alle diese Arbeiten gaben der Entwicklung der Titanindustrie einen großen Aufschwung.

K-162 hatte eine Wasserverdrängung von 5 200 t. Der Zweihüllenrumpf, der Druckkörper und die Außenhülle, wies einen runden Querschnitt auf. Der Bugteil des Druckkörpers bestand aus zwei übereinander angeordneten Zylindern mit einem Durchmesser von jeweils 5,5 m. Der obere Zylinder bildete die erste Abteilung, der untere die zweite Abteilung. Den hinteren Teil der achtförmigen Bugsektion stellte die dritte Abteilung dar. Von den beiden ersten Abteilungen wurde sie durch ein Druckschott getrennt. Ab der vierten Abteilung hatte der Druckkörper Zylinderform. Mittschiffs war der Durchmesser rund 9 m. Schottwände, die bis zu 15 kg/cm^2 belastbar waren, teilten das Rumpfinnere in sechs Abteilungen.

In der Abteilung I befand sich die Torpedowaffe und das Raketenfeuerleitsystem, Abteilung II nahm die hydroakustischen Apparaturen auf, Abteilung III war Wohnraum. In der Abteilung IV befand sich die Zentrale des Schiffes, der Leitstand der Kernkraftanlage und weitere Wohnräume. In Abteilung V war der Reaktor angeordnet, in Abteilung VI die Turbinenanlage. In der siebten Abteilung standen die Turbogeneratoren, in der achten die Hilfsanlagen und in der neunten die Rudermaschinen. Die beiden Batteriegruppen waren in der I. und in der II. Abteilung untergebracht. Die Druckluftanlage des Schiffes war für einen Druck bis zu 400 kg/cm^2 und das Hydrauliksystem für 150 kg/cm^2 berechnet worden.

K-162 war mit 10 Seezielraketen des Typs »Ametist« bewaffnet, die man in nach vorn geneigten Behältern am Bug außerhalb des Druckkörpers angeordnet hatte. Die Startanlage übernahm die Funktionen der Lagerung, Beförderung, Fernbedienung und des Starts. Die Marschflugkörper wurden komplett ausgerüstet und gewartet an Bord genommen und konnten auch nach einer drei Monate langen Fahrt noch sicher gestartet werden.

Der taktische Nachteil dieses Komplexes bestand darin, daß die Raketen in zwei getrennten Salven gestartet werden mußten. Nach dem Start der ersten sechs Raketen brauchte das Trimmsystem drei Minuten zum Fluten bzw. Ausblasen der Trimmtanks. Zur Beseitigung dieses Nachteils hätte es der Modernisierung der Anordnung der Zellen, Bunker und Tanks sowie der Rohrleitungen und Pumpen bedurft, was zu Veränderungen der gesamten Konstruktion und zu einer Steigerung der Wasserverdrängung geführt hätte. Damit wäre ein ganz neuer Entwurf entstanden.

Außer den Flügelraketen war das U-Schiff des *Projekts 661* mit 533-mm-Torpedos bewaffnet, vier von ihnen lagerten in den T-Rohren und acht in den Bereitschaftsstellagen der Abteilung. Die Torpedos konnten blasenfrei aus einer Tiefe bis zu 200 m ausgestoßen werden.

Für die Darstellung der Unter- und Überwasserlage war das Schiff mit einem neuen hydroakustischen Komplex »Rubin« ausgestattet. »Rubin« stellte auch die Auffassung von Zielen und die automatische Begleitung von zwei Zielen gleichzeitig sicher einschließlich der erforderlichen Datenübergabe an das Raketen- und Torpedo-Waffenleitsystem. Für die Lösung der Schiffsführungsaufgaben und zur Zielzuweisung stand der Komplex »Sigma-661« mit kreiselstabilisierter Trägheitsplattform zur Verfügung.

Zur Beobachtung der Luft- und Überwasserlage hatte das Schiff ein Luftraum-Sehrohr mit einem optischen Koordinatenrechner. Die Hubeinrichtung konnte das Sehrohr bis zu einer Geschwindigkeit von 10 kn und Seegang 5 ausfahren.

Für den zweiseitigen Funkverkehr mit Kommandozentralen an Land sowie mit Schiffen und Flugzeugen war K-162 mit den modernsten Fernmeldeanlagen jener Zeit einschließlich der Schlüsseltechnik und Einrichtungen zur Abgabe von ultrakurzen Signalen ausgerüstet. Das gleiche traf auch für die Anlagen zur Funkaufklärung- und Fußmeßbeobachtung zu.

Die Kraftanlage des U-Schiffes vom *Projekt 661* bestand aus zwei unabhängigen Aggregatgruppen. Jede Gruppe gliederte sich in nuklearen Dampferzeuger (Reaktor), Turbinenanlage und Turbogenerator. Die Druckwasser-Reaktoren hatten eine nominelle Wärmeleistung von je 177,4 MW. Die Turbinenanlagen entwickelten bei Höchstgeschwindigkeit je 40 000 PS (29 420 kW) und beide Dampferzeuger konnten 500 t Dampf pro Stunde liefern.

Die Turbogeneratoren leisteten je 3 000 kWh. Für die Stromversorgung der Hauptverbraucher wurde Dreiphasen-Wechselstrom mit einer Spannung von 380 V und einer Frequenz von 50 Hz eingespeist. Als Notenergiequelle dienten die beiden Batteriegruppen von Zink-Silber-Akkumulatoren mit je 152 Elementen, die in der zweiten und dritten Abteilung standen.

Ende 1969 waren fast alle Punkte des staatlichen Erprobungsprogramms einschließlich des Raketenstarts und der Geschwindigkeitsermittlung in der Meßmeile erfüllt. Die Vereisung des Weißen Meeres verhinderte den Unterwasserstart der »Ametist«. Da dieser Raketenkomplex an Bord von U-Schiffen des *Typs 670* aber schon ausreichend getestet worden war, konzentrierten sich alle Gedanken der Schiffbauer auf die Geschwindigkeitsleistungen des neuen Schiffes. K-162 war als Unterwasser-Raider konzipiert und sollte im Atlantik wichtige Überwasserziele wie Geleitzüge und Flottenverbände überraschend angreifen und nach dem Raketenangriff unter Ausnutzung seiner überlegenen Geschwindigkeit einer Verfolgung ausweichen, um dann erneut und unerwartet an anderer Stelle zuzuschlagen. Dazu hatten die Aerodynamiker des Zentralen Aero- und Hydrodynamischen Instituts (ZAGI), des Wissenschaftlichen Forschungszentrums des Ministeriums der Luftfahrtindustrie, die strömungsgünstigste Form des Rumpfes in ausgiebigen Windkanalversuchen untersucht, dazu war das Schiff mit einer hochleistungsfähigen Kraftanlage einschließlich Doppelschraubenantrieb mit Achtblattpropellern versehen worden. Und jetzt sollten seine wichtigsten Eigenschaften geprüft werden.

An einem dunklen Dezemberabend des Jahres 1969 betraten die Mitglieder der staatlichen Erprobungskommission die Stelling von K-162. Als erster erwies der Vorsitzende der Kommission, Konteradmiral F. I. Maslow, der Flagge des Schiffes seine Ehrenbezeigung. Ihm folgten sein Stellvertreter, der Kommandeur der U-Boot-Brigade, Konteradmiral W.W. Woronzow, und der Chef der technischen Verwaltung der Nordflotte, Kapitän I. Ranges N. G. Mormul. Sie wurden vom Schiffskommandanten, Kapitän I. Ranges Ju. W. Golubkow, empfangen.

Allen Beteiligten merkte man die Spannungen an, aber nicht nur wegen des zu erwartenden Geschwindigkeitsrekords für U-Schiffe, sondern wegen der Bedingungen: Die Fahrt sollte in 200 m Tiefe stattfinden und die Oberfläche war eisbedeckt. Nach dem Tauchen auf 100 m trimmte man das Schiff aus und erst dann begann die Fahrt. Mit der Steigerung der Umdrehungszahl der Schrauben fühlten alle Besatzungsmitglieder eine wachsende Beschleunigung und zugleich eine starke Zunahme des Triebwerklärms und der Umströmungsgeräusche, ähnlich einem Flugzeug. Dieser Vergleich wurde noch stärker bei einer Geschwindigkeit von mehr als 35 kn. Es herrschte ein Lärm wie in einem Strahlflugzeug, und bei der Rekordgeschwindigkeit von 42 kn wurde in der Zentrale ein anhaltendes Donnern mit einer Lautstärke von 100 Dezibel gemessen.

Noch niemals raste ein bemanntes Unterseefahrzeug mit einer solchen Geschwindigkeit durch die Meerestiefen und erreicht wurde sie mit nur 80 Prozent der vollen Reaktorleistung. Errechnet hatte man eine Geschwindigkeit von 38 kn, doch der Rumpf erwies sich als widerstandsärmer, als die Windkanalversuche hatten erwarten lassen.

Als bei Erreichen des ersten Wendepunktes die Selbststeueranlage mit einer Ruderlage von nur 3 Grad das Schiff auf den Gegenkurs einsteuerte, war die Schlagseite so groß, daß sich in der Zentrale keiner auf den Beinen halten konnte. Das war schon kein Drehkreis eines Schiffes, sondern ein echtes Flugmanöver. Bei noch größeren Ruderlagen hätte das U-Schiff kentern und bis auf den Meeresgrund »abstürzen« können. Bisher hatten nur Flieger mit solchen Schwierigkeiten bei einem Schnelltiefflug zu tun gehabt. Jetzt mußten sich U-Boot-Fahrer darauf einstellen und die Besatzung von K-162 arbeitete unter solchen extremen Bedingungen zwölf Stunden lang.

Nach diesem »Rennen« tauchte der »Goldfisch« auf und die Besatzung erhielt die Gelegenheit zu einer Ruhepause. Konteradmiral F.I. Maslow gratulierte der Mannschaft, dem Erprobungskommando der Werft mit dem verantwortlichen Schiffbaumeister, P. W. Gololobow, an der Spitze, den Vertretern der wissenschaftlichen Institute, den Konstrukteuren und anderen Personen zu dem Rekord. Anschließend wurde, wie es in jener Zeit üblich war, ein chiffriertes Fernschreiben an die Führung der Seekriegsflotte und persönlich an den Generalsekretär der KPdSU, Leonid I. Breshnew, gesandt mit dem Inhalt: »Wir melden! Das Blaue Band des Atlantik gehört sowjetischen Seeleuten!«

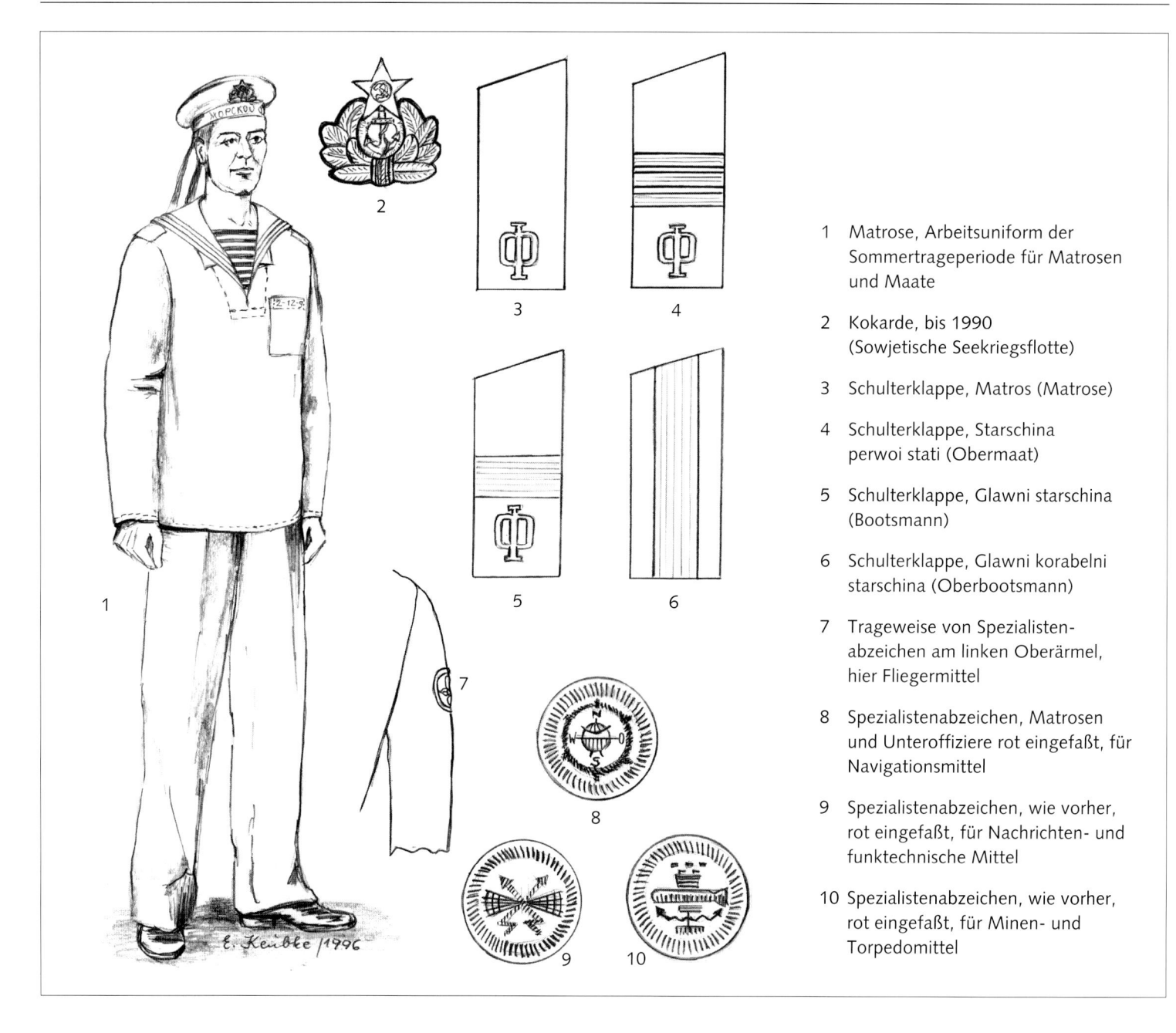

1 Matrose, Arbeitsuniform der Sommertrageperiode für Matrosen und Maate

2 Kokarde, bis 1990 (Sowjetische Seekriegsflotte)

3 Schulterklappe, Matros (Matrose)

4 Schulterklappe, Starschina perwoi stati (Obermaat)

5 Schulterklappe, Glawni starschina (Bootsmann)

6 Schulterklappe, Glawni korabelni starschina (Oberbootsmann)

7 Trageweise von Spezialistenabzeichen am linken Oberärmel, hier Fliegermittel

8 Spezialistenabzeichen, Matrosen und Unteroffiziere rot eingefaßt, für Navigationsmittel

9 Spezialistenabzeichen, wie vorher, rot eingefaßt, für Nachrichten- und funktechnische Mittel

10 Spezialistenabzeichen, wie vorher, rot eingefaßt, für Minen- und Torpedomittel

In dunkler Nacht kehrte K-162 in den Stützpunkt Sewerodwinsk zurück und wurde von den Führungsspitzen der Marine empfangen. Bei den Besatzungsmitgliedern hinterließ die Fahrt zweifelsohne nachhaltige Eindrücke, aber das Schiff war äußerlich alles andere als ein Paradestück: Es hatte eine Tür und drei Kontrolluken am Turm und die Verkleidung der Rettungsboje verloren. Hydrodynamische Strömungen hatten auch die Farbe vom Rumpf geschält, und er blitzte unter den Scheinwerfern wie reines Metall. Insgesamt war aber ein wichtiger Erfolg errungen worden.

Nach einigen Tagen gelang es der Besatzung bei einer weiteren Erprobungsfahrt die Geschwindigkeitsleistung ihres Schiffes noch zu verbessern. Bei 100prozentiger Leistung des Reaktors erreichte K-162 unter Wasser eine

Uniformen der sowjetischen Seekriegsflotte – Mannschaftsdienstgrade

1 Offizier, Bordbekleidung für die Winterperiode

2 Kokarde, ab 1990 (Russische Marine)

3 Schulterklappe, Starschi mitschman (Oberstabsbootsmann; in der Volksmarine war es der Oberfähnrich)

4 Schulterklappe/Ärmelabzeichen, Starschi leitenant (Oberleutnant)

5 Schulterklappe/Ärmelabzeichen, Kapitan wtorowo ranga (Fregattenkapitän)

6 Schulterklappe/Ärmelabzeichen, Kontr-admiral (Konteradmiral)

7 Spezialistenabzeichen, Offiziere, golden eingefaßt, für Artillerie

8 Spezialistenabzeichen, Offiziere, golden eingefaßt, für Aggregate und Elektrik

9 Spezialistenabzeichen, Offiziere, golden eingefaßt, für alle Arten der Verteidigung, Sicherstellung und Wartung

Höchstgeschwindigkeit von 44,7 kn (80,4 km/h). Dieser Rekord ist noch nicht gebrochen worden.

Trotz aller Erfolge verlief das Schicksal des »Goldfisches« nicht besonders glücklich. Der Serienbau wurde wegen des außerordentlich hohen Lärmpegels, der die Arbeit der Sonaranlagen an Bord störte, und wegen der enormen Kosten abgelehnt. K-162 blieb ein Unikat. Es diente der Flotte als Versuchsschiff und unternahm noch mehrere Seefahrten. Ende der 70er Jahre kam es nach Sewerodwinsk, wo man das Beschicken der beiden Reaktoren plante. Dabei geschah ein folgenschwerer Zwischenfall, aus dem sehr leicht eine Katastrophe hätte werden können. Während des Beladens der Reaktoren ließ einer der Techniker in der neuen aktiven Zone einen Schraubenschlüssel fallen. Zuerst wollte man diesen Vorfall verbergen, aber dies war sinnlos, denn es war unmöglich,

Uniformen der sowjetischen Seekriegsflotte –
Offiziersdienstgrade

den Schlüssel im Innern des Reaktors liegen zu lassen. Man war also gezwungen, die aktive Zone aus dem Reaktor auszuladen und nach Kontrolle der Schutzanlagen wieder neu zu beladen.

Das alles hat die ohnehin schon sehr lange dauernden Instandsetzungsarbeiten noch mehr in die Länge gezogen. Die Folge waren Zeitnot und eine gefährliche Hektik beim Abschluß der Arbeiten. Bei der Wiederinbetriebnahme der Kraftanlage wurden die Phasen der Reaktorstromversorgung verwechselt und es kam zum unkontrollierten Start eines Reaktors, was aber nicht rechtzeitig bemerkt wurde. Im Kessel und im primären Kreislauf erhöhten sich schnell Temperatur und Druck. Es blieben nur noch wenige Sekunden bis zur Katastrophe, als der Kompensator der Hauptpumpe unerwartet platzte, der die Rolle eines Sicherheitsventils spielte. Einige Tonnen leicht radioaktiven Wassers gerieten in einen unbemannten Raum. Glücklicherweise gab es keine Verletzten.

Am nächsten Tag analysierte eine »hohe« Kommission die Möglichkeiten der Instandsetzung. Der erste und beste Vorschlag, die beschädigten Aggregate der Kraftanlage durch neue zu ersetzen, war praktisch unerfüllbar, weil es keine Ersatzteile gab und die Neuanfertigung der benötigten Teile mehrere Jahre in Anspruch genommen hätte. Nachdem er die Havariestelle persönlich besichtigt hatte, schlug Kapitän I. Ranges, N. Mormul (Chef der technischen Verwaltung der Nordflotte), vor, den Riß zu schweißen und danach eine »kalte« und »heiße« Erprobung der Kernkraftanlage durchzuführen. Er fand nur die Unterstützung des damaligen Chefkonstrukteurs des *Projekts 661* Nikolai Schulzenko (Nikolai Isanin konnte aus gesundheitlichen Gründen diesen Posten nicht mehr bekleiden). Aber es gab keinen anderen Ausweg und so wurde der Riß verschweißt. Nach der Erprobung bekam Admiral W. N. Tschernawin, seit November 1984 der Oberbefehlshaber der Seekriegsflotte, eine entsprechende Meldung, und er hat die Entscheidung von N. Mormul nachträglich gebilligt.

Einige Tage später kehrte K-162 in ihren Hauptstützpunkt zurück und hat dort noch mehr als zehn Jahre im aktiven Dienst gestanden – bis zum Ende der vorgeschriebenen Nutzungsfrist. Heute liegt dieses legendäre U-Schiff in der Werkbucht von Sewerodwinsk und wartet auf die Lösung seines Schicksals. Man plant, es in ein Museumsschiff zu verwandeln.

Die geringe Reichweite der »Ametist«-Rakete sowie die unbefriedigende Störfestigkeit und Selektionsfähigkeit ihres Lenksystems führten im Verein mit ihrer einseitigen Verwendbarkeit dazu, daß die Militärs eine verbesserte universelle Rakete forderten, die man nicht nur von Bord der U-Boote, sondern auch von Überwasserschiffen aus starten kann.

Die Entwicklung der neuen Seezielrakete unter der Bezeichnung P-120 »Malachit« wurde im OKB-152 eingeleitet, nachdem der Regierungsbeschluß Nr. 250–89 vom 28. Februar 1963 verabschiedet worden war und damit die entsprechenden Mittel und Kräfte bereit standen. Im Entwurf fanden sich viele technische Lösungen der »Ametist« wieder. Prinzipiell unterschied sich die neue Rakete von ihrem »Urahn« durch ein universelles Feststoff-Starttriebwerk, das sowohl den Unter- als auch den Überwasserstart ermöglichte. »Malachit« war mit einem modernen Selbststeuersystem APLI-5 versehen, das eine höhere Störfestigkeit hatte. Die Kampfeigenschaften der Rakete konnten durch die Verwendung eines Zielsuchkopfs mit größerer Selektionsfähigkeit und einem vorprogrammierbaren Suchregime wesentlich verbessert werden. Für die Endphase des Fluges verfügte »Malachit« neben der üblichen Radaransteuerung auch über einen zusätzlichen passiven Infrarot-Suchkopf. Die Reichweite bei einem Unterwasserstart aus einer Tiefe von 50 m sollte um 50 Prozent größer als bei »Ametist« sein.

Den Vorentwurf schlossen die Konstrukteure im September 1963 ab und im Februar 1964 war das Skizzenprojekt fertig. Anfang 1968 stellte das Werk Nr. 31, die spätere Luftfahrt-Produktionsvereinigung (NPO) »S. A. Lawotschkin«, die ersten Flugmuster her und im September desselben Jahres begann die erste Etappe der Werkserprobung. Die Raketen flogen von Bodenstartanlagen auf der Krim aus und im Februar 1969 erfolgten drei Starts aus einem Unterwassersilo in einer Tiefe von 50 m. Die Ergebnisse waren insgesamt befriedigend. In der zweiten Erprobungsetappe sind von März bis August 1970 insgesamt zehn Starts durchgeführt worden, vier davon aus Bodenstartanlagen und sechs von Bord eines kleinen Raketenschiffes vom *Typ 1234* »Burja« (NATO-Bezeichnung »NANUCHKA«.). Auf dem Schiff stand für die Raketenzielzuweisung ein passives Überhorizont-Ortungssystem zur Verfügung. Dieses System reagierte auf die Abstrahlung gegnerischer Funkmeßanlagen. Während der Erprobung wurden fünf Treffer auf Seeziele angebracht.

Im März 1972 wurde der »Malachit«-Komplex an Bord von kleinen Raketenschiffen des *Typs 1234* in Dienst gestellt. Nach erfolgreicher Beendigung der staatlichen Erprobung auf einem U-Boot des *Typs 670* erfolgte am 21. Oktober 1977 ein Regierungsbeschluß über die Indienstnahme der »Malachit« für Atom-U-Boote des modernisierten *Projekts 670M*. In der Seekriegsflotte bekam dieses Waffensystem die Bezeichnung P-120, während es in der Industrie als 4K85 bekannt wurde.

Die Entwicklung des *Projekts 670M* (»*Charlie II*«) führte ab 1967 im ZKB »Sudoprojekt« (ex-ZKB-112) Chefkonstrukteur W.P. Borisow durch. Die acht Raketenbehälter standen analog der Schiffe des *Typs 670* im Vorschiff, ihre Startvorbereitungen und den Start selbst kontrollierte der Zentralcomputer des Schiffes, was den Zeitaufwand für diesen Prozeß um 50 Prozent reduzierte. Für eine sichere Stabilisierung des U-Schiffes während des Starts sorgte eine automatisierte Programmsteuerung, die das Schiff in der vorgegebenen Tiefe hielt, sein Austrimmen überwachte und mittels der Ruder und dem Fluten der Tauchzellen die Sicherheit des Schiffes gewährleistete.

Das *Projekt 670M* sah vor, die Schiffe mit einem neuen hydroakustischen Komplex »Skat-M« zu komplettieren, der für eine bessere Zielzuweisung der Raketen und Torpedos sorgte und dabei geringere Dimensionen besaß. Für die Funkmeßortung von Luft- und Überwasserzielen dienten »Albatros«- und »Zaliw-P«-Radarstationen. Für den Eigenschutz kam eine neue lärmisolierende Beschichtung des Rumpfes in Anwendung, deren Wirksamkeit nicht so stark von der Tauchtiefe abhängig war und die eine sichere Befestigung am Rumpf hatte. Der Turm bekam ein zusätzliches Sehrohr und die Bewohnbarkeit wurde ebenfalls verbessert.

Im Ergebnis des Einbaus der neuen Bewaffnung und der anderen technischen Vervollkommnungen stieg die Wasserverdrängung bis auf 4 300 t und die Länge erreichte 104,9 m. Da die Kraftanlage nicht wesentlich verändert wurde, sank die Unterwasserhöchstgeschwindigkeit um 2 Knoten. Im Laufe der Jahre von 1973 bis 1980 sind in Gorki 6 Atom-U-Schiffe des Projekts gebaut worden, die sich noch heute im Bestand der Nordflotte befinden. Das Nullschiff bekam 1989 außer der taktischen Nummer K-452 den Namen »Berkut« (Königsadler).

Tabelle 13 Taktisch-technische Daten der Atom-U-Boote mit Seezielraketen

Typ	670	670M	661
Normale Wasserverdrängung (t)	3 540	4 300	5 200
Unterwasserverdrängung (t)	4 980	5 500	8 000
Länge (m)	99,5	104,9	106,9
Breite über alles (m)	9,9	9,9	11,5
Tiefgang (m)	7,5	8,1	8,0
Tauchtiefe (m)	–	–	400
Seeausdauer (Tage)	60	60	75
Leistung PS (kW)	1 x 18 800 (17 827)	1 x 18 800 (17 827)	2 x 40 000 (29 420)
Höchstgeschw. (kn)	26	24	42 (44,7 – max.)
Bewaffnung:			
Raketenkomplex	»Ametist«	»Malachit«	»Ametist«
Anzahl der Raketen	8	8	10
T-Rohre	4 x 533 2 x 400	4 x 533 2 x 400	4 x 533 –
Torpedovorrat	18	16	12
Besatzungsstärke	100	90	80
Ablieferung des Nullschiffs	1967	1973	1969

Es gab auch den Plan, mit »Malachit«-Raketen Atom-U-Boote des *Typs 686 (7105A)* zu bewaffnen, der unter der Leitung des Chefkonstrukteurs, G.Ja. Swetajew, ab Mitte der 60er Jahre im SPMBM »Malachit« entwickelt wurde. Dieses Vorhaben bekam aber keine Zustimmung und wurde storniert.

Im Laufe eines Jahrzehnts (1969–1979) bekam die sowjetische Seekriegsflotte 18 Atom-U-Boote mit mittleren Seezielraketen. Die Beschaffung von Atom-U-Booten mit weitreichenden Marschflugkörpern verlief über die Modernisierung früher gebauter U-Schiffe der ersten Generation.

Seit Ende der 60er Jahre wurde mit der Entwicklung neuer Raketenkomplexe begonnen, mit denen Mitte der 70er Jahre teilweise Atom-U-Boote des *Typs 675* (»Echo II«) nach den *Projekten 675MU, 675MK* und *675 MKW* (»Echo II« mod) bewaffnet wurden. Die neuen Raketen konnten auch für den Überwasserstart eingesetzt werden.

Da das Bordsonar wegen seiner begrenzten Reichweite für die Raketen keine Zielzuweisung zu weit entfernten Zielen liefern konnte, erhielten die umgerüsteten U-Schiffe außer der neuen Bewaffnung auch moderne und hocheffektive Systeme für kosmische Zielzuweisung. Diese Systeme sammelten und verarbeiteten Aufklärungs- und Navigationsinformationen von Erdsatelliten und Langstrecken-Marineflugzeugen der Typen Tupolew Tu-95MS und Tu-142 MZ.

Ende der 60er Jahre entstanden im LPMBM »Rubin« unter der Leitung des Chefkonstrukteurs Z. A. Deribin Projekte zur Bewaffnung der konventionellen U-Boote des *Projekts 651* (»Juliett«) mit dem Raketenkomplex P-500 »Bazalt«. Ihre Verwirklichung ist aber später als unzweckmäßig verworfen worden. 1963 bis 1965 entwickelte man speziell für dieses Waffensystem den U-Schiff-Typ 688, doch dieses Vorhaben kam über das Reißbrettstadium nicht hinaus.

Als Resümee läßt sich feststellen, daß die Seezielraketen der zweiten Generation ausschließlich an Bord von Atom-U-Schiffen stationiert waren. Auf den parallelen Bau von konventionellen und kernkraftgetriebenen U-Schiffen hat man in der UdSSR in der zweiten Hälfte der 60er Jahre verzichtet.

2.3 Atom-U-Boote mit Raketen-Torpedobewaffnung

Die weitere Entwicklung der Mehrzweck-Atom-U-Boote hatte die Bekämpfung gegnerischer Über- und Unterwasserkräfte auf den UAW-Linien und Seewegen im Bereich der U-Boot-Abwehr-Barrieren und auf den Seeverbindungswegen zum Inhalt, außerdem dienten sie der Deckung der eigenen Kampfschiffe und Geleitzüge vor gegnerischen U-Schiffen. Die Vernichtung gegnerischer Unterwasser-Raketenträger in ihren Operationsgebieten war eine vorrangige Aufgabe.

Als Hauptbewaffnung der Mehrzweck-Boote standen Torpedos, U-Boot-Jagdraketen und Raketentorpedos zur Verfügung. Neben der Vervollkommnung von älteren Mustern wurden in der UdSSR in den 60er Jahren gänzlich neue Torpedos entworfen. Auf der Grundlage der U-Jagdtorpedos SET-53 und SET-65 entstanden die ersten ferngesteuerten Torpedos der sowjetischen Marine. Die dringende Forderung nach größerer Reichweite und Geschwindigkeit ließ das Kaliber der Dampfgas-Torpedos bis auf 650 mm anwachsen. Ausgangs der 60er Jahre erschienen in der Seekriegsflotte erste U-Jagdraketen, die den amerikanischen »Subroc«-U-Jagd-Raketen für den U-Boot-Einsatz ebenbürtig waren. (Die SUBROC – submarine rocket – ist eine Kurzstreckenrakete mit Feststofftriebwerk, die eine Reichweite von etwa 80 km hat. Die vom U-Boot aus gestartete Rakete trägt als Gefechtsladung eine UAW-Bombe mit nuklearer Sprengladung.)

In den 70er Jahren sind die ersten Universal-Torpedos für die Bekämpfung von Über- und Unterwasserschiffen in Dienst genommen worden.

Als Träger der neuen Unterwasserwaffen entwickelte man bereits zum Ausgang der 50er Jahre Atom-U-Boote der *Projekte 671, 705, 669, 672* und *673*. Sie sollten *die zweite Generation* der kernkraftgetriebenen Mehrzweck-U-Boote in der UdSSR bilden. Im November 1959 wurden die taktisch-technischen Forderungen für die neuen Typen erteilt, doch die Arbeiten an den drei letzteren wurden bereits im Entwurfsstadium eingestellt. Nur die Schiffe der *Projekte 671* (»Victor«) und *705* (»Alfa«) gingen in Serienfertigung.

2.3 Atom-U-Boote mit Raketen-Torpedobewaffnung

Mit der Entwicklung des *Projekts 671* beschäftigte sich im SKB-143 Chefkonstrukteur G. N. Tschernyschew. 1960 bis 1961 entstanden das Skizzenprojekt und der technische Entwurf des Schiffes mit einer Wasserverdrängung von 3 500 Tonnen. Mit dem Bau dieses Typs wurde die Admiralitätswerft in Leningrad beauftragt, wo zu diesem Zweck eine spezielle Schiffbauhalle entstand.

Die Schiffe des *Typs 671* wurden völlig auf eine hohe Unterwasser-Dauergeschwindigkeit abgestimmt. Deswegen ist der hydrodynamischen Qualität herausragende Beachtung geschenkt worden. Dazu waren zahlreiche Windkanalversuche erforderlich, und die Chefin der Abteilung Hydrodynamik im SKB-143, Dr. Ljudmila Kalatschewa, führte eine Zusammenarbeit mit ZAGI-Fachleuten herbei. Für das führende Forschungsinstitut der Luftfahrtindustrie waren diese Probleme nicht neu, seit Ende der 30er Jahre beschäftigte sich Professor Konstantin K. Fedjajewski mit der Dynamik und Aerodynamik von Luftschiffen.

Durch seine Arbeiten hat er den Weg zu prinzipiellen Lösungen gewiesen, mit denen verschiedene Aspekte der Stabilität und Lenkbarkeit der U-Schiffe im Windkanal gemessen werden konnten. K. K. Fedjajewski wurde zum anerkannten Fachmann auf dem Gebiet der Dynamik der U-Boote. Seine Werke errangen größte Bedeutung, wurden aber nur in einem engen Kreis von Fachleuten bekannt.

Die vom ZAGI übernommenen Erfahrungen der theoretischen und experimentellen Erforschung der strömungsgünstigsten Formen von Luftschiffskörpern spielten für die Entwicklung schneller U-Schiffe eine sehr wichtige Rolle.

Nach mehreren Windkanalversuchen, die im ZAGI von Dr. I. B. Fedorowa und Dr. A. W. Sharinow durchgeführt wurden, entstanden die Konturen eines tropfenförmigen Rumpfes mit sogenanntem »Limusen-Turm«.

Oben: Modell des Projekts 671 (»Victor I«-Klasse). U-Schiffe dieses Projekts wurden von 1967 bis 1974 in Sewerodwinsk gebaut

Mitte: Modell des Projekts 671 RMT (»Victor III«)

Unten: Modell des Projekts 705 (»Alfa«-Klasse)

2. Die zweite Generation der sowjetischen Atom-U-Boote

Die Hauptdimensionen und die relativen geometrischen Parameter ließen die beste Fahrfähigkeit des Entwurfs in Unterwasserlage erwarten. Auf den ersten Blick ähnelten sich die Schiffe der *Projekte 627A* und *671* nicht.

Im vergrößerten Durchmesser des Druckkörpers waren die erste und zweite Abteilung vereinigt, mitsamt der Torpedobewaffnung und der Akkumulatoren-Batterie, mit den Hilfsanlagen und einer umfangreichen hydroakustischen Apparatur.

Im Unterschied zum *Projekt 627* wurde beschlossen, an Bord der neuen Schiffe eine Kernkraftanlage mit einem Turbinensatz und zwei Reaktoren zu verwenden. Der Chefkonstrukteur des Projekts war gezwungen, die Führung der Seestreitkräfte und das Ministerium für Schiffbau von der Fortschrittlichkeit dieser technischen Lösung zu überzeugen. Nach Überwindung einiger Hemmnisse wurde dafür eine »Ausnahmegenehmigung« erteilt.

Die doppelte Reaktoranlage, die den Dampf für eine Turbine erzeugte, sicherte den für ein UAW-Schiff erforderlichen Leistungsüberschuß zum Erreichen einer hohen Geschwindigkeit im Manöverkampf. Außerdem garantierten zwei Reaktoren eine hohe Sicherheit bei längeren Einsätzen unter dem Polareis. Somit entschied man sich für eine kompakte dampferzeugende Anlage mit zwei nebeneinander stehenden Reaktoren, die eine relativ große Leistung in bezug auf das Gewichts- und Volumenverhält-

Hier ein Atom-U-Boot des Projekts 671. Es trug den Namen »50. Jahrestag der UdSSR«. Aufn. 1976

Bei diesem Boot werden in langsamer Fahrt die ausgeschwenkten Tiefenruder sichtbar. Das U-Schiff läuft mit dem dieselelektrischen Hilfsantrieb

Atom-U-Boot des Projekts 671 (»Victor«-Klasse)

nis abgab. Der Tank des Wasser-Eisen-Schutzes diente gleichzeitig als Fundament. Zwei Reaktoren mit Verdampfer, zwei Kondensatoren mit verdoppeltem Zubehör an Kreislauf-, Kondensations- und Speisepumpen steigerten wesentlich die Sicherheit und Lebensfähigkeit der Gesamtanlage des ganzen Schiffes.

Der Elektroenergieversorgung dienten zwei je 2 000 kwt-leistende Dreiphasen-Wechselstrom-Turbogeneratoren sowie zwei Batteriegruppen. Als Reserveantrieb waren zwei Gleichstrom-E-Maschinen zu je 375 PS (275 kW) vorhanden, die auf zwei kleinen Schrauben arbeiteten.

Mit dem angenommenen Schema der Antriebsanlage konnte die Vortriebsleistung um rund 30 Prozent im Vergleich zu den üblichen Zweiwellenschiffen gesteigert werden. Die Turbinenanlage und beide Turbogeneratoren wurden in einer Abteilung angeordnet. Mit dieser und anderen Maßnahmen gelang es die relative Länge des Schiffes zu reduzieren, das heißt, seine Verdrängung und die benetzte Fläche wurden kleiner. Das U-Schiff des *Typs 627* hatte eine um 30 Prozent geringere Wasserverdrängung als ein Schiff des *Typs 671*. Und doch hatten beide Schiffe eine gleich große benetzte Fläche. Es ist auch wichtig, daß der Admiralitätskoeffizient, der das Verhältnis zwischen der Antriebsleistung und der Wasserverdrängung eines Schiffes kennzeichnet, beim neuen Schiff doppelt so groß war wie beim *Projekt 627* und einen ähnlichen Wert erreichte wie eingesetzte amerikanische Atom-U-Boote.

Der Druckkörper des Schiffes war aus einer neuen Stahlsorte hergestellt worden. Die flachen Querschotten konnten einen Druck bis zu 10 kg/cm^2 aushalten. Für die Konstruktion der Außenhaut und der Stabilisatoren wurde magnetarmer Stahl verwendet. Der Turm war aus einer Aluminiumlegierung, der Sonardom und die Ruder bestanden aus Titan.

Schwierige Probleme bereiteten den Konstrukteuren der schlanke Heckteil, der auf engem Raum zahlreiche Antriebe und Übertragungswellen aufnahm. Außerdem gingen hier die Holme der Tiefen- und Seitenflossen hindurch und zudem stand das Heck unter der Einwirkung starker statischer und dynamischer Belastungen. Die zusätzliche Belastung durch Unterwasserexplosionen mußte obendrein ins Kalkül gezogen werden. Diese Aufgabe ist sehr originell und dabei sehr einfach gelöst worden.

Eine weitere Verbesserung der Lebens- und Arbeitsbedingungen für die Besatzung wurde dank des Einbaus neuer Belüftungs- und Luftreinigungssysteme, Sanitäranlagen und Lumineszenzbeleuchtung, einer günstigeren Anordnung der Offizierskammern und Mannschaftsräume erreicht. Das trug auch zur Steigerung der Seeausdauer der Schiffe bei.

Die Hauptwaffe des *Projekts 671* bildeten 533-mm-Torpedos. Das Boot war mit einer Schnelladeanlage versehen. Die Torpedos lagerten in den Ausstoßrohren und in Gestellen der Torpedo-Abteilung. Die T-Rohre waren im Oberteil der Abteilung in zwei horizontalen Reihen angeordnet. Darüber befand sich in der Mittschiffsebene eine Torpedoladeluke und vor ihr im Bug eine Ladeschale mit Schutzplatten. Durch diese Vorrichtung konnten die Beladungsvorgänge bedeutend beschleunigt werden. Alle Vorgänge verliefen mit Fernbedienung: Die Torpedos wurden mit Hilfe eines hydraulischen Antriebs in die Abteilung hineingezogen und in die Gestelle bzw. in die Rohre befördert.

Eines der letzten Boote dieses Typs (*Projekt 671W*) wurde zum ersten Mal mit U-Jagdraketen bewaffnet. Es wurde auch erwogen, die Anlagen für das Minenlegen bei einer Geschwindigkeit von 6 kn zu verwenden.

Die Länge der Hydraulikrohrleitungen zur Fernbedienung in der ersten Abteilung entsprach der Gesamtlänge des Hydrauliknetzes beim *Projekt 627*. Anzumerken bleibt, daß es gelang, auf diesem Schiff eine relative Einfachheit der Bedienung optimal mit der automatisierten Steuerung aller Anlagen und Mechanismen zu verbinden. Eine manuelle Steuerung wurde zusätzlich für den Notfall beibehalten.

Das Schiff war mit einem neuen Sonarkomplex ausgestattet, der durch die Verwendung einer Antenne mit größerem Durchmesser eine größere Reichweite hatte. Für die Kursberechnung und die Koppelnavigation verfügte man über ein Navigationssystem mit verbesserter Genauigkeit der Standortbestimmung und längerer Datenspeicherung. Es wurden auch die Sicherheit und Reichweite der Fernmeldeverbindungen wesentlich gesteigert.

Im Vergleich mit den Atom-U-Schiffen der ersten Generation hatten die Schiffe des *Projekts 671* außer einer größeren Geschwindigkeit und Tauchtiefe auch eine bessere Elektronik, Bewaffnung und Ausrüstung.

Während des Baus erschien in der Admiralitätswerft die erste Besatzung mit ihrem ersten Kommandanten, Kapitän II. Ranges Je. D. Tschernow, zur Baubelehrung. In einer »weißen« Nacht im Juli 1966 verließ das Schiff die Helling und zwölf Monate später war das Standprobeprogramm erfüllt. Das Schiff wurde in einem Transportdockschiff über den Belomor-Kanal zum Weißen Meer befördert. Der Probelauf geschah in Sewerodwinsk und bald danach kam eine Kommission für die Abnahmeerprobung an Bord. Während der staatlichen Erprobung hat das Nullschiff des *Projekts 671* drei Rekorde aufgestellt, in der Unterwasserhöchstgeschwindigkeit, der Tauchtiefe und der Tiefe des Waffeneinsatzes. Dem Schiff wurde eine glänzende Manövrierfähigkeit bescheinigt.

Am 5. November 1967 unterschrieb die Regierungskommission mit dem berühmten Admiral G. I. Schtschedrin an der Spitze das Abgabeprotokoll.

Der *Typ 671* wurde zum Stammvater einer Reihe von Atom-U-Schiffen, deren Bau sich bis zum Beginn der 90er Jahre fortsetzte. 1963 wurde mit den Projektierungsarbeiten begonnen, am 30. Dezember 1972 wurde das Nullschiff des *Projekts 671RT (»Victor II«)* der Seekriegsflotte übergeben. Die Entwicklung der Schiffe erfolgte unter der Leitung von Chefkonstrukteur G. N. Tschernyschew in SPMBM »Malachit«. Zwei Werke in Gorki (»Krasnoje Sormowo«) und in Leningrad (Admiralitätswerft) führten den Serienbau aus.

Im Verlaufe der Jahre von 1972 bis 1978 wurden sieben U-Schiffe des *Projekts 671RT* gebaut. Im Vergleich zu den Schiffen der 671-Reihe hatten die »RT«-Einheiten stärkere Bewaffnung und modernere Ausrüstung. Ihre Wasserverdrängung erhöhte sich bis auf 4 300 t. *671RT* war das erste Serien-U-Schiff, das mit 650-mm-T-Rohren und neuen Raketen- und Langstreckentorpedos bewaffnet war. Das erweiterte seine Einsatzmöglichkeit bezüglich der Bekämpfung gegnerischer Raketen-U-Kreuzer und -Überwasserschiffe auf dem ozeanischen Kriegsschauplatz.

Es erwies sich als erforderlich, das akustische Feld des U-Schiffes weiter zu verringern. Aus diesem Grunde wurden die Turbinenanlagen und die Turbogeneratoren samt ihrer Hilfsmechanismen, gewissermaßen als ein einheitlicher Aggregatekomplex auf einen Rahmen mit doppelt wirkender Schwingungsdämpfung aller Befestigungen installiert. Dank dieser und anderer Maßnahmen des akustischen Schutzes gelang es den Geräuschpegel des *Projektes 671RT* gegenüber den Werten der Basisversion entscheidend zu verringern. Der Geräuschpegel der Atom-U-Boote wurde zum wichtigsten Problem bei der Entwicklung neuer U-Schiffe.

Die Kapazität des Diesel-Generators steigerte man von 200 auf 460 kW. Im Notfall, bei der Abkühlung beider Dampferzeugeranlagen im Meer, konnte er dem U-Schiff das Fahren in Sehrohrlage ermöglichen bzw. das Nachladen der Batterien in Schnorchellage gestatten.

Die Anordnung einer stärkeren Bewaffnung an Bord des Schiffes, der Einbau von modernen Feuerleitsystemen und die veränderte Aufstellung und Gliederung der Kraftanlage zogen die Vergößerung des Außendurchmessers des Rumpfes um 0,1 bzw. 0,5 m und seine Verlängerung um 8,8 m nach sich. Die Wasserverdrängung steigerte sich um fast 800 t, zugleich verringerte sich die Dauergeschwindigkeit um einen Knoten.

Parallel zum Serienbau von Mehrzweck-Atom-U-Booten unternahmen die UdSSR und die USA in den 60er und 70er Jahren alternative Versuche zur Verbesserung der taktisch-technischen Daten solcher Schiffe. In den USA wurde dies bei dem U-Boot SSN-671 »Narwhal« durch den Einbau eines Reaktors mit natürlicher Zirkulation des Wärmeträgers statt Pumpen versucht. Reaktorpumpen erzeugen in der Regel starke Geräusche. Auf dem Atom-U-Boot SSN-685 »Glenard P. Liskomp« testete man die Möglichkeiten eines turbo-elektrischen Antriebs. In der UdSSR bemühten sich die Konstrukteure auch durch die Verwirklichung neuer Ideen weitere Leistungssteigerungen zu erzielen. In dieser Hinsicht gelang es mit dem *Projekt 705* wesentlich voran zu kommen.

Die Entwicklung der Atom-U-Schiffe mit dieser Codebezeichnung gestaltete sich zu einer der glanzvollen Seiten in der Geschichte des damaligen SKB-143, des späteren SPMBM »Malachit«. Der Erfolg dieses Teams, das kurz zuvor das erste Atom-U-Boot der UdSSR geschaffen hatte, verlieh den Projektanten unter Leitung von

Wladimir Peregudow neuen Auftrieb und bestärkte sie in dem Wunsch, weitere komplizierte und fortschrittliche Probleme zu lösen. In dieser Zeit wurde A. B. Petrow zur Schlüsselfigur in der Projektierungsabteilung des SKB-143. Er besaß ein außerordentliches Gespür für alles Neue, eine Begabung, die bei ihm an Phantastik grenzte. Petrow und seine jungen Kollegen schlugen der Marineführung den Entwurf eines qualitativ neuen kernkraftgetriebenen U-Bootes mit einer Wasserverdrängung von nur 1 500 t vor. Das sah ganz phantastisch aus, zumal der Erstling des sowjetischen Atom-U-Boot-Baus K-3 »Leninski Komsomol« *(Typ 627)* eine mehr als doppelt so große Wasserverdrängung hatte.

Petrow schlug vor, das Boot nur mit einem Einhüllenrumpf, einem Reaktor und einer Schraube zu entwerfen, für die Konstruktion Titanlegierungen zu verwenden und das Schiff fast vollautomatisch zu bedienen. Durch die Verringerung der Besatzung konnten wesentliche Flächen und Räume gespart werden.

Ende der 50er Jahre war die Verwirklichung solcher Ideen sehr problematisch, aber Peregudow, ein genialer Chefkonstrukteur, erkannte die Grenze zwischen Utopie und technischem Risiko. Er nahm die Verantwortung auf sich und bildete eine spezielle Gruppe für die Erforschung dieses Problemkreises.

Im Juni 1959 wurde der Entwurf von A. B. Petrow auf der Sitzung des technischen Rates erstmals vorgestellt. Die Idee der Schaffung eines kleinen automatisierten Atom-U-Bootes mit einer Besatzung von 15 bis 17 hochspezialisierten Offizieren erhielt die Zustimmung des Schiffbauministers, Boris Butoma, und des Oberbefehlshabers der Seekriegsflotte, Admiral Sergej Gorschkow. Das Staatliche Komitee für Schiffbau beschloß, die Arbeiten an dem *Projekt 705* zu beginnen. An Stelle von A. B. Petrow wurde aber M. G. Russanow als zuständiger Chefkonstrukteur ernannt, der große Erfahrungen besaß. Wladimir Peregudow konnte schon nicht mehr aktiv in die Arbeit einbezogen werden, weil er schwer erkrankt war.

Im Mai 1960 wurde Russanow nach Moskau gerufen, wo er noch einmal die Vorteile des Projekts verteidigen sollte. Führende Militärs stellten in erster Linie die Sicherheit der Kraftanlage in Zweifel. Die Unterstützung durch Admiral Sergej Gorschkow bewirkte am 23. Juni den Erlaß eines Regierungsbeschlusses, wonach das SKB-143 einen Vorentwurf bis zum Ende desselben Jahres vorzulegen habe.

Das Schiff des *Projekts 705* war für die Bekämpfung gegnerischer U-Boote beim Verlassen ihrer Stützpunkte, beim Einsatz auf den Seewegen und bei der Einnahme von Positionen des möglichen Waffeneinsatzes gegen die sowjetische Küste vorgesehen. Darüber hinaus sollte es Überwasserschiffe in allen erreichbaren Seegebieten angreifen. Man plante, eine große Serie von hochmobilen, komplex automatisierten Jagd-U-Schiffen mit extrem kleiner Besatzung sowie modernster Bewaffnung und Ausrüstung zu schaffen. Der Rumpf dieser Schiffe sollte völlig aus Titanlegierungen bestehen. Als Kraftanlage waren Kernreaktoren mit Flüssigmetall als Wärmeträger vorgesehen.

Für die Konstrukteure der SKB-143 ergaben sich außerordentlich komplizierte Aufgaben. Nach ersten Berechnungen und Untersuchungen, die unter der Leitung der Akademiemitglieder A. P. Alexandrow, W. A. Trapeznikow, A. G. Iosifjan und A. I. Leypunski durchgeführt wurden, entstanden die Grundrichtungen für die Aufgabenstellung des Skizzenprojektes:

S. G. Gorschkow. Von 1956 bis 1985 Oberbefehlshaber der Sowjetischen Seekriegsflotte

– Das Schiff soll eine Wasserverdrängung von rund 1 500 bis 2 000 t besitzen;
– für die Rumpfkonstruktion und für die verschiedenen Schiffssysteme und Anlagen werden Titanlegierungen verwendet;
– für das *Projekt 705* ist eine neue Kraftanlage zu entwickeln – mit einem leistungsfähigen Reaktor mit Flüssigmetall als Wärmeträger und einem Wärmeaustauscher großer Kapazität mit gesteigerten Dampfparametern;
– das Schiff soll Einschraubenantrieb erhalten;
– es sind neue technische Ausrüstungen und Kampfmittel zu entwickeln, die im Vergleich zu früheren Mustern 50 Prozent der Dimensionen und Massen erreichen;
– alle Waffen- und Schiffssysteme werden vom Hauptführungspult der Kommandozentrale mittels einer zentralisierten Fernlenkung bedient;
– Reduzierung der physikalischen Felder des Schiffes und gleichzeitige Steigerung der Schockfestigkeit aller Anlagen und Aggregate durch die Anwendung neuester konstruktiver Lösungen (Automatik);
– der Sicherheitsgrad der Ausrüstung muß so bemessen sein, daß ihr wartungsfreier Betrieb während eines ganzen Seetörns gewährleistet ist.

Die 1961 begonnene Entwicklung zeigte bald, daß die wirkliche Wasserverdrängung des Schiffes 2 500 t erreichen wird. Im Verlaufe der Jahre 1961 bis 1963 entstanden die Skizzen und technischen Entwürfe. Aus ihnen wurde ersichtlich, daß die gestellten Forderungen erfüllt werden konnten. Die Bewaffnung bestand aus einem automatisierten Raketen-Torpedokomplex, der mehrere Anlagen umfaßte. Im Bug waren sechs 533-mm-T-Rohre mit pneumatisch-hydraulischer Bedienung angeordnet, die im gesamten, zulässigen Tiefenbereich einsatzfähig waren.

Durch zahlreiche Windkanalversuche im ZAGI wurden optimale strömungsgünstige Formen des Rumpfes ermittelt. Dies war ein besonderer Verdienst von Frau Dr. L. W. Kalatschewa, die im SKB-143 als Leiterin der Dynamikabteilung wirkte, sowie der ZAGI-Fachleute Frau Dr. I. B. Fedorowa und Dr. A. W. Sharinow. Dank ihrer Arbeit wurde das U-Schiff sehr manövrierfähig, schnell und handlich in der Steuerung.

Zur Darstellung der Über- und Unterwasserlage und für die Zielzuweisung wurde das Schiff mit einem komplett automatisierten hydroakustischen System des Typs »Okean« und mit einer Schallortungsstation »Jennisej« ausgestattet, deren Entfernungsmesser die Möglichkeit hatte, die Ziele im Breitbandverfahren oder in bestimmten Sektoren aktiv zu suchen. Die automatisierte Datenverarbeitung führte zu einer raschen Steigerung der Kapazität des Systems. Dazu trug auch die Optimierung des Schallortungskanals bei.

Die elektronische Ausrüstung bestand aus einem automatisierten Navigationssystem »Sosh«, zu dem drei Radaranlagen, die Funkmeßortungsstation »Tschibis«, ein Suchradar und eine Luftraumbeobachtungsstation »Buchta« gehörten. Zum ersten Mal wurde ein sowjetisches U-Schiff statt mit einzelnen Funkanlagen mit einem kompletten automatisierten Fernmeldesystem des Typs »Molnija« ausgerüstet. Für die Einsatzführung des Schiffes stand ein Informations- und Gefechtsführungssystem des Typs »Akkord« zur Verfügung.

Die Verwendung von Titanlegierungen in der Rumpfkonstruktion und von anderen magnetarmen Baustoffen bei der Herstellung der Ausrüstung verringerte das Aufspüren des Schiffes durch entsprechende Suchgeräte. Die Tauchtiefe konnte bis auf 750 m erhöht werden.

Die Kernkraftanlage des *Projekts 705* bestand aus dem Dampferzeuger mit einem Reaktor mit Flüssigmetall-Wärmeträger und einer einwelligen Dampfturbinenanlage. Die dampferzeugende Anlage wurde in zwei Varianten entwickelt. Die erste, BM-40/A genannt, wurde im OKB »Gidropress« unter der Leitung von Chefkonstrukteur W. W. Stekolnikow konstruiert. Die andere Anlage hatte die Bezeichnung OK-550 und wurde im OKB für Maschinenbau in Gorki von I. I. Afrikantow entworfen. Die BM-40/A war ein Monoblock mit jeweils zwei Sektionen, Dampfmagistralen und Kreislaufpumpen. Die OK-550 war im wesentlichen ähnlich, hatte aber jeweils Pumpen und Dampfmagistralen. Die letztere ist auf den Schiffen des *Projekts 705* eingebaut worden, während der Anlagentyp BM-40/A an Bord der »705K« installiert wurde.

Für die Turbinenanlage war Chefkonstrukteur W. I. Kirjuchin des in Kaluga ansässigen Werks verantwortlich.

Den »Druckwasser«-Reaktoren der zweiten Generation war die Flüssigmetallanlage in mehrfacher Hinsicht überlegen. Die mit Flüssigmetall (z. B. Natrium) gekühlten Reaktoren lieferten eine etwa um das Doppelte höhere Energieausbeute bei anderthalbfach geringerem Volumen. Dieser Reaktortyp gilt auch sicherer als die üblichen Druckwasseranlagen, ist aber schwieriger zu warten und erfordert gründlicher ausgebildetes Personal. Die Verwendung des Flüssigmetall-Wärmeträgers machte es erforderlich, die Dampfanlage ständig im heißen Zustand zu halten, was zum schnelleren Verbrauch des Kerntreibstoffes führte. Außerdem war es notwendig, zum Zwecke der Einhaltung der strengen Forderungen an die Stabilität der physikalisch-mechanischen Eigenschaften des Wärmeträgers spezielle vorbeugende Maßnahmen gegen das Oxydieren der Legierung sowie ihre periodische Analyse und Erneuerung durchzuführen. Andererseits gelang es dank des Flüssigmetall-Wärmeträgers eine kompakte Dampfanlage in einem Block zu bauen. Sie wurde aus Titanlegierung hergestellt, war hochwirtschaftlich und automatisiert. Das Schiff erreichte bei der Erprobung eine Geschwindigkeit von 40 kn.

Für das *Projekt 705* wurde ein Wechselstromnetz mit einer Spannung von 380 V und einer Frequenz von 400 Hz installiert. Es wurde von zwei unabhängigen Turbogeneratoren mit einer Leistung von je 1 500 kW gespeist. Die Verwendung der hohen Frequenz führte zur Reduzierung der Masse und der Dimensionen der E-Aggregate und sparte insgesamt rund 100 t Wasserverdrängung ein.

Als Reservestromquelle diente an Bord des Schiffes ein 500 kW leistender Dieselgenerator und eine Batterien-Gruppe. Sie versorgte zwei Reservemotoren von je 100 kW, die in Gondeln an den Enden der Tiefenruderflossen angeordnet waren.

Größte Aufmerksamkeit wurde der Verminderung des Geräuschpegels geschenkt. Zum ersten Mal in der Praxis des sowjetischen Schiffbaus kam eine doppelt wirkende Dämpfung der gesamten Dampfturbinenanlage zur Anwendung. Besonders geräuschreiche Aggregate standen auf pneumatischen Dämpfern. Darüber hinaus wurden

---

Modelle des Projekts 705 (»Alfa«), Projekt 671 (»Victor I«), Projekt 629 (»Golf I«), Projekt 661 (»Papa«), Projekt 671 RMT (»Victor III«), Projekt A (»November«), von links nach rechts

verschiedene akustische Schutzschichten aufgebracht. Trotzdem gelang es mit allen diesen Maßnahmen noch immer nicht, das Problem der starken Geräuscherzeugung und -abstrahlung in vollem Maße zu bewältigen. Besonders negativ wirkte sich die Energieausrüstung aus, da in diesem Bereich viele Aggregate mit hohen Drehzahlen arbeiteten und innere Schallquellen existierten. Auch das dichte Netz der Rohrleitungen trug zu der Negativbilanz bei.

Ein hoher Grad an Automatisierung und Zentralisierung der Schiffsführung und Waffenleitung erbrachte im Verein mit anderen Vorteilen des *Projekts 705* die Möglichkeit, die Besatzungsstärke im Vergleich zu den Schiffen der *zweiten Generation* auf etwa ein Drittel herabzusetzen. Während des praktischen Einsatzes sah man sich gezwungen, eine größere Anzahl von Spezialisten der verschiedenen Laufbahnen in die Besatzung einzugliedern. Das Schiff hatte ein komplettes System zur automatisierten Steuerung des Dampferzeugers, des E-Systems und verschiedener Schiffssysteme, insbesondere die Teilsysteme der Programm-, der Selbst-, der Fern- und Notsteuerung der Fahrt- und Tauchbewegungen des Schiffes einschließlich seiner Stabilisierung in der Fahrtrichtung und Tauchtiefe.

Im *Projekt 705* wurde ein integrales Konzept der Sicherheit und der Rettung verwirklicht. Alle Gefechtsstationen und Wohnräume waren in einer Abteilung angeordnet, deren Schotten die gleiche Festigkeit wie der Druckkörper hatten. Im Notfall konnte die Mannschaft das sinkende Schiff durch eine Auftauchkammer verlassen. Eine solche Einrichtung zur kollektiven Rettung einer Besatzung wurde zum ersten Mal in der Welt verwendet.

Andererseits ist es aber nicht gelungen, die geforderten Daten für die Betriebssicherheit, die Nutzungsfristen, die Lebensdauer und die Reparatureignung der Anlagen und Ausrüstungen zu erreichen, so daß bei längeren Seetörns immer wieder technische Ausfälle und Pannen eintraten. Zum Beispiel: Die Lager der hochtourigen Elektroaggregate neigten zum Heiß- und Festlaufen, sie erforderten eine permanente Überwachung. Die im Projekt geforderte Wartungsfreiheit der allgemeinen Ausrüstung und der Bewaffnung konnte bei einer Fernfahrt nicht realisiert werden, sie erwiesen sich im nachhinein als irreal.

Der Versuch, in einem U-Schiff eine Anhäufung modernster technischer und wissenschaftlicher Errungenschaften unterzubringen, führte letztendlich zu wesentlichen Schwierigkeiten bei der Entwicklung des Schiffes. Der Bau des Versuchsmusters K-377, der 1964 in Leningrad bei der Neuen Admiralitätswerft auf Kiel gelegt worden war, kam erst 1971 zum Abschluß. Während der ersten Erprobungen im Weißen Meer kam es zu einer schweren Havarie an der dampferzeugenden Anlage. Trotzdem wurde das Schiff der Flotte übergeben. Bereits

Tabelle 14 Taktisch-technische Daten der Atom-U-Boote mit Raketen-Torpedobewaffnung

Typ bzw. Projekt	671	671RT	705
Wasserverdrängung/ getaucht (t)	3 500/4 870	4 250/5 670	2 300/3 610
Länge (m)	94,3	102,0	81,4
Breite (m)	10,6	10,6	10,0
Tiefgang (m)	7,3	6,6	7,6
Seeausdauer (Tage)	50	60	50
Kraftanlage	Kernreaktor, Dampfturbine	Kernreaktor, Dampfturbine	Kernreaktor, Dampfturbine
Leistung PS (kW)	1 x 31 000 (22 800)	1 x 31 000 (22 800)	1 x 40 000 (29 420)
Höchstgeschw. (kn)			
Über Wasser	10	10	11
Unter Wasser	31	31	41
Torpedobewaffnung			
T-Rohre	6 x 533	2 x 650, 4 x 533	6 x 533
Torpedovorrat	18	24	20
Besatzungsstärke	90	98	31
Abgabejahr des Nullschiffs	1967	1972	1971 (1977)

Tabell 15 Bau der Atom-U-Boote des Projekts 705

Serien-Nummer	Werknummer/Bauort	Kiellegung/Stapellauf	Übergabe an die Marine	Erster Kommandant
1	900/Leningrad	02. Juni 1968/22. April 1996	Dezember 1971	Kapitän I.Ranges A. S. Puschkin
2	905/Leningrad	22. April 1969/19. April 1978	September 1978	Kapitän I. Ranges A. F. Zagradski
3	910/Leningrad	25. Juli 1974/30. April 1981	Dezember 1979	Kapitän I. Ranges W. W. Grinkewitsch
4	915/Leningrad	26. Juni 1972/04. April 1976	Dezember 1981	Kapitän I. Ranges W. G. Bogomolow
5	105/Sewerodwinsk	26. Juni 1975/03. November 1977	Dezember 1977	Kapitän I. Ranges A.U. Abbasow
6	106/Sewerodwinsk	22. Dezember 1967/03. November 1977	Januar 1979	Kapitän I. Ranges W.S. Sidorenko
7	107/Sewerodwinsk	12. November 1967/21. September 1980	September 1981	Kapitän I. Ranges N. W. Wolkow

1972 geschah ein neuer Unfall, der die Reaktoranlage endgültig lahmlegte. Daraufhin wurde entschieden, eine Instandsetzung des Schiffes nicht vorzunehmen. 1974 ist es verschrottet worden.

Die folgenden Schiffe des *Projekts 705* wurden konstruktiv überarbeitet und in verschiedener Hinsicht verbessert. Im Verlaufe der Jahre 1977 bis 1983 wurden in Leningrad und Sewerodwinsk sechs Schiffe gebaut. Eine Einheit ist nicht fertiggestellt worden. Alle Schiffe des *Typs 705* bzw. *705K* stellte man von 1990 bis 1993 außer Dienst. Obwohl ihre Dienstzeit sehr kurz war, so stellten diese Schiffe für die Schiffbautechnik in der Sowjetunion/Rußland doch einen echten Fortschritt dar. Die Indienstnahme der *705er Serie* fand auch international starke Beachtung.

Als *zweite Generation* ihrer Gattung sind in der UdSSR insgesamt 29 Mehrzweck-Atom-U-Boote verschiedener Typen gebaut worden, und alle stammten aus dem SKB-143 (dem späteren SPMBM »Malachit«). Im Unterschied zu den strategischen U-Kreuzern mit ballistischen Fernraketen baute man Torpedo-U-Boote in dieser Periode nicht nur mit Kernantrieb, sondern auch in konventioneller Ausführung. Als Ablösung der U-Boote des *Projekts 641* (»*Foxtrot*«) entstanden 1972 bis 1982 in Gorki im Werk »Krasnoje Sormowo« 18 dieselelektrische Boote des *Projekts 641B* (»*Tango*«), das im Konstruktionsbüro »Rubin« unter Leitung von Chefkonstrukteur Ju. N. Kormilitsyn entworfen worden war. Das 2640 t verdrängende Boot besaß eine moderne Torpedobewaffnung und eine weiterentwickelte hydroakustische Ausrüstung.

Gleichzeitig wurden U-Boote in Leningrad in der Neuen Admiralitätswerft im Auftrag ausländischer Besteller hergestellt. 1967 bis 1969 bekam die indische Marine vier U-Boote des *Projekts I641* (»*Foxtrot mod.*«), deren Entwurf ebenfalls aus dem LPMBM »Rubin« stammte. Zwei von ihnen wurden 1976 bis 1979 in Wladiwostok nach dem *Projekt 1641M* modernisiert. 1972 bis 1983 sind in Leningrad außerdem 13 U-Boote des verbesserten *Projekts 1641K* für Indien, Kuba und Lybien gebaut worden.

Die Erweiterung des Aufgabenbereichs der sowjetischen Seekriegsflotte und die Weiterentwicklung der Marinetechnik zogen die Forderung nach neuen U-Boot-Typen für spezielle Zwecke nach sich. Dazu wurden einsatzreife Kampf-U-Boote umgebaut, zugleich aber auch ganz neue Konstruktionen entworfen.

1961 begann Chefkonstrukteur Je. W. Krylow mit der Entwicklung eines speziellen Zieldarstellungs-U-Bootes vom *Projekt 690* (NATO-Code »Bravo«). Dieser Arbeit waren zahlreiche Versuche mit umgerüsteten älteren U-Booten vorausgegangen, in deren Verlauf sich herausgestellt hatte, daß es unmöglich ist, mit den existierenden Konstruktionen die Sicherheit der Besatzung beim Einsatz moderner Wasserbomben und der bis zu zwei Tonnen schweren schnellaufenden Torpedos zu garantieren. 1967 bis 1969 sind in Komsomolsk am Amur vier U-Boote des *Projekts 690* der Seekriegsflotte übergeben worden.

1968 begannen die Konstrukteure des Speziellen Konstruktionsbüros »Sudoprojekt« mit der Entwicklung eines Rettungs-U-Bootes vom *Projekt 940 (»India«)*. Das Schiff hatte eine Wasserverdrängung von rund 3 860 t und zu seiner Rettungsausrüstung gehörten zwei spezielle Bergungsfähren *(Projekt 1837)*, mit deren Hilfe die Besatzung eines gesunkenen U-Bootes in den Grenzen der maximalen Tauchtiefe geborgen werden konnten. Zwei U-Boote des *Projekts 940* wurden 1976 bis 1979 in Komsomolsk am Amur gebaut, die Rettungs-Kapseln entstanden in Gorki im Werk »Krasnoje Sormowo«.

Es sind auch andere Projekte von Rettungs-U-Booten entwickelt worden, die aber nicht verwirklicht wurden, so zum Beispiel auf der Grundlage des Atom-U-Kreuzers vom *Projekt 667A*.

Längere Zeit hindurch ist versucht worden, Transport-U-Boote bzw. U-Schiffe zu entwickeln. 1964 bis 1965 beschäftigte sich der Chefkonstrukteur des ZKB-16, N. A. Kisilew, mit dem Skizzenprojekt 748, das ein kernkraftgetriebenes Landungs-U-Boot darstellte. Später, in den Jahren von 1967 bis 1974, entwickelte er das *Projekt 717* für ein kernkraftgetriebenes Landungs- und Transport-U-Schiff mit einer Wasserverdrängung von rund 18 000 t, das 1 200 t militärische Güter, beispielsweise 20 Schwimmpanzer und Panzerwagen, befördern sollte. Außer zur Beförderung von Landungstruppen plante man dieses Boot als Minenleger zu verwenden. *Das Projekt 717* blieb auf dem Reißbrett, das gleiche Schicksal hatten auch andere Entwürfe für U-Schiffe solcher oder ähnlicher Zweckbestimmung. Das letzte dieser Projekte trug

Modell des Projekts 717. Dieses U-Schiff entstand nur auf dem Reißbrett. Es sollte ein riesiges Landungs- und Transport-U-Schiff mir einer Wasserverdrängung von 18 000 t werden

die Bezeichnung 927 und war ein U-Tanker. Es wurde von N. A. Kisilew schon 1973 im SPMBM »Malachit« entwickelt.

Als Kriegsschiffe der sowjetischen Seekriegsflotte Ende der 60er Jahre mit ozeanischen Fernfahrten begannen, wurde die Sicherstellung von zuverlässigen Fernmeldeverbindungen zwischen ihnen und zwischen den Schiffen und den Führungsstellen an Land akut. Dazu wurden 1976 bis 1979 in Wladiwostok nach dem *Projekt 629P (»Golf I mod.«)* drei Raketen-U-Boote umgerüstet. Einige Zeit davor hatten Konstrukteure des ZKB »Rubin« den Vorschlag untersucht, ein Atom-U-Boot des *Projekts 659* in ein Relaisschiff (Typ 659R) zu verwandeln. Diese Studie blieb ebenfalls auf dem Papier wie viele Entwürfe, auf der Grundlage von kernkraftgetriebenen Raketenträgern Führungsschiffe zu bauen.

Für die Erprobung verschiedener technischer Systeme sind einige U-Boote des *Projekts AW611 (»Zulu V«)* umgebaut worden. So entstand 1969 in Sewastopol für die Erprobung eines funktechnisch-optisch-elektronischen Systems für die Astronavigation ein Spezialboot nach dem *Projekt AW611S*. 1974 hat man dieses Boot nach dem *Projekt AW611D* für die Erprobung einer Apparatur zur Messung von physikalischen Feldern im Rahmen der Forschungsthemen »Dnestr« und »Dnepr« erneut modifiziert.

Als Erprobungsträger für den hydroakustischen Komplex »Jennisej« und das Nachrichtenverbindungssystem »Tsunami« dienten zwei U-Boote der *Projekte AW611E* und *AW611C*. Gleichzeitig wurde in Kronstadt in Zusammenarbeit mit dem »Zwezdotschka«-Werk ein Boot nach dem *Projekt AW611K* für die Erprobung des kosmischen Navigationssystems »Schtyr-M« umgerüstet. Alle diese Entwürfe entstanden im SPMBM »Malachit«.

Ende der 70er Jahre sind auch einige Atom-U-Boote des *Projekts 658M* solchen Veränderungen unterzogen worden. Dagegen blieben Vorschläge, kernkraftgetriebene U-Boote der *Projekte 658, 675* und *667A* in Spezialschiffe umzurüsten, ohne Verwirklichung.

Raketen der U-Boot-Flotte

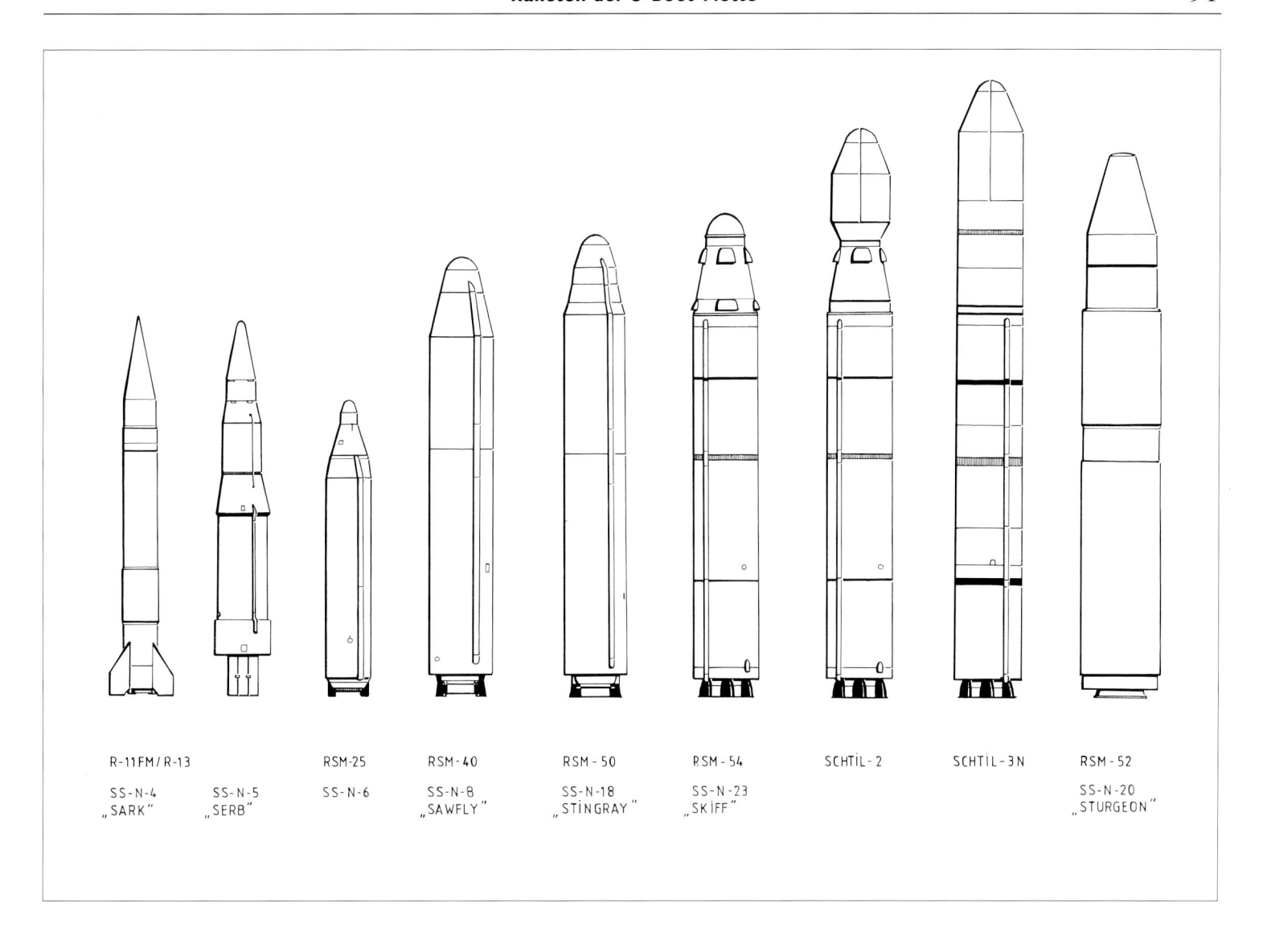

R-11FM/R-13		RSM-25	RSM-40	RSM-50	RSM-54	SCHTIL-2	SCHTIL-3N	RSM-52
SS-N-4 „SARK"	SS-N-5 „SERB"	SS-N-6	SS-N-8 „SAWFLY"	SS-N-18 „STINGRAY"	SS-N-23 „SKIFF"			SS-N-20 „STURGEON"

Raketen der sowjetischen U-Boot-Flotte

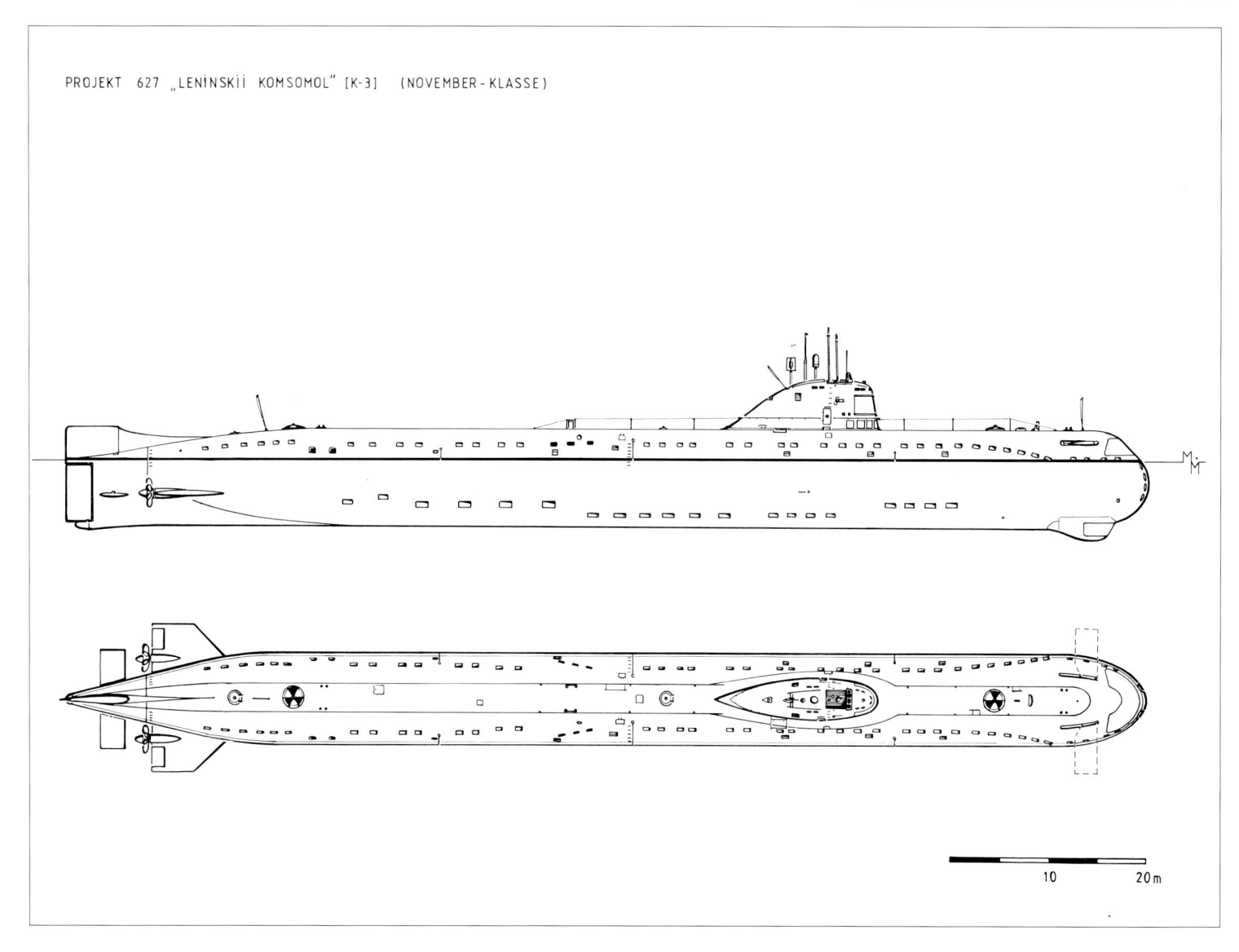

PROJEKT 627 „LENINSKIJ KOMSOMOL" [K-3] (NOVEMBER-KLASSE)

Projekt 627 »Kit« (November-Klasse)

13 Einheiten, Bau von 1958 bis 1963
Name des Typschiffs: »Leninski Komsomol« (K-3), weitere: »Leninets«, »Pioner«
Bauwerft: Sewerodwinsk
Erste sowjetische Schiffe mit nuklearem Antrieb überhaupt. 2 Einheiten im Konservierungszustand, 5 in Reserve, 1 Schiff (K-8) gesunken am 12.04.70 in der Biscaya
Tauchtiefe: 480 m
Verdrängung: 4 200/5 000 t
Abmessungen: 109,7 x 9,1 x 6,7 m
Bewaffnung: 8 Torpedorohre 533 mm (Kampfsatz 20 Torpedos)
Sensoren: 3 Radar, 2 Sonar aktiv/passiv und aktiv

Antrieb: 2 Reaktoren, 2 Dampfturbinen, 2 Schrauben, 30 000 PS (22 000 kW)
Geschwindigkeit: 30 kn
Besatzung: 86 Personen

Atom-Jagd-U-Boote mit Torpedobewaffnung

PROJEKT 671R „50 LET SSSR" (VICTOR I - KLASSE)

PROJEKT 671 RT (VICTOR II - KLASSE)

PROJEKT 671 RTM „SCHTSCHUKA" (VICTOR III - KLASSE)

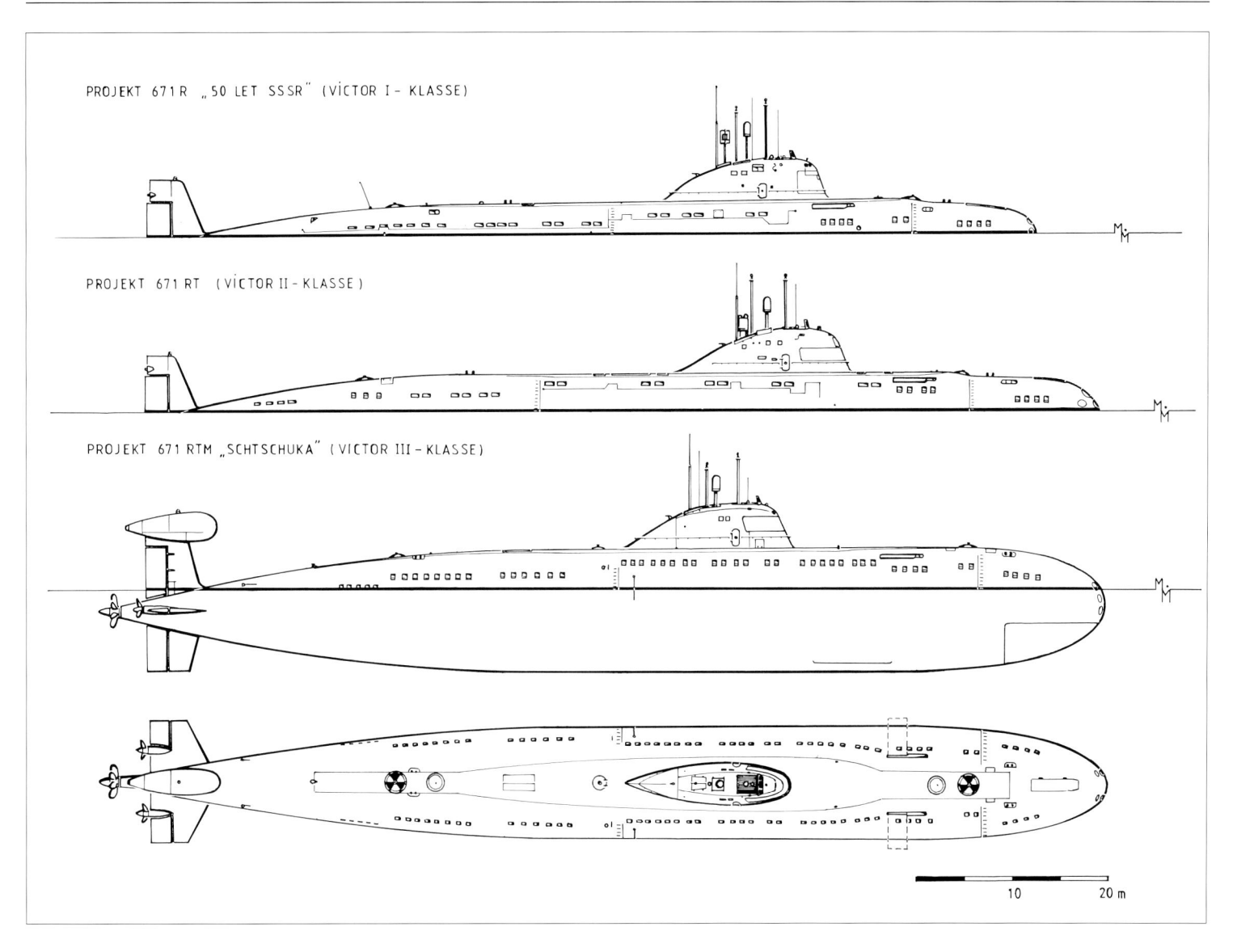

Projekt 671R (Victor I-Klasse)

16 Einheiten, 1965 erstes Boot gebaut, Bau der Serienboote von 1967 bis 1974
Name des Typschiffs: »50 Let SSSR«
Bauwerft: Sewerodwinsk
Boote der 2. Generation mit neuem Antriebskonzept, Antisonarbeschichtung
Tauchtiefe: bis 400 m
Verdrängung: 5 300 t
Abmessungen: 93 x 10 x 7 m
Bewaffnung: 6 Torpedorohre 533 mm (Kampfsatz 18 Raketentorpedos SSN-15)
Sensoren: 1 Radar, 2 Sonar
Antrieb: 2 Druckwasserreaktoren, 1 Dampfturbine, 1 Schraube und 2 Hilfsantriebe, 30 000 PS (22 000 kW)
Geschwindigkeit: 32 kn
Besatzung: 90 Personen

Projekt 671 RT (Victor II-Klasse)

7 Einheiten, Bau von 1972 bis 1978
Bauwerft: Admiralitätswerft Leningrad und Krasnoje Sormowo Gorki
Äußerlich wie Victor I, zusätzliche Minenkapazität
Tauchtiefe: bis 400 m
Verdrängung: 6 000 t
Abmessungen: 102 x 10 x 6,8
Bewaffnung: 6 Torpedorohe 533 mm (Kampfsatz 21 Raketentorpedos oder 36 Minen)
Sensoren: 1 Radar, 2 Sonar
Antrieb: 2 Druckwasserreaktoren, 1 Dampfturbine, 1 Schraube und 2 Hilfsantriebe, 30 000 PS (22 000 kW)
Geschwindigkeit: 30 kn
Besatzung: 100 Personen (davon 20 Offiziere)

Projekt 671 RTM »Schtschuka« (Victor III-Klasse)

24 Einheiten, Bau von 1978 bis 1985
Name des Typschiffs: »60 Let Schewstwa WLKSM«
Bauwerft: Komsomolsk am Amur (1. Boot), Admiralitätswerft Leningrad (Serienboote)
Verbesserte Victor II, Einhüllenboote
Tauchtiefe: bis 400 m normal, bis 600 m maximal
Verdrängung: 6 300 t
Abmessungen: 104 x 10 x 7 m
Bewaffnung: 6 Torpedorohre 533 mm (Kampfsatz 18 Raketentorpedos Typ SSN-15 oder SSN-16 AB oder Flügelraketen SSN-21)
Sensoren: 1 Radar, 2 Sonar
Antrieb: 2 Druckwasserreaktoren, 1 Dampfturbine, 1 Schraube und 2 Hilfsantriebe, 30 000 PS (22 000 kW)
Geschwindigkeit: 30 kn
Besatzung: 100 Personen

Atom-Jagd-U-Boote mit Torpedobewaffnung

PROJEKT 705 ZHMT „LIRA" (ALFA-KLASSE)

Projekt 705 ZHMT »Lira« (Alfa-Klasse)

6 Einheiten, 1970 Baubeginn für 1. Boot, Serienbau von 1979 bis 1983, 1. Boot/Prototyp soll 1974 verschrottet worden sein
Bauwerft: Sudomech Leningrad (1. Boot), Sewerodwinsk (Serienboote)
Einhüllenboot, Druckkörper aus Titanlegierungen, hoher Automatisierungsgrad, schnellste U-Schiffe der Welt!
Tauchtiefe: bis 760 m
Verdrängung: 3700 t
Abmessungen: 81,4 x 10 x 7,6 m

Bewaffnung: 6 Torpedorohre 533 mm für Raketentorpedos SSN-15 (Reichweite 20 sm, Nukleargefechtskopf 200 KT, Kampfsatz 20 Torpedos) oder 40 Minen
Sensoren: 2 Radar, 2 Sonar aktiv/passiv und aktiv
Antrieb: 2 Reaktoren mit Flüssigmetallkühlung, 1 Turboelektrogeneratorsatz, 1 Schraube, 47 000 PS (34 474 kW), 1 Hilfsdiesel
Geschwindigkeit: 45 kn
Besatzung: 40 Personen

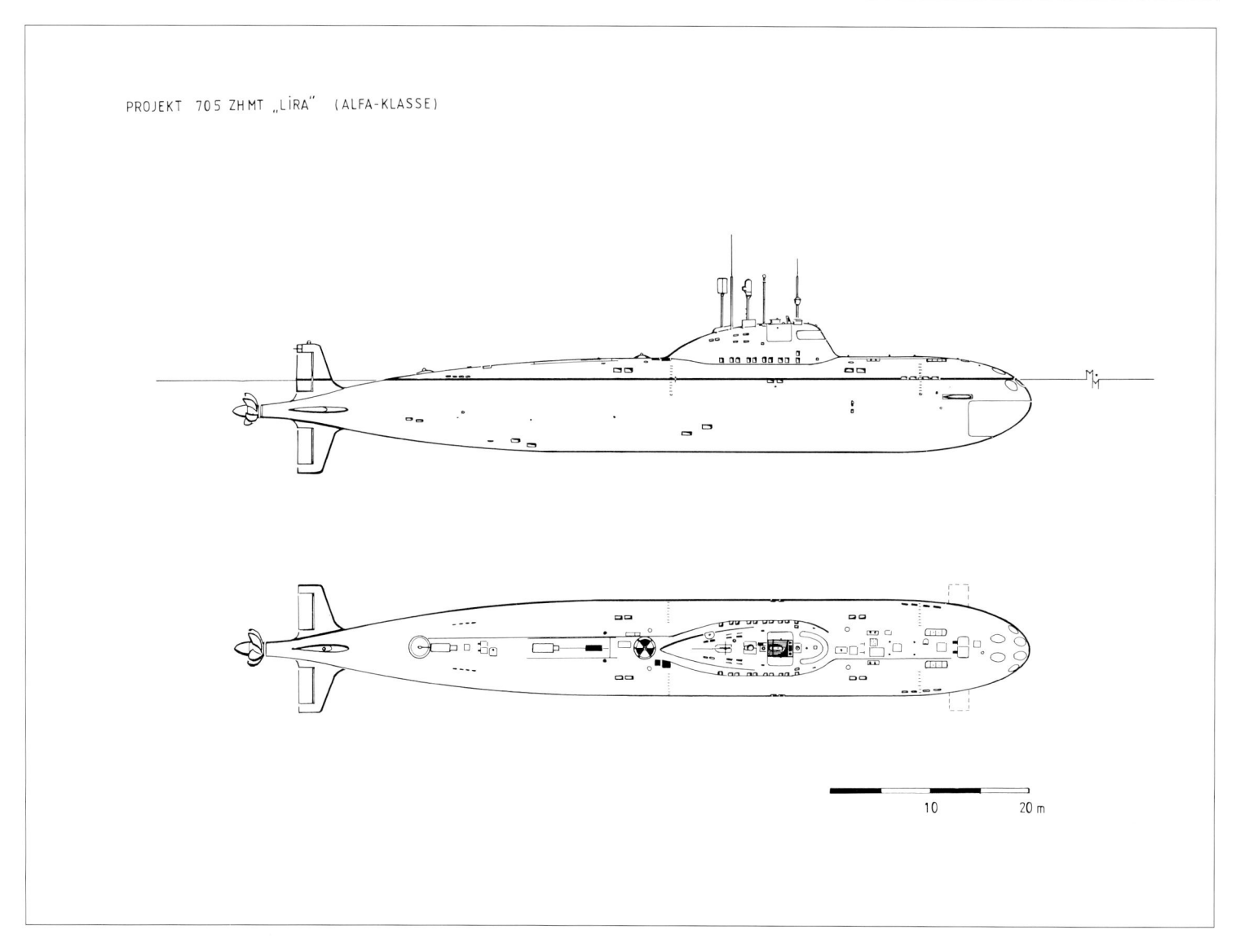

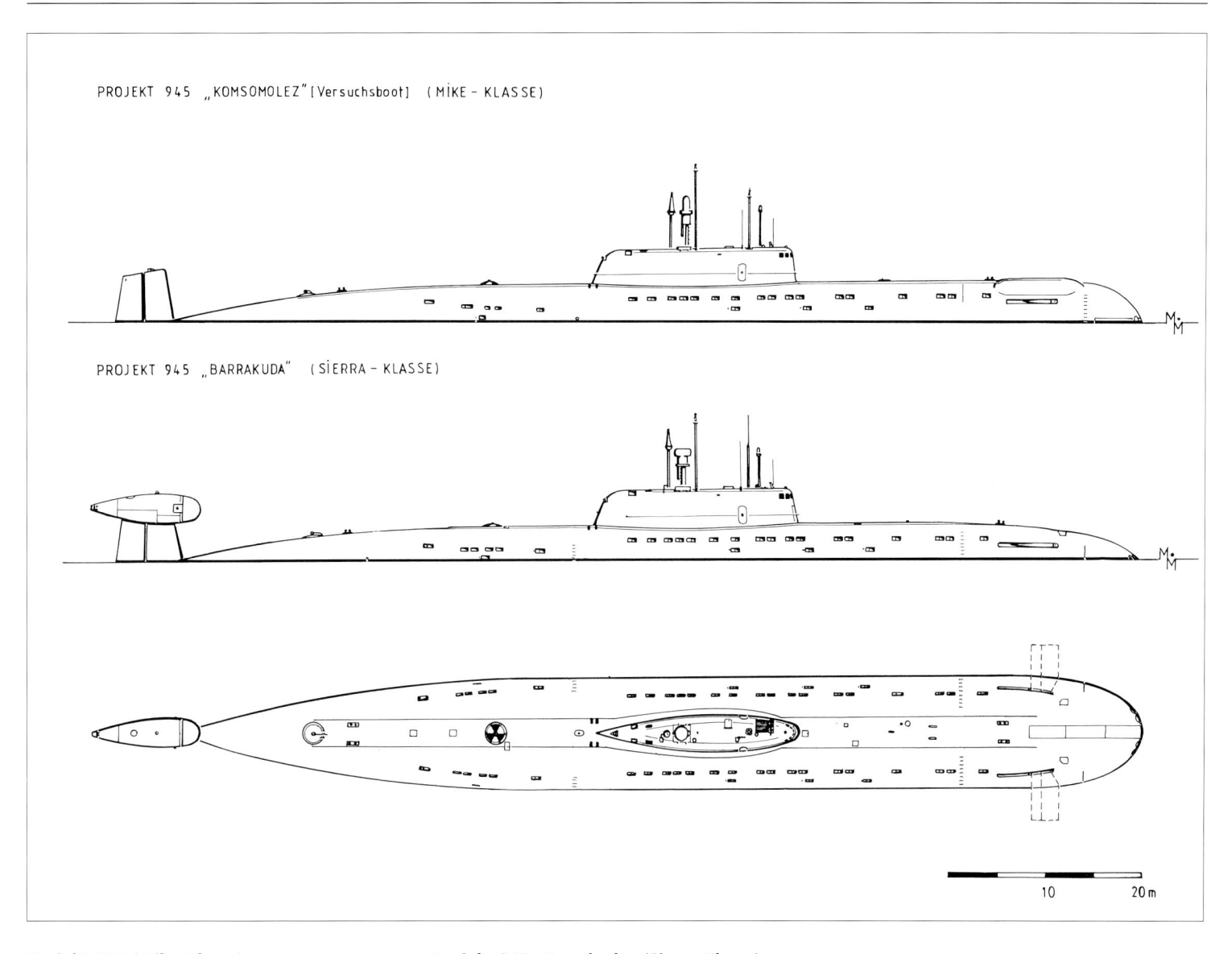

Atom-Jagd-U-Boote mit Torpedobewaffnung

PROJEKT 945 „KOMSOMOLEZ" [Versuchsboot] (MIKE - KLASSE)

PROJEKT 945 „BARRAKUDA" (SIERRA - KLASSE)

Projekt 945 (Mike-Klasse)

1 Einheit, 1983 gebaut
Schiffsname »Komsomolez«
Bauwerft: Prototyp/Versuchsboot mit Titanrumpf für Tauchtiefen bis 1 000 m, Treibgaserzeuger auf Pulverbasis zum Ausblasen der Tauchtanks in großer Tiefe,
Boot am 07.04.89 gesunken nach Feuer an Bord im Nordmeer
Verdrängung: 5 700 t
Abmessungen: 120 x 11 x 4,7
Bewaffnung wie Projekt 945 »Barrakuda« (Sierra-Klasse)
Antrieb: vermutlich 1 Reaktor mit Flüssigmetallkühlung

Projekt 945 »Barrakuda« (Sierra-Klasse)

3 Einheiten, Bau ab 1984, dauert an
Bauwerft: Krasnoje Sormowo Gorki (Rumpfbau), Sewerodwinsk (Ausbau)
7 Abteilungen,
Tauchtiefe: bis 550 m
Verdrängung: 7600 t
Abmessungen: 110 x 12,4 x 7,4 m
Bewaffnung: 6 Torpedorohre 533 mm, 2 Torpedorohre 650 mm für SSN-21, 60 Minen
Sensoren: 1 Radar, 2 Sonar aktiv/passiv und aktiv
Antrieb: 2 Druckwasserreaktoren, 3 Dampfturbinen, 1 Schraube, 40 000 PS (29 340 kW)
Geschwindigkeit: 35 kn
Besatzung: 100 Personen

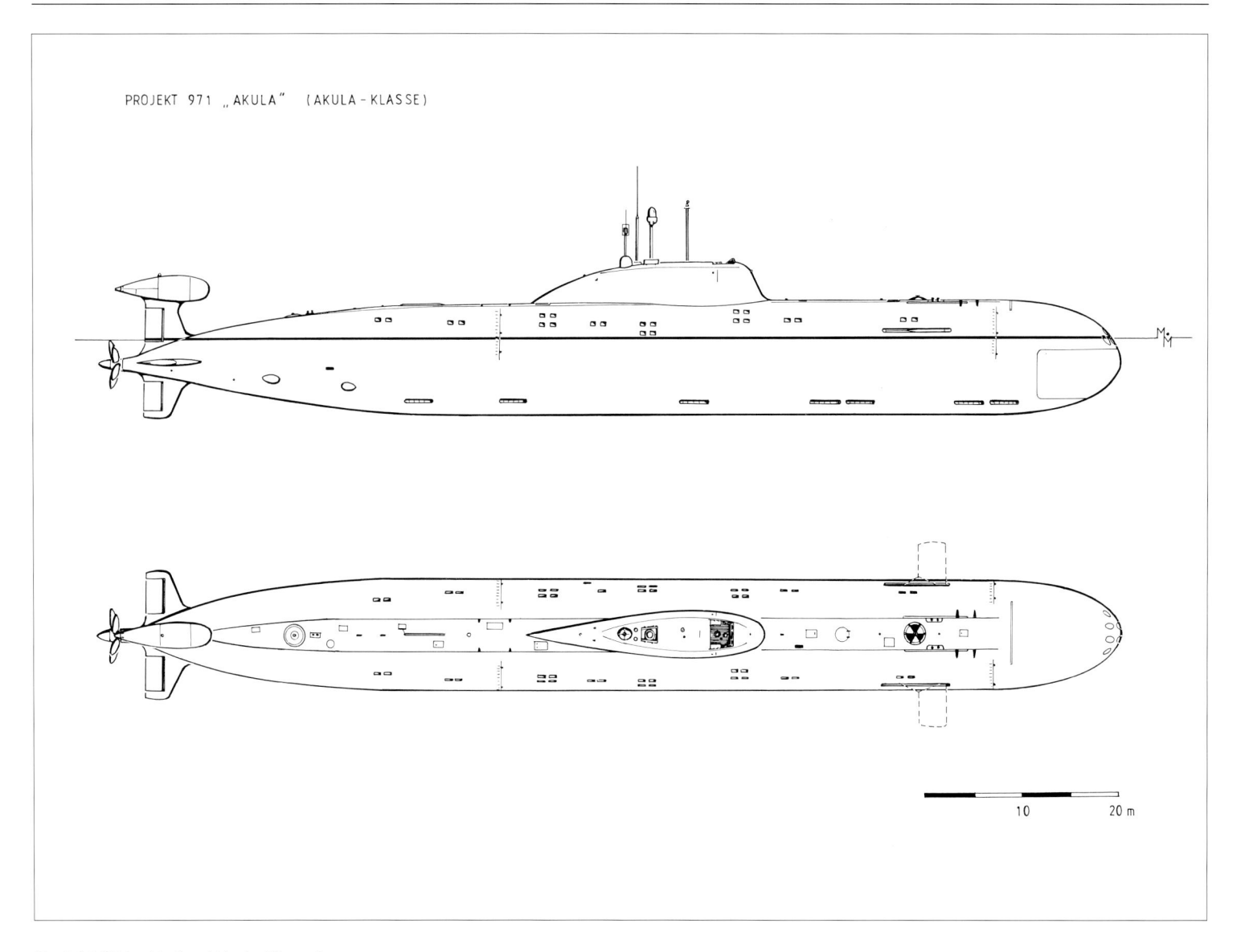

Projekt 971 »Akula« (Akula-Klasse)

7 Einheiten, Bau ab 1884, dauert an
Schiffsnamen: »Pantera«, »Bars«, »Jaguar«, »Leopard«, »Tigr«, »Roiss« und »Wolk«
Bauwerft: Komsomolsk am Amur, ab 5. Boot Weiterbau in Wladiwostok
Druckkörper aus Titanlegierung, derzeit leistungsfähigste Jagd-U-Boote
Tauchtiefe: bis 900 m
Verdrängung: 3 000 t
Abmessungen: 107 x 13 x 7,5
Bewaffnung: 6 Torpedorohre 533 mm (Kampfsatz 18 Torpedos), 2 Torpedorohre 650 mm für Raketentorpedos SSN-15, SSN-16 und Flügelraketen SSN-21

Sensoren: 1 Radar, 2 Sonar aktiv/passiv und aktiv
Antrieb: 2 Druckwasserreaktoren, 2 Dampfturbinen, 1 Schraube, 40 000 PS (29 340 kW)
Geschwindigkeit: 42 kn
Besatzung: 100 Personen

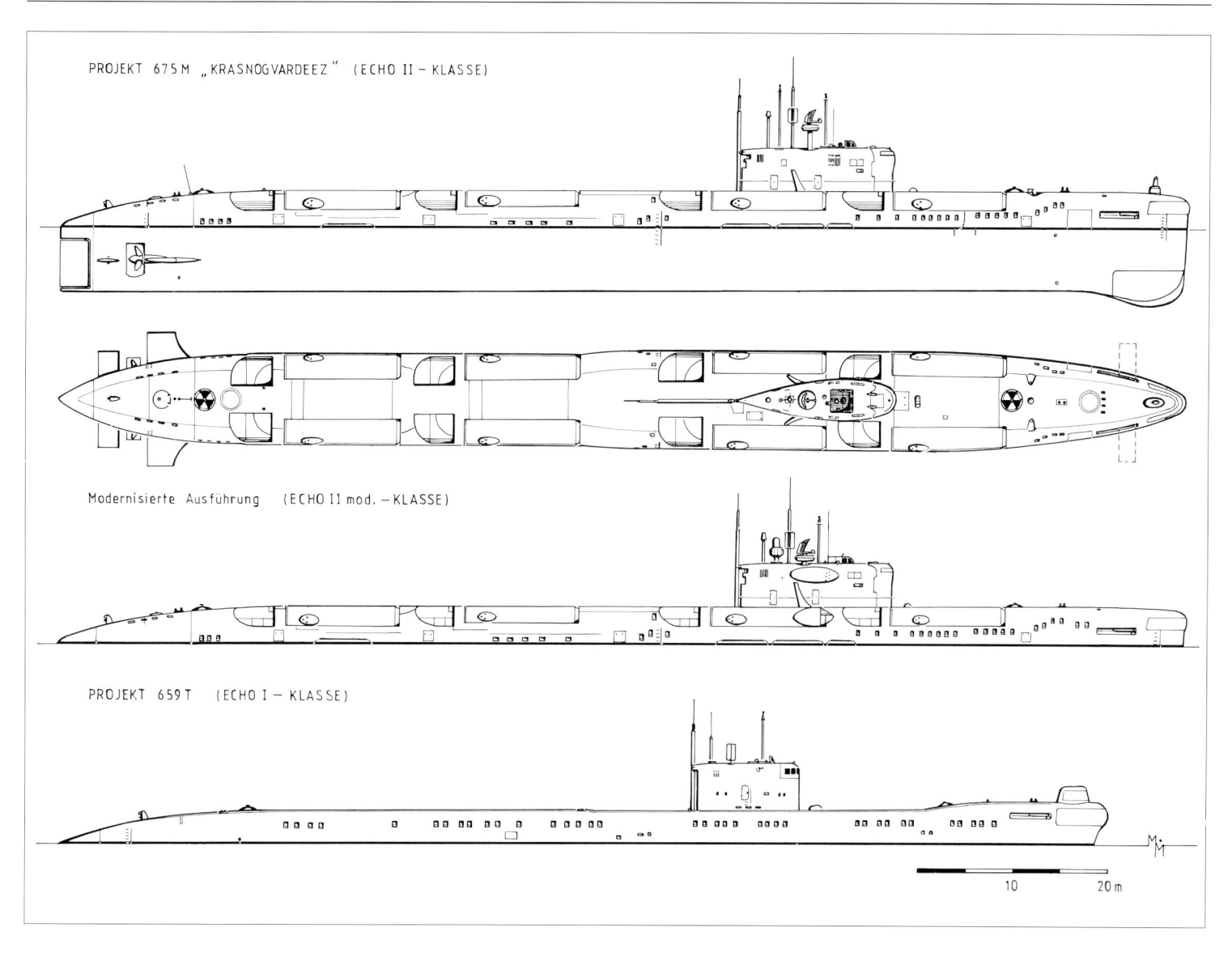

Atom-Angriffs-U-Boote mit Flugkörperbewaffnung

Projekt 675 M (Echo II-Klasse)

29 Einheiten, Bau von 1961–1967
Name des Typschiffs: »Krasnogwardeez«
Bauwerft: Sewerodwinsk und Komsomolsk am Amur
10 Abteilungen, Flugkörperstart erfolgt in Überwasserlage, Startbehälter werden dazu um 15° nach oben geschwenkt, Zeit zwischen Auftauchen und Start 20 min, 1992 noch 7 Einheiten vorhanden und in Reserve befindlich
Verdrängung: 5 800/6 200 t
Abmessungen: 119 x 9,8 x 7,3 m
Bewaffnung: 8 Starter für Flugkörper SSN-12 »Sandbox« (Reichweite 340 sm) oder SSN-3A »Shaddok« (Reichweite 220 sm), 10 Torpedorohre (6 im Bug und 4 im Heck) 533 mm (Kampfsatz 20 Torpedos)
Sensoren: 3 Radar (davon 2 für Flugkörperlenkung), 3 Sonar
Antrieb: 2 Druckwasserreaktoren zu 75 000 kW, 2 Dampfturbinen, Dieselgeneratoren M-820 zu 1 000 kW, 30 000 PS (22 000 kW)
Geschwindigkeit: 24 kn
Besatzung: 90 Personen

Projekt 659 T (Hotel I-Klasse)

5 Einheiten, Bau 1960 bis 1962
Bauwerft: Komsomolsk am Amur
Kleinerer Vorgängertyp der Echo II-Klasse, später meist zu Flotten U-Booten umgebaut durch Entfernung der Flugkörperbewaffnung, erste Unterwasser-Erdumrundung eines sowjetischen U-Boots erfolgte mit diesem Typ,
Verdrängung: 5 500 t
Abmessungen: 112 x 9,8 x 8 m
Bewaffnung: 10 Torpedorohre (6 im Bug und 4 im Heck) 533 mm (Kampfsatz 20 Torpedos), einige Boote noch 6 Starter für Flugkörper SSN-3
Sensoren: 2 Radar, 2 Sonar aktiv/passiv und aktiv
Antrieb: 2 Reaktoren, 2 Dampfturbinen, 2 Schrauben, 30 000 PS (22 000 kW)
Geschwindigkeit: 28 kn
Besatzung: 92 Personen (davon 12 Offiziere)

PROJEKT 670 A „SKAT" (CHARLIE I - KLASSE)

PROJEKT 670 M „SKAT M" (CHARLIE II - KLASSE)

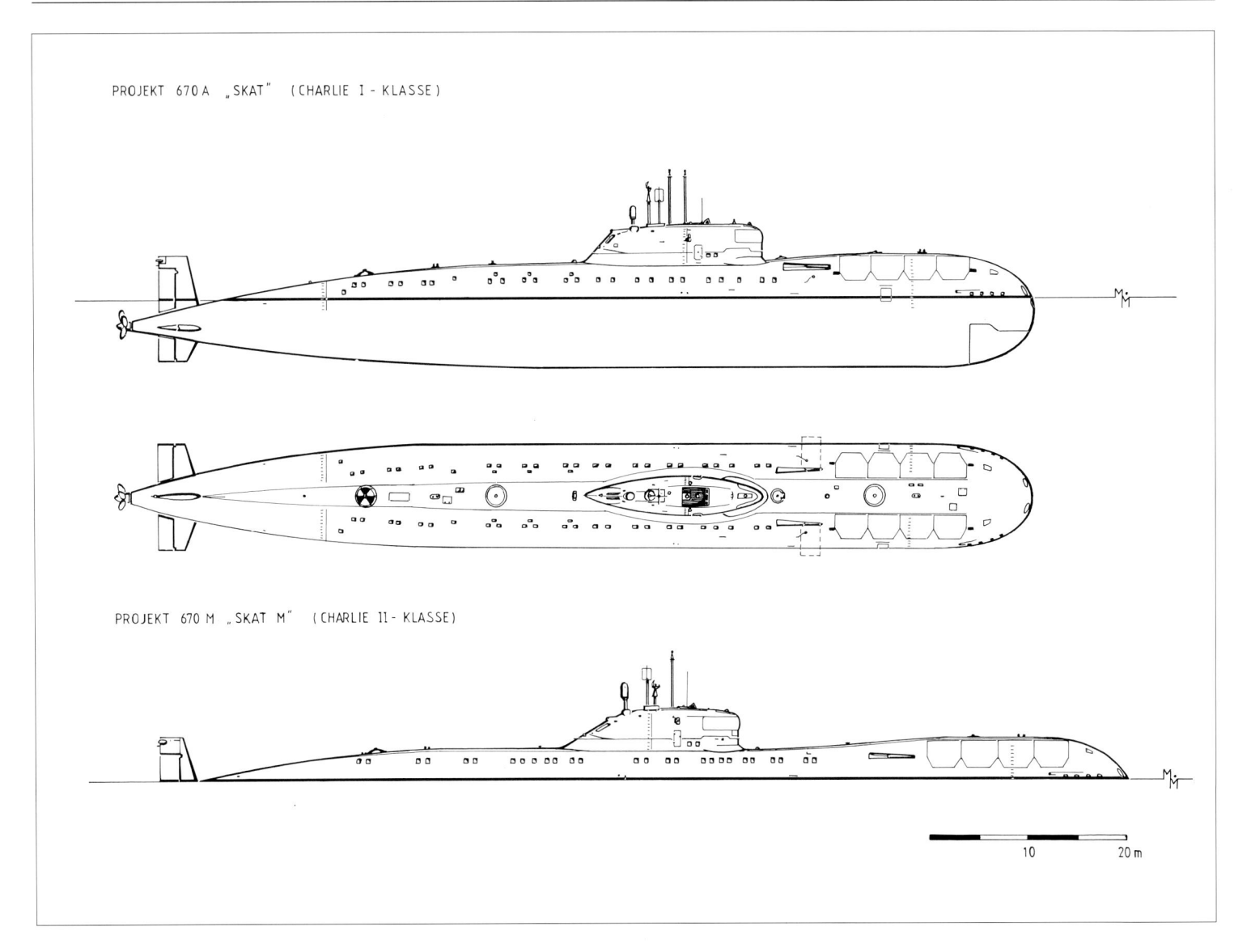

Projekt 670 A »Skat« (Charlie I-Klasse)

11 Einheiten, Bau von 1967 bis 1972
Bauwerft: Krasnoje Sormowo Gorki
Erste Boote für Flugkörperstart unter Wasser aus 20 m Tauchtiefe, 10 Boote im Bestand der Nordmeerflotte, 1 Boot nach einer Havarie außer Dienst gestellt
Verdrängung: 3900/4900 t
Abmessungen: 94 x 9,9 x 7,5 m
Bewaffnung: 8 Starter für Flugkörper SSN-8 »Ametist« (Reichweite 35 sm, Geschwindigkeit 0,9 Mach, Nukleargefechtskopf 200 KT), 6 Torpedorohre 533 mm für Raketentorpedos SSN-15 (Kampfsatz 14 Torpedos)
Sensoren: 1 Radar, 2 Sonar aktiv/passiv und aktiv
Antrieb: 1 Druckwasserreaktor, 1 Dampfturbine, 1 Schraube, 15 000 PS (11 000 kW)
Geschwindigkeit: 24 kn
Besatzung: 100 Personen

Projekt 670 M »Skat M« (Charlie II-Klasse)

6 Einheiten, Bau von 1973 bis 1980
Bauwerft: Krasnoje Sormowo Gorki
Vergrößerte Weiterentwicklung für verbesserte Flugkörper, alle Boote im Bestand der Nordmeerflotte
Verdrängung: 4 300/5 500 t
Abmessungen 102 x 9,9 x 7,8 m
Bewaffnung: 8 Starter für Flugkörper SSN-9, 6 Torpedorohre 533 mm für Raketentorpedos SSN-15 (Kampfsatz 14 Torpedos)
Sensoren: 2 Radar, Sonar aktiv/passiv und aktiv
Antrieb: 1 Reaktor, 1 Dampfturbine, 1 Schraube, 15 000 PS (11 000 kW)
Geschwindigkeit: 24 kn
Besatzung: 90 Personen

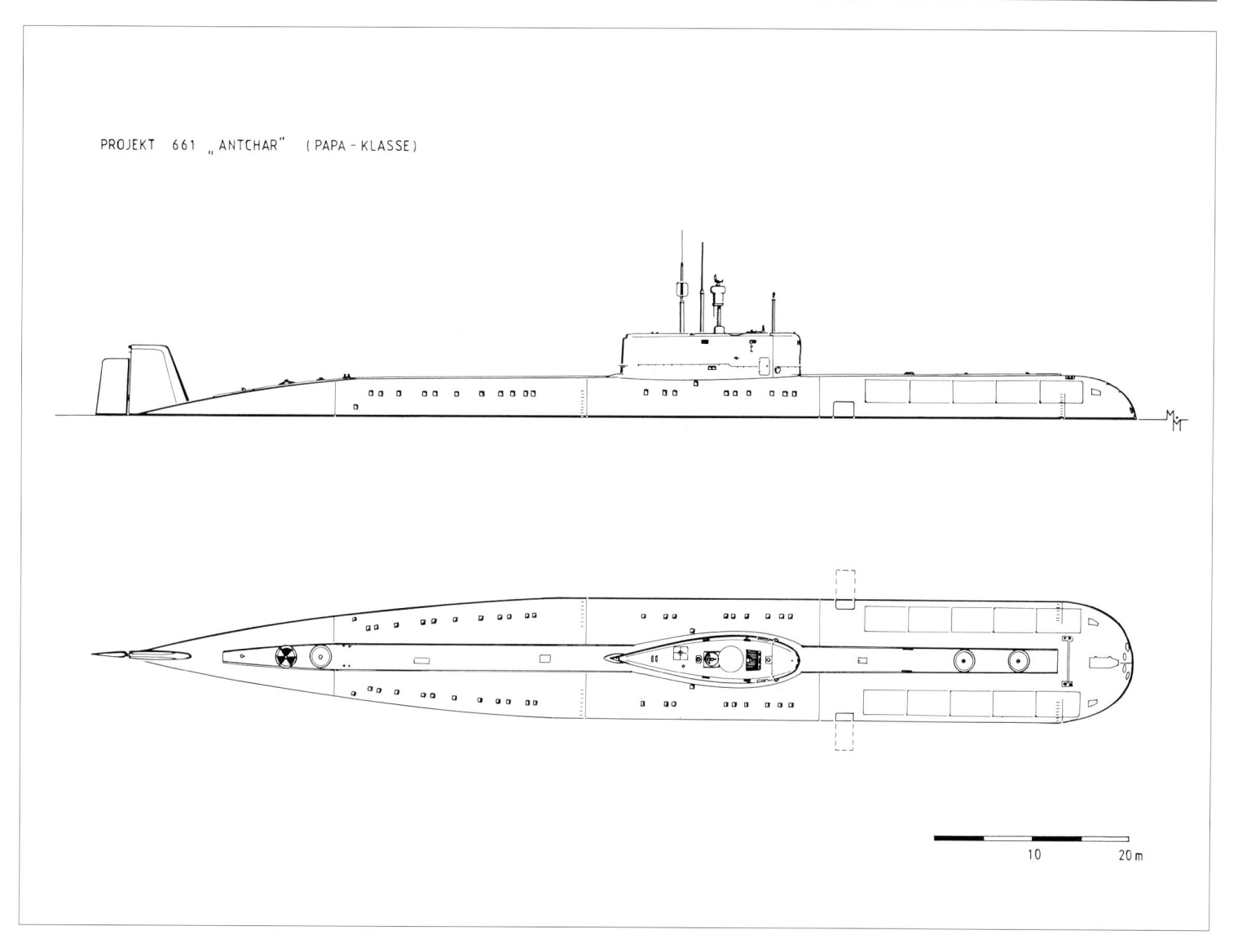

Projekt 661 »Antchar« (Papa-Klasse)

1 Einheiten, gebaut 1969 bis 1971
Bauwerft: Sewerodwinsk
Druckkörper aus Titanlegierung, Versuchsschiff für
  Oscar-Klasse, im Bestand der Pazifikflotte
Verdrängung: 6700/8000 t
Abmessungen: 109 x 12,2 x 9,5 m
Bewaffnung: 10 Starter für Flugkörper SSN-9 »Si-
  ren« (Reichweite 60 sm, Nukleargefechtskopf 200
  KT, Geschwindigkeit 0,9 Mach), 4 Torpedorohre
  533 mm für Raketentorpedos SSN-15 (Kampfsatz
  16 Torpedos)
Sensoren: 2 Radar, 2 Sonar aktiv/passiv und aktiv
Antrieb: 2 Reaktoren, 2 Dampfturbinen, 2 Schrau-
  ben, 60 000 PS (44 000 kW)
Geschwindigkeit: 39 kn
Besatzung: 85 Personen

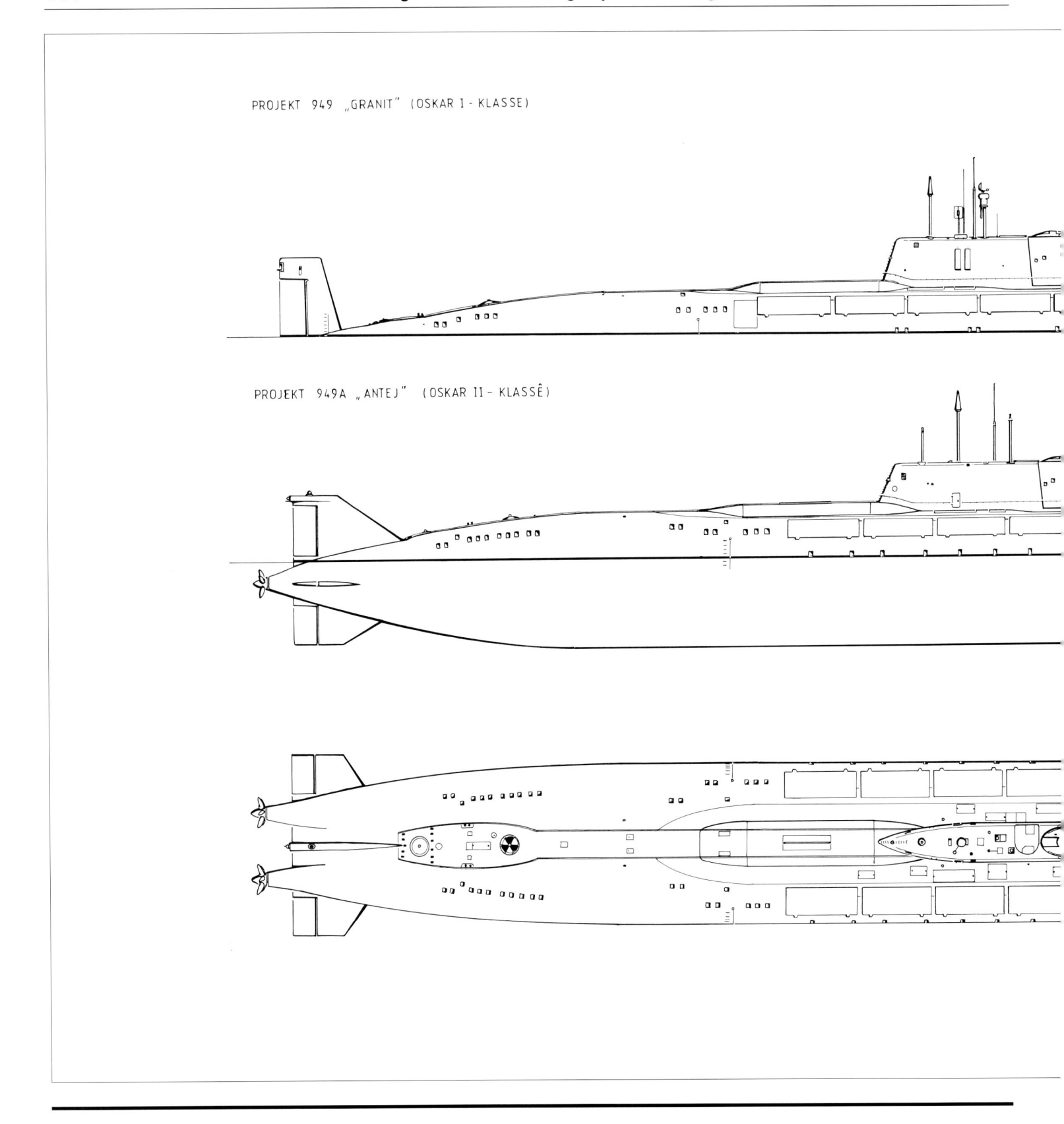

PROJEKT 949 „GRANIT" (OSKAR I - KLASSE)

PROJEKT 949A „ANTEJ" (OSKAR II - KLASSE)

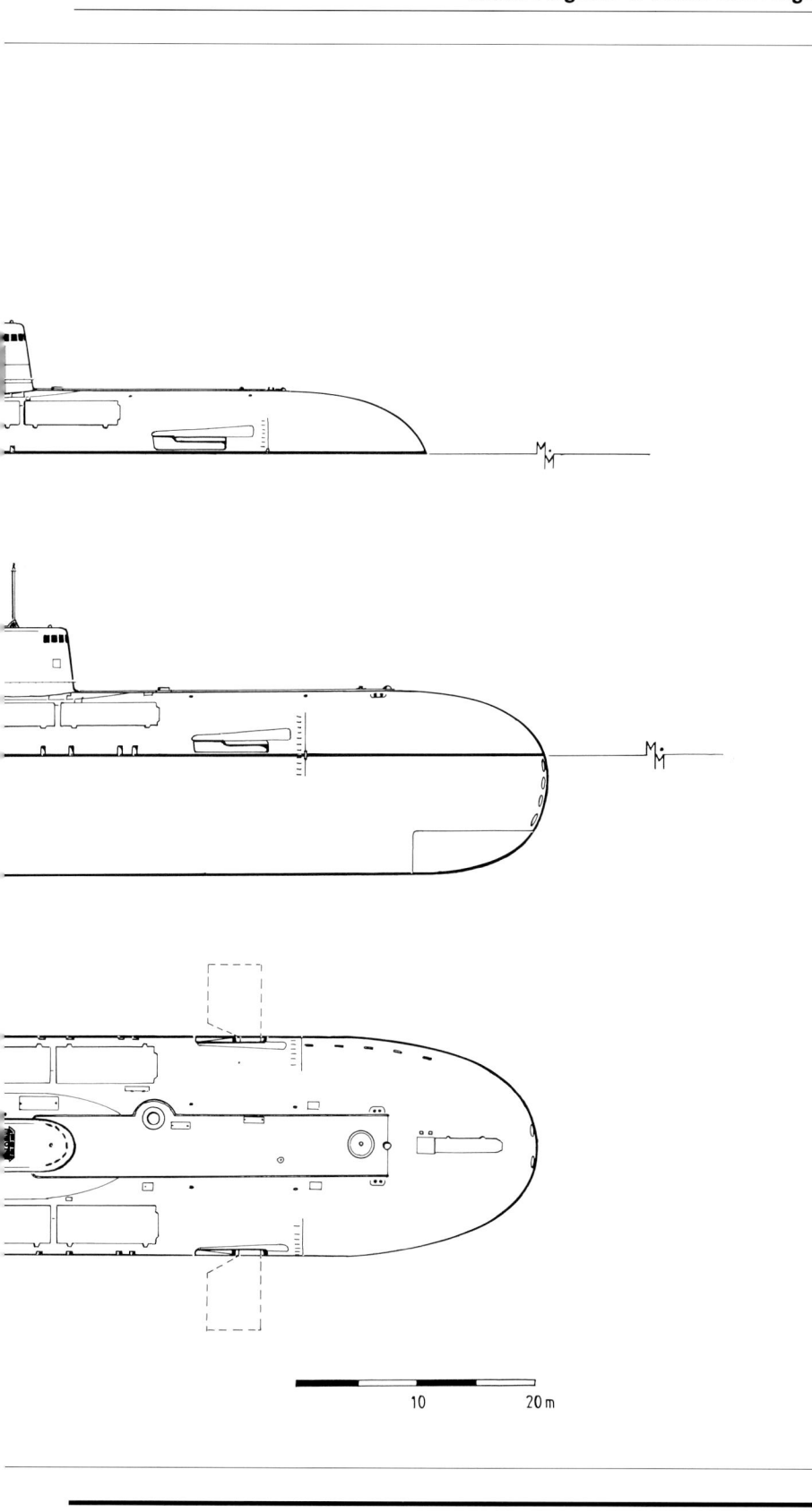

Projekt 949 »Granit« (Oscar I-Klasse)

2 Einheiten, Bau 1980 bis 1982
Bauwerft: Sewerodwinsk
Neue Generation von Flugkörper-U-Booten, Starter außerhalb des Druckkörpers paarweise mit festem Winkel von 40° eingebaut, Schiffe waren in der sowjetischen Flotte als »Schwere Kreuzer« klassifiziert.
Verdrängung: 12 500 t
Abmessungen: 143 x 18,2 x 9 m
Bewaffnung: 24 Starter für Flugkörper SSN-19 (Reichweite 340 sm), 4 Torpedorohre 533 mm für Raketentorpedos SSN-15 (Reichweite 20 sm, Nukleargefechtskopf 200 KT) und Torpedos Typ »53«, 4 Torpedorohre 650 mm für Raketentorpedos SSN-16 (Reichweite 50 sm, konventioneller Gefechtskopf 150 kg, Kampfsatz 16 Torpedos),
Sensoren: 1 Radar, 2 Sonar aktiv/passiv und aktiv
Antrieb: 2 Druckwasserreaktoren, 2 Dampfturbinen, 2 Schrauben, 90 000 PS (66 000 kW)
Geschwindigkeit: 30 kn
Besatzung: 130 Personen

Projekt 949 A »Anteij« (Oscar II-Klasse)

4 Einheiten, Bau von 1985 bis 1990
Bauwerft: Werft 402 Sewerodwinsk
Vergrößerte und verbesserte Ausführung der Oscar I-Klasse
Verdrängung: 13400 t
Abmessungen: 154 x 18,2 x 9 m
Bewaffnung, Sensoren und Antrieb: wie Oscar I
Geschwindigkeit: 28 kn
Besatzung: wie Oscar I

PROJEKT 658 (HOTEL II - KLASSE)

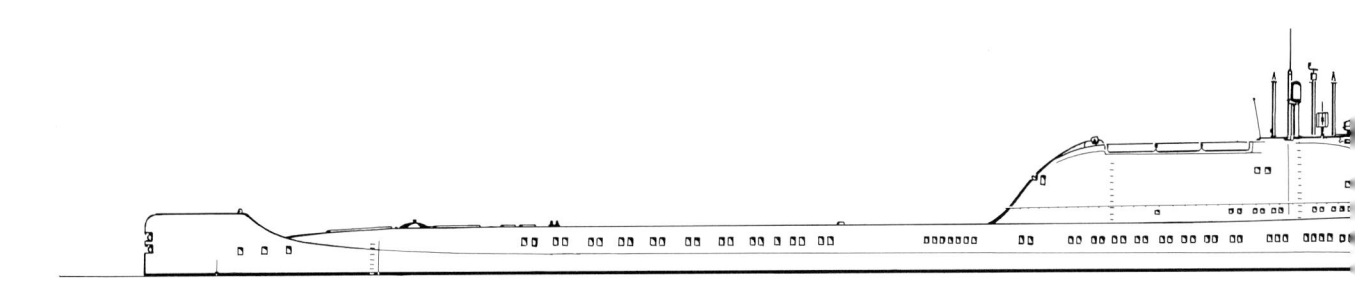

PROJEKT 658 (HOTEL III - KLASSE)

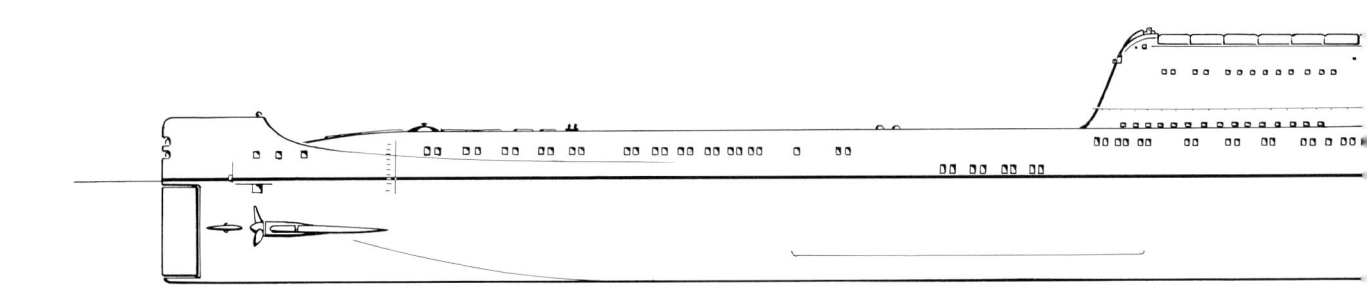

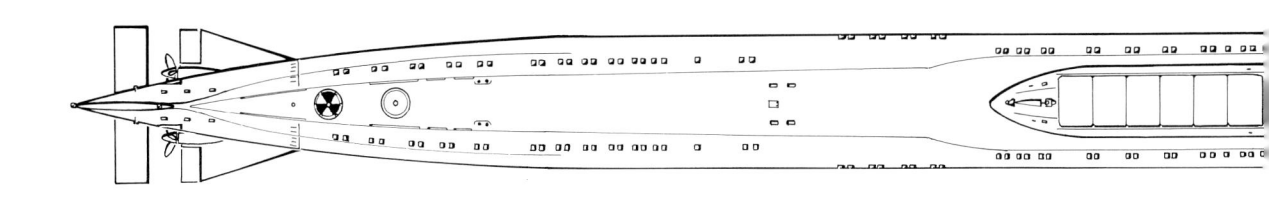

PROJEKT 658 U [KS] (HOTEL [COMMUNICATION] - KLASSE)

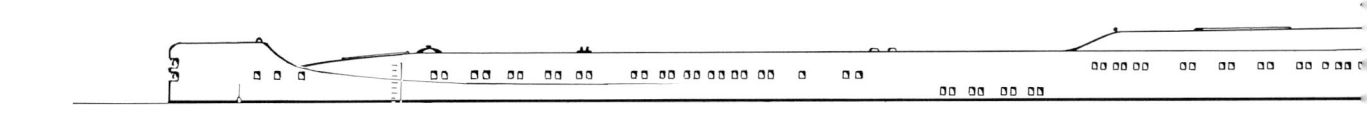

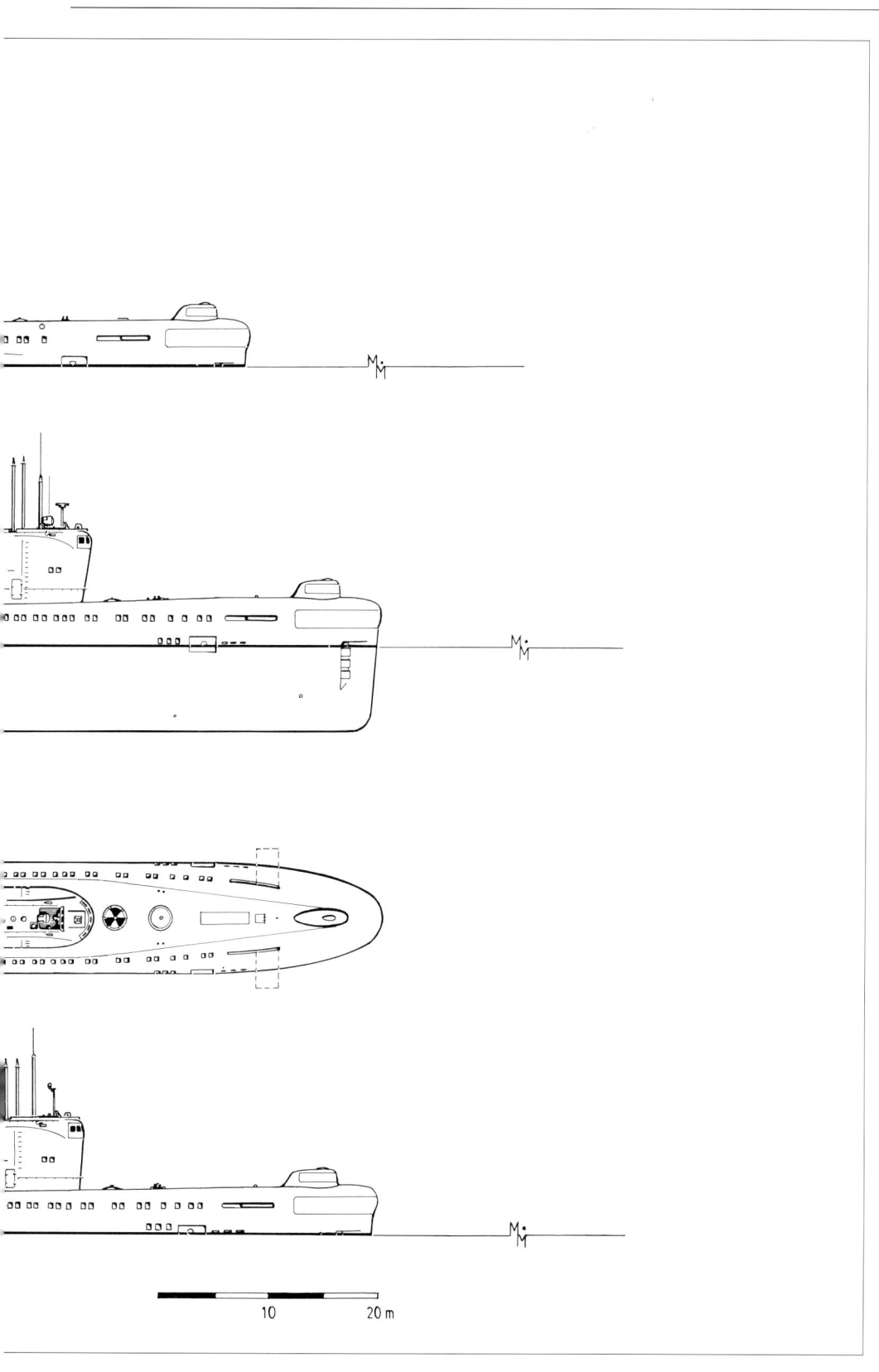

Projekt 658, 658 M und 658 U (Hotel II, III-Klasse)

8 Einheiten, Bau 1958 bis 1963,
Erstes Schiff: »K-1«
Bauwerft: Werft 402 Sewerodwinsk
SSN-4 Raketen mußten in Überwasserlage gestartet werden, ab SSN-5 Unterwasserstart möglich, 04.07.61 schwere Reaktorhavarie auf »K-19«, nur noch 5 Boote ohne Raketenbewaffnung als Kommunikations-U-Boote (Projekt 658 U) im Bestand
Verdrängung: 6 000 t, später nach Verlängerung 6 500 t
Abmessungen: 115, später 130 x 9,1 x 7,6 m
Bewaffnung: ursprünglich 3 Raketen SSN-4 (Reichweite 300 sm), später als Projekt 658 M (Hotel II) 6 SSN-5 Raketen (Reichweite 750 sm), 1 Boot umgerüstet als Versuchsträger (Hotel III) für 3 SSN-8 Raketen, alle Boote ständig 6 Torpedorohre 533 mm im Bug, 4 Torpedorohre 406 mm im Heck
Sensoren: 1 Radar, 2 Sonar aktiv und passiv
Antrieb: 2 Reaktoren, 2 Dampfturbinen, 2 Schrauben, 30 000 PS (22 000 kW)
Geschwindigkeit: 22 kn
Besatzung: 80 bis 90 Personen

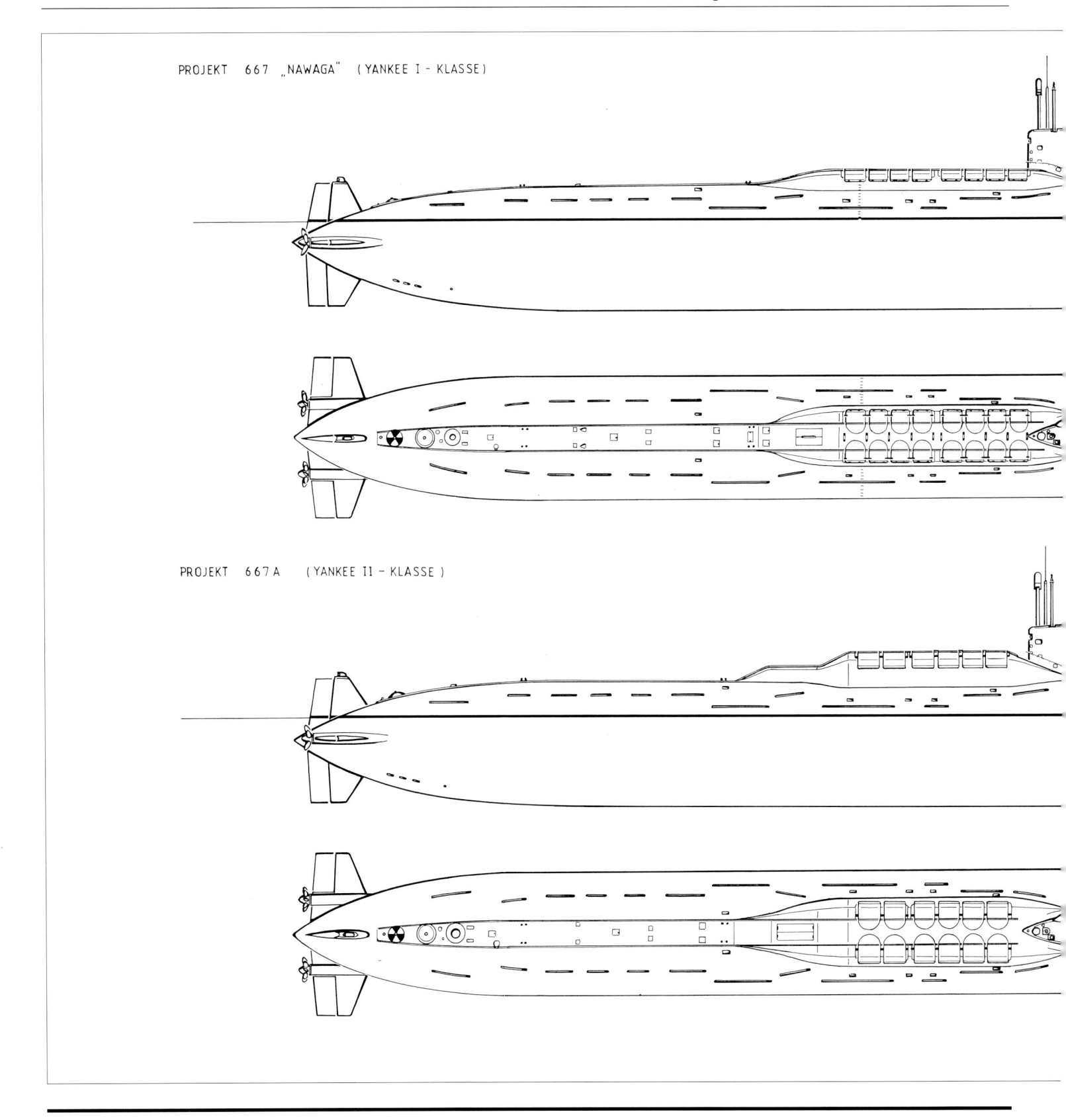

PROJEKT 667 „NAWAGA" (YANKEE I - KLASSE)

PROJEKT 667A (YANKEE II - KLASSE)

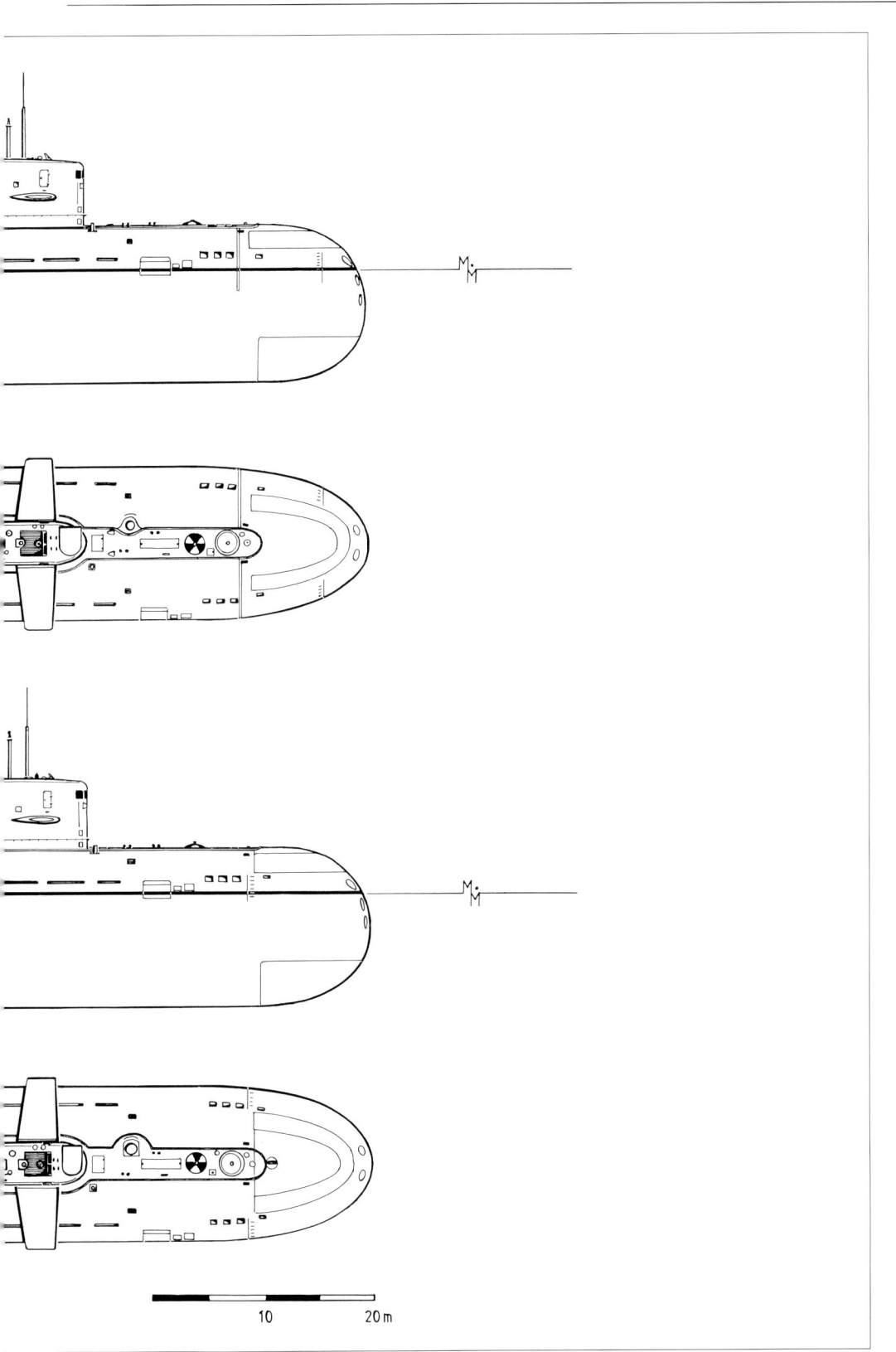

Projekt 667 »Nawaga« (Yankee I-Klasse)

34 Einheiten, Bau von 1964 bis 1974
Name des Typschiffs: »60 Let WLKSM«, weitere:
　»Leninez«, »Minski Komsomolez«
Bauwerft: Werft 402 in Sewerodwinsk und Komsomolsk am Amur
2. Generation der Raketen-U-Boote, 1 Boot am
　6.10.86 gesunken, 6 Einheiten verschrottet,
　17 umgebaut zu Projekt 667 AT, bzw. 667 M,
　10 befinden sich in Reserve und erwarten die
　Verschrottung
Verdrängung: 7900/9600 t
Abmessungen: 129 x 11,6 x 8 m
Bewaffnung: 16 Raketen SSN-6 mod. 1 (Reichweite
　1300 sm), später SSN-6 mod. 3 (Reichweite
　1600 sm), 6 Torpedorohre 533 mm (Kampfsatz 18
　Torpedos)
Sensoren: 2 Radar, 2 Sonar aktiv/passiv und passiv
Antrieb: 2 Reaktoren, 2 Dampfturbinen, 2 Schrauben, 50 000 PS (36 675 kW)
Geschwindigkeit: 25/28 kn
Besatzung: 120 Personen

Projekt 667 A (Yankee II-Klasse)

1 Einheit, 1976 gebaut
Bauwerft: »K-140«
Versuchsschiff für SSN-17, derzeit in Reserve
Verdrängung und Abmessungen: wie Yankee I
Bewaffnung: 12 Raketen SSN-17 (Reichweite
　2100 sm)
Sensoren, Antrieb, Geschwindigkeit und Besatzung:
　wie Yankee I

PROJEKT 667AT „GRUSCHA" (YANKEE NOTCH-KLASSE)

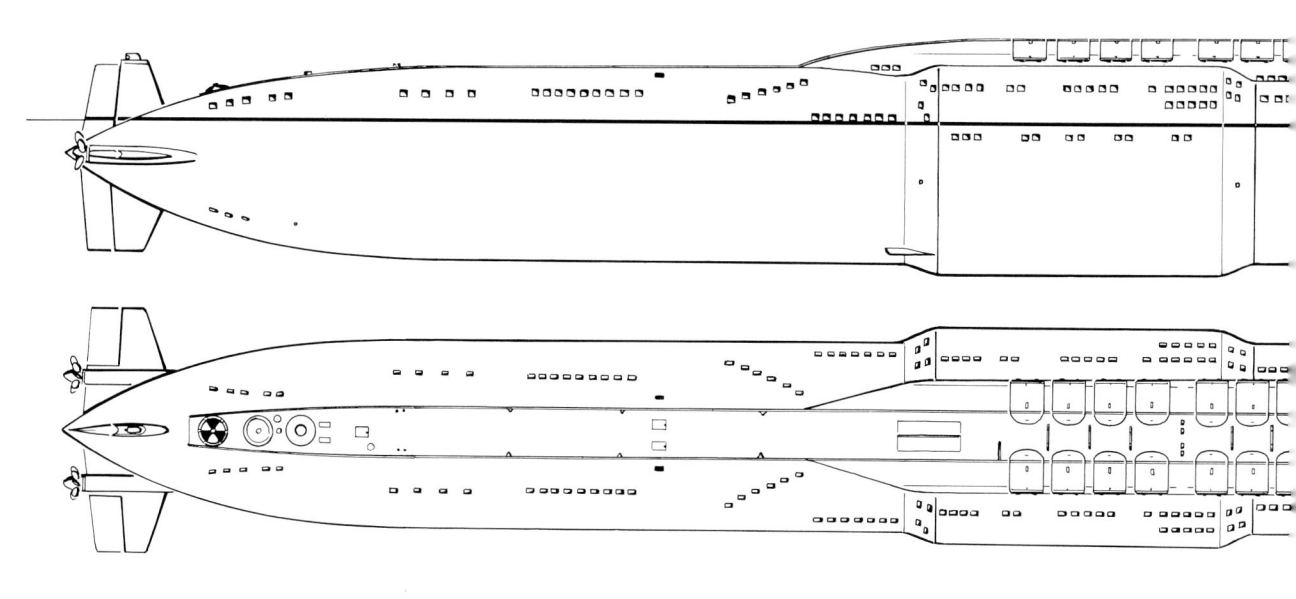

PROJEKT 667M „ANDROMEDA" (YANKEE-KLASSE)

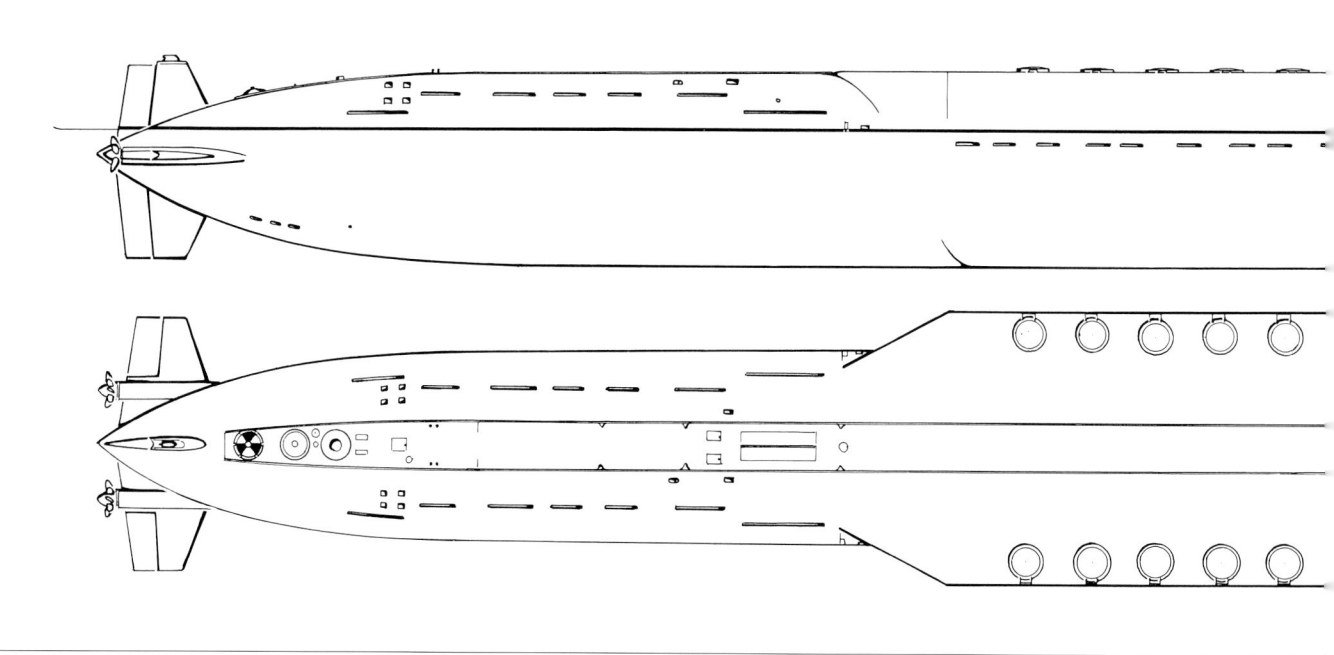

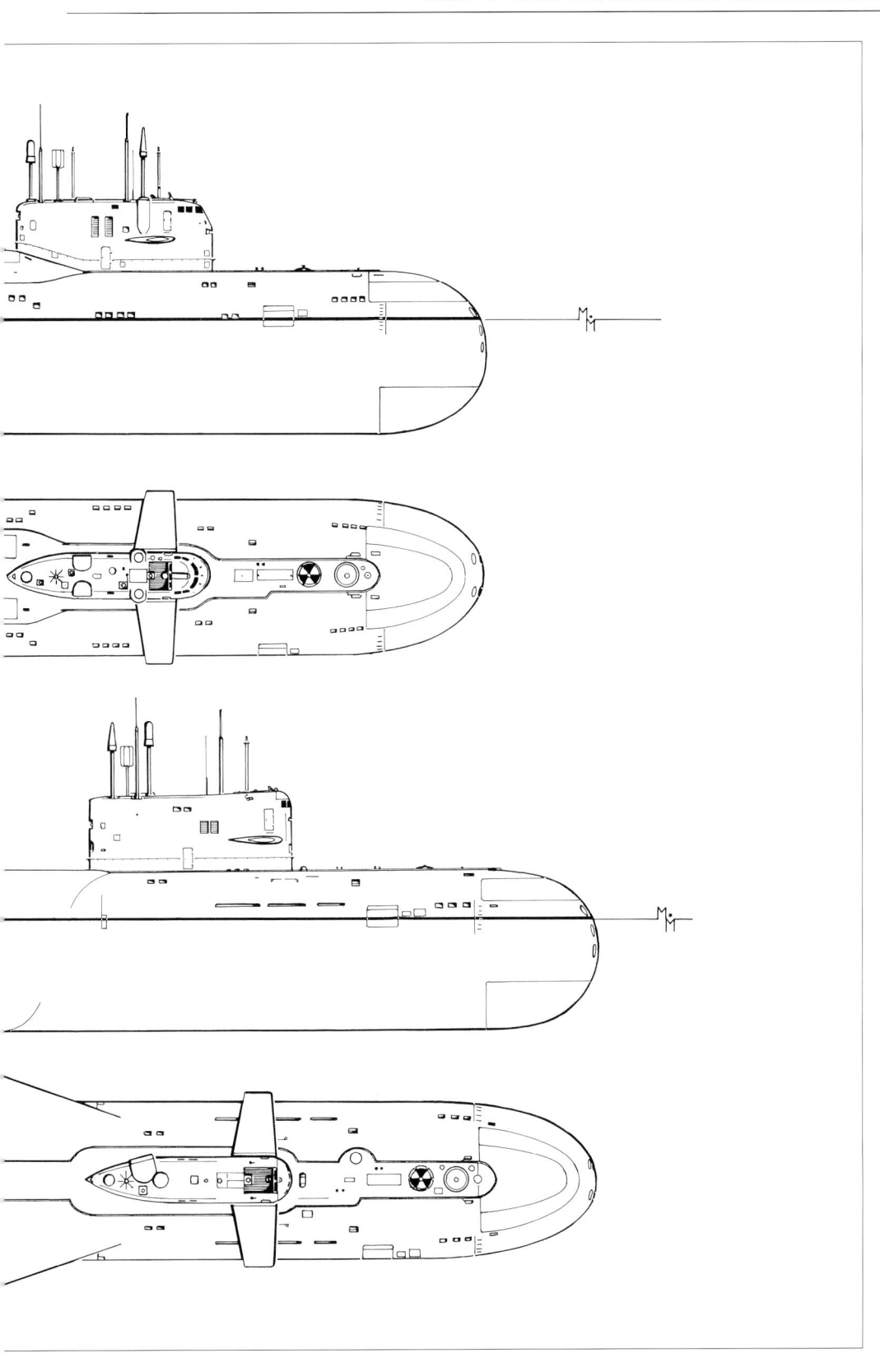

Projekt 667 AT »Gruscha« (Yankee Notch-Klasse)

16 Einheiten, Umbau 1985 bis 1987 aus Yankee I
Verlängerung, Einsetzen einer neuen Raketensektion und andere Modernisierungen
Verdrängung: 10 300 t
Abmessungen: 142 x 11,6 x 8,6 m
Bewaffnung: 16 Raketen SSN-21, 6 Torpedorohre 533 mm (Kampfsatz 18 Torpedos)
Sensoren und Antrieb: wie Yankee I
Geschwindigkeit: 24 kn
Besatzung: wie Yankee I

Projekt 667 M »Andromeda«

1 Einheit, Umbau 1983 aus Yankee I
Verlängerung, Einfügen einer neuen Flugkörpersektion und andere Modernisierungen
Verdrängung: 13650 t
Abmessungen: 153 x 15 x 8 m
Bewaffnung: 12 Starter für SSN-X-24 Flugkörper (Reichweite 2000 sm), 6 Torpedorohre 533 mm für Torpedos Typ »53«
Sensoren: 1 Radar, 2 Sonar
Antrieb: 2 Druckwasserreaktoren, 2 Dampfturbinen, 2 Schrauben, 35000 PS (25672 kW)
Geschwindigkeit: 23 kn
Besatzung: 130 Personen

PROJEKT 667 B „BUKI"/„MURENA"   (DELTA I - KLASSE)

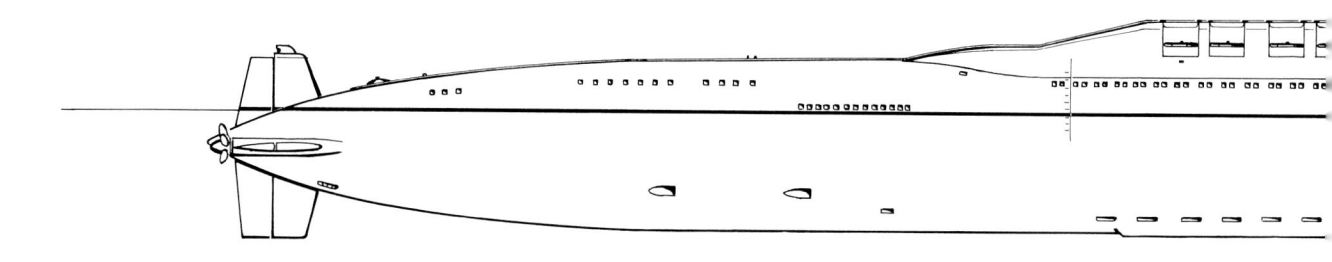

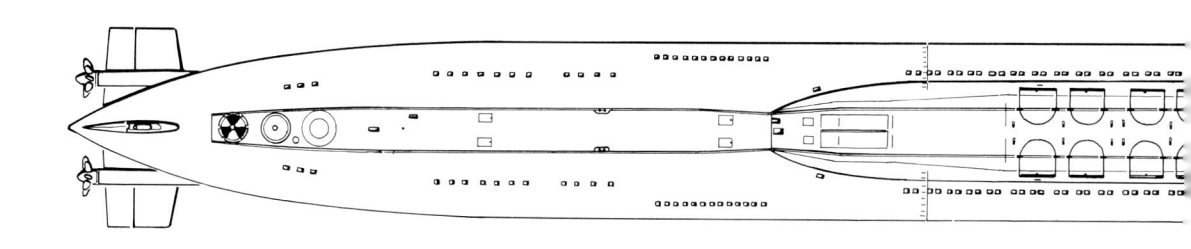

PROJEKT 667 BD „MURENA-M"   (DELTA II - KLASSE)

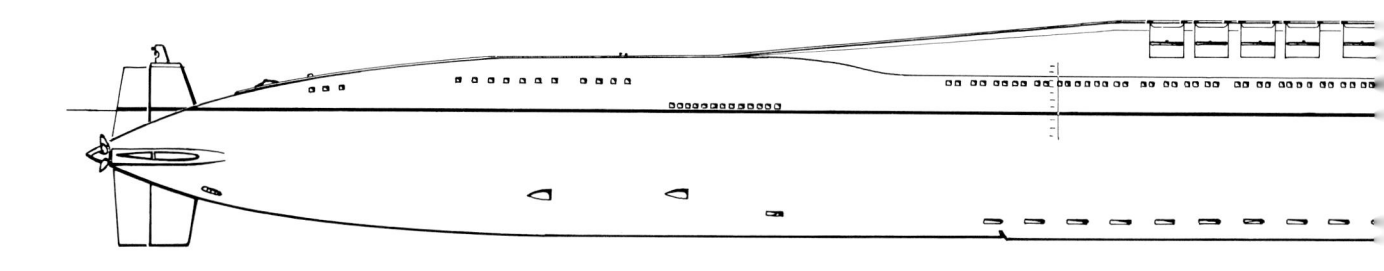

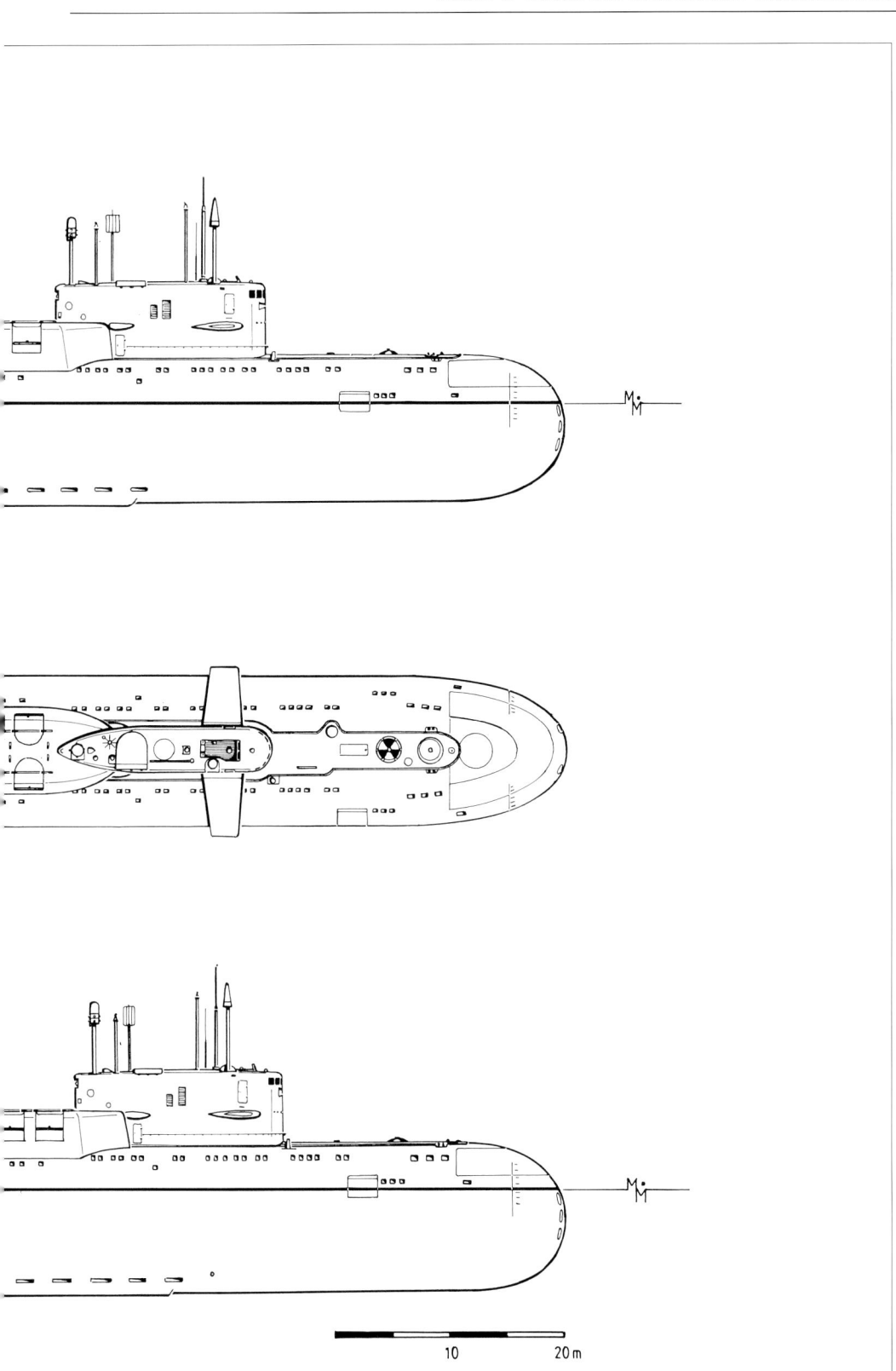

Projekt 667 B »Murena« auch »Buki« (Delta I-Klasse)

18 Einheiten, Bau von 1972 bis 1977
Bauwerft: Werft 402 Sewerodwinsk (10 Schiffe),
 Komsomolsk am Amur (8 Schiffe)
3. Generation der großen strategischen U-Schiffe
Verdrängung: 9500/11000 t
Abmessungen: 139 x 12 x 9 m
Bewaffnung: 12 Raketen SSN-8 »Sawfly« (Reichweite 4800 sm, 1 Gefechtskopf mit 0,8 MT),
 6 Torpedorohre 533 mm für Torpedos Typ »53« (Kampfsatz 18 Torpedos)
Sensoren: 1 Radar, 1 Sonar aktiv
Antrieb: 2 Reaktoren, 2 Dampfturbinen,
 2 Schrauben, 50 000 PS (36 675 kW), 2 Dieselgeneratorsätze mit 2 x 1 000 PS (733 kW)
Geschwindigkeit: 26 kn
Besatzung: 120 Personen

Projekt 667 BD »Murena M« auch »Buki« (Delta II-Klasse)

4 Einheiten, Bau 1973 bis 1976
Bauwerft: Werft 402 Sewerodwinsk
Vergrößerte Delta I, modernisierte Systeme,
 TV-Überwachung der Anlagen,
Verdrängung: 9350/12750 t
Abmessungen: 152 x 12 x 9
Bewaffnung: 16 Raketen SSN-8N-2 (Reichweite 4910 sm, 1 Gefechtskopf mit 1,5 MT), 6 Torpedorohre 633 mm für Torpedos Typ »53« (Kampfsatz 18 Torpedos)
Sensoren: 1 Radar, 2 Sonar aktiv/passiv und aktiv
Antrieb: 2 Reaktoren, 2 Dampfturbinen,
 2 Schrauben, 60 000 PS (44 000 kW)
Geschwindigkeit: 24 kn
Besatzung: 130 Personen

PROJEKT 667 BDR „KALMAR" (DELTA III - KLASSE)

PROJEKT 667 BDRM „DELFIN" (DELTA IV - KLASSE)

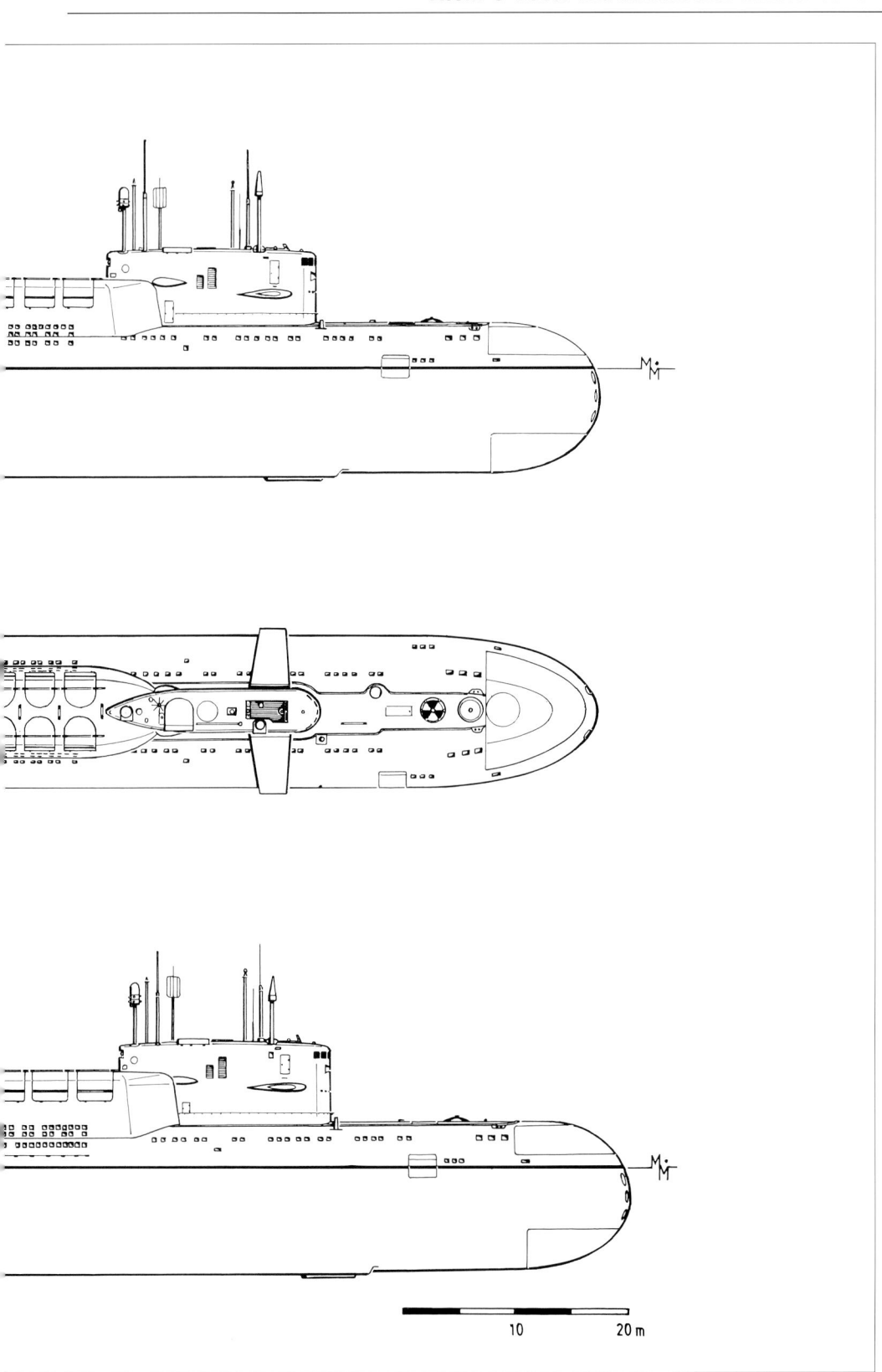

Projekt 667 BDR »Kalmar« (Delta III-Klasse)

14 Einheiten, Bau 1976 bis 1982
Name des Typschiffs »60 Let Weliko Oktjabr«
Bauwerft: Werft 402 Sewerodwinsk
Erste Schiffe für Raketen mit Mehrfachgefechtsköpfen
Verdrängung: 12000/13250 t
Abmessungen: 155 x 12 x 8,7 m
Bewaffnung: 16 Raketen SSN-18 »Stingray« (Version 1: 3 Gefechtsköpfe, Reichweite 3 500 sm, Version 2: 7 Gefechtsköpfe, Reichweite 4320 sm), 6 Torpedorohre 533 mm für Torpedos Typ »53« (Kampfsatz 18 Torpedos)
Sensoren: 1 Radar, 2 Sonar
Antrieb, Geschwindigkeit und Besatzung: wie Delta II

Projekt 667 BDRM »Delfin« (Delta IV-Klasse)

5 Einheiten + 2 begonnen, Bau läuft seit 1984
Name des Typschiffs: »26-go Sjesda KPSS«
Bauwerft: Werft 402 Sewerodwinsk
Nochmals vergrößerte und verbesserte Version der Delta-Klasse für SSN-23 Raketen, Parallelentwicklung zu Typhoon-Klasse, falls deren Konzept sich nicht bewähren sollte
Verdrängung: 13600 t
Abmessungen: 160 x 12 x 8,8 m
Bewaffnung: 16 Raketen SSN-23 »Skif« (Reichweite 4 500 sm, 10 Gefechtsköpfe), 6 Torpedorohre 533 mm für Torpedos Typ »53« (Reichweite 20 km, Geschwindigkeit 45 kn, Gefechtskopf 400 kg, Kampfsatz 18 Torpedos)
Sensoren: 1 Radar, 2 Sonar und Schleppsonar
Antrieb, Geschwindigkeit und Besatzung: wie Delta II

Projekt 941 »Taifun« (Typhoon-Klasse)
(s. Vorsatz)

6 Einheiten + 1 begonnen, Bau ab 1977, 1. Schiff 23.09.80 zu Wasser und 1981 in Dienst, 2. Schiff September 1982 zu Wasser und 1983 in Dienst, 3. Schiff in Dienst 1984, 4. Schiff 1985 in Dienst, 5. Schiff 1987 in Dienst und 6. Schiff 1989 in Dienst, 7. Schiff nicht fertig gebaut
Name des Typschiffs »Akula«
Bauwerft: Werft 402 Sewerodwinsk
Größte je gebaute U-Schiffe der Welt, 2 Druckkörper nebeneinander von Außenhaut umschlossen, Raketenschächte dazwischen
Verdrängung: 21 500/28 000 t
Abmessungen: 171,5 x 22,8 x 12,2 m
Bewaffnung: 20 Raketen SSN-20 »Sturgeon« (Reichweite 9 100 km, 6–9 Gefechtsköpfe je 100 KT), 4 Torpedorohre 533 mm für Torpedos Typ »53« und Raketentorpedos SSN-15, 2 Torpedorohre 650 mm für Torpedos Typ »65« und Raketentorpedos SSN-16 (Kampfsatz gesamt 36 Torpedos)
Sensoren: 1 Radar, 2 Sonar aktiv/passiv und passiv
Antrieb: 2 Reaktoren, 2 Dampfturbinen, 2 Schrauben, 80 000 PS

3.
Dritte Etappe der Entwicklung der sowjetischen Atom-U-Boote

Die dritte Etappe in der Geschichte des Baus der kernkraftgetriebenen U-Boote fällt in die zweite Hälfte der 70er und in den Anfang der 80er Jahre. Zu jener Zeit waren schon in der UdSSR, in den USA, in Frankreich und Großbritannien neue Mehrzweck- und Raketen-Atom-U-Schiffe in Dienst gestellt oder mit ihrem Bau begonnen worden. Auch in China befand sich ein strategisches Marine-Raketensystem im Aufbau.

Die U-Schiffe der neuen Generation waren ihren Vorgängern in vielen ihrer Parameter überlegen. Zugleich nahmen ihre Hauptabmessungen und die Wasserverdrängung beträchtlich zu. Das verlangte die Errichtung neuer Schiffbaubetriebe in der UdSSR und in den USA, und schließlich auch in England, Frankreich sowie in China.

Im Zusammenhang mit der ständig komplizierter werdenden Entwicklung der Unterwasserschiffe, die sich in komplexe Ingenieursanlagen verwandelten und alle bedeutenden Errungenschaften der Wissenschaft und Technik in sich vereinigten, wurden in den Schlüsselstellungen der Schiffbauindustrie der UdSSR 1983 die Positionen von Generalkonstrukteuren geschaffen. Die ersten Generalkonstrukteure dieses Industriezweiges waren die Akademiemitglieder Igor Spasski, der Chef des Entwicklungsbüros LPMB »Rubin«, der zahlreiche Entwürfe persönlich führte und koordinierte, und sein Kollege Sergej Kowaljow, der Chefkonstrukteur der U-Raketenträger. Später bekleideten solche Funktionen auch G. N. Tschernyschew, der Chefkonstrukteur der Mehrzweck-Atom-U-Boote, der Chef des Entwicklungsbüros SPMBM »Malachit« A. W. Kutelnikow, der Chef des Zentralen Konstruktionsbüros »Lazurit« N. I. Kwascha und einige andere.

Die Experten, die in den letzten Jahrzehnten die Vervollkommnung der U-Boote maßgeblich geprägt hatten, wurden zu Mitgliedern der Akademie der Wissenschaften ernannt. Darunter befanden sich der Direktor des Zentralen Wissenschaftlichen Forschungsinstituts «Prometheus« (»Prometej«), I. W. Gorynin, W. M. Paschin, der Chef des ZNII »A. N. Krylow«, und Peschechonow als Direktor des ZNII »Gidropribor«. Sie schufen ein »Gehirnzentrum«, das die Schaffung der neuen Generation von Atom-U-Schiffen leitete. An dieser Arbeit haben Hunderttausende von Schiffbauarbeitern, Konstrukteuren, Forschern und Militärs teilgenommen. Unter den Bedingungen des »Kalten Krieges«, als die Schaffung und Erhaltung einer Parität mit den USA für die UdSSR als erstrangige strategische Aufgabe gesehen wurde, sind astronomische Summen für die Rüstung vergeudet worden. Als Ergebnis dessen entstanden gewaltige U-Schiffe, von denen der größte Teil noch im XXI. Jahrhundert seinen Dienst versehen wird. Für andere Schiffe meinte es das Schicksal weniger gut, weder für sie noch für ihre Besatzungen. Aber jetzt erzählen wir der Reihe nach von den Atom-U-Schiffen der dritten Generation.

3.1 Die Geburt der Giganten – Strategische U-Raketen-Kreuzer

Anfang der 70er Jahre leiteten die UdSSR und die USA die Entwicklung von neuartigen strategischen Marinesystemen ein. 1981 begann in den USA die Indienststellung der seit Beginn der 70er Jahre entwickelten strategischen U-Schiffe des Typs SSBN-726 »Ohio«. Von 20 geplanten Schiffen wurden nach dem SALT-Abkommen 18 Einheiten bis 1996 gebaut. Jedes dieser Schiffe war mit 24 ballistischen Feststoffraketen des Typs »Trident« C4 bzw. D5 bewaffnet. Die »Ohio«-Flotte hatte eine Gesamtkapazität von 1728 Kernsprengköpfen an Bord.

Gewissermaßen als Gegenstück dazu entstand in der UdSSR der riesige U-Schiff-Typ 941, der von der NATO die Bezeichnung »Typhoon« erhielt. Zum ersten Mal geschah es, daß die beiden Großmächte komplizierteste Unterwasser-Waffensysteme mit fast analoger Charakteristik zur gleichen Zeit einführten.

Die Entwicklung des sowjetischen Waffensystems, bestehend aus dem Raketenkomplex D-19 und dem Trägerschiff des *Projekts 941* begann 1973. Das Schiff wurde unter der Leitung von Sergej Kowaljow im Entwicklungsbüro LPMB »Rubin« entworfen und war das bisher größte »U-Boot« der Welt.

Das Nullschiff wurde am 30. Juni 1976 in Sewerodwinsk auf Kiel gelegt. Der dort ansässige Schiffbaubetrieb SMP (»Sewernoje Maschinistroitelnoje Predprijatie«) wurde zu diesem Zweck speziell modernisiert. Es entstand ein großer Kompex von Verwaltungs-, Lager- und Fertigungsgebäuden. Der Stapellauf erfolgte am 20. September 1980 und am 12. Dezember 1981 wurde das Schiff unter der taktischen Nummer TK-208 offiziell in Dienst gestellt. Es trug den Namen »Akula« (Haifisch) und die erstmalige Verwendung der Klassifizierung kennzeichnete das Schiff als »Schweren Raketen-U-Kreuzer

Ein herkömmliches U-Boot des Projekts 877 (»Kilo«-Klasse) im Hafen von Sewastopol. Es ist gegenwärtig das einzige noch produzierte U-Boot konventioneller Bauart

mit strategischer Bestimmung« (im Russischen abgekürzt TRPKSN). Insgesamt wurden bis 1989 sechs U-Schiffe dieses Typs gebaut. Der Bau des siebenten Rumpfes wurde im Anfangsstadium gestoppt.

Das *Projekt 941* sah exotisch aus. Das Schiff fiel durch seine ungewöhnlich große Breite auf. Es hatte nicht einen, sondern fünf Druckkörper. Die Raketensilos für 20 senkrecht zu startende Projektile waren in zwei Reihen zwischen den beiden nebeneinander angeordneten Hauptdruckkörpern des Rumpfes in der vorderen Schiffshälfte installiert. Die beiden Rumpfdruckkörper hatten einen Durchmesser von jeweils 7,2 m. Sogar bei Gefechtsbeschädigung eines der Rumpfdruckkörper sollte das Schiff in die Basis zurückkehren können. In separaten Druckkörpern waren die Hauptkommandozentrale des Schiffes, die Rudermaschinenabteilung und die Selbstverteidigungsbewaffnung untergebracht. Die Länge des Schiffes war von vornherein streng limitiert worden – man beabsichtigte gleichzeitig in einer Stapellinie zwei solcher Giganten zu bauen. Der Tiefgang entsprach den Wassertiefen im Bereich der Reparaturwerke und Stützpunkte. Den stärksten Einfluß auf die Architektur des *Projekts 941* übte seine Hauptwaffe, der Raketenkomplex D-19, aus. Er war unter der »Herrschaft« von Verteidigungsminister D. F. Ustinow entwickelt worden. Obwohl es den Konstrukteuren schon zu dieser Zeit klar war, daß Feststoffraketen gegenüber den Flüssigkeitsraketen nur gewisse Vorzüge aufweisen und vor allem den entscheidenden Nachteil riesiger Startmassen haben, legte man sich an maßgeblicher Stelle auf den Einbau von Feststoffraketen fest. Unter dem Druck des ZK der KPdSU (D. F. Ustinow war Sekretär des ZK) war Hauptkonstrukteur Viktor Makejew gezwungen, das Bewaffnungsproblem in der vorgegebenen Art zu lösen.

Die dreistufige interkontinentale Feststoffrakete RSM-52 konnte 10 nukleare Gefechtsköpfe zu je 100 kt TNT-Äquivalent zu einem 8 300 km entfernten Ziel transportieren. Die Verwendung des Festtreibstoffs führte zu einer Raketenlänge von 16 m, zu einem Raketendurchmesser von 2,7 m und zu der gewaltigen Masse des Projektils von 84 Tonnen.

Im Startsilo hing die Rakete in einem Dämpfungssystem, das zur Oberkante des Schachtes befestigt war. Dieses »Raketenstartsystem« garantierte die Dämpfung der Rakete und die Druckfestigkeit des Silos. Der Start geschah unter Nutzung des Feststoffdruckgaserzeugers, der sich am Boden des Schachts befand. Im Moment des Starts bildeten spezielle Feststoffanlagen eine Gaskaverne, die die Rakete beim Verlassen des Bootes und bei der Bewegung unter Wasser schützte. Der Befehl zum Anlas-

Atom-U-Boot des Projekts 971 (»Akula«-Klasse)

sen des Triebwerks der 1. Stufe erfolgte unmittelbar nach dem Ausstoß der Rakete aus dem Silo. Nach dem Durchstoßen der Wasseroberfläche flog die Rakete noch eine zeitlang in einem schrägen Winkel, um dann in einer Höhe von ca. 300 m in den senkrechten Flug überzugehen.

Die Erprobungen fanden auf einer schwimmenden Plattform, später vom Versuchs-U-Boot BS-153 *des Projekts 629* aus, statt. Dieses Schiff war aus dem Standardmuster *605* entwickelt worden und verfügte nur über einen Schacht. Von der schwimmenden Plattform starteten 9 Raketen, vom Versuchs-U-Boot 7. Danach kam die Rakete zur staatlichen Erprobung. 17 Raketen wurden gestartet. Dabei zeigte sich, daß die Rakete über konstruktive Mängel verfügte, das betraf vor allem das Lenksystem. Nach der Überarbeitung fanden die ersten Starts von Bord des Nullschiffs des *Projekts 941 TK-208* statt. Von 13 durchgeführten Starts waren 11 durchaus erfolgreich. Im Ergebnis der Erprobungen wurde die RSM-52 im Bestand des Komplexes D-19 1983 in Betrieb genommen.

1985 erfolgten Modernisierungen, so daß ab 1989 ein konstruktiv modernisierter Komplex in Dienst gestellt werden konnte.

Führende Militärs forderten, bis zu 20 Raketen auf den U-Schiffen zu basieren. Diese gewaltige Anzahl von Raketen veranlaßte den Konstrukteur Sergej Kowaljow dazu, einen Unterwasserkreuzer mit einer Wasserverdrängung von 33 800 t zu planen. Klassifiziert als »Schwerer Unterwasserkreuzer« entsprach dieses »Boot« den Dimensionen des damals neuesten sowjetischen Überwasserschiffes, dem Flugzeugträger »Kiew«.

Der Auftrag führte zu einem Schub an konstruktiven Verbesserungen:
- er ermöglichte ein Raketensalvenschießen mit äußerst knappen Zeitabständen zwischen den Starts,
- die Reaktoranlagen standen nun getrennt in zwei autonomen Sektionen, gesichert durch verschiedene Druckkörper,
- die Feuersicherheit erhielt oberste Priorität,
- die Startsilos standen außerhalb der Druckkörper, Torpedobewaffnung und Hauptleitzentrale befanden sich in separaten Sektionen.

Atom-U-Boot des Projekts 941 (»Typhoon«-Klasse)

3. Dritte Etappe der Entwicklung der sowjetischen Atom-U-Boote

Auf den U-Schiffen des Typs 941 waren Druckwasser-Reaktoren installiert.

Die Dampferzeuger-Anlage erreichte wesentlich bessere Daten als die Anlagen auf den Schiffen der zweiten Generation. Die Blockanlage bestand aus zwei für den Einbau auf Schiffen der dritten Generation standardisierten Dampferzeugern des Typs OK 650. Die Sektionsbauweise aller Aggregate und Ausrüstungen ermöglichte es, außer den technologischen Vorzügen, die sich beim Bau des Schiffes in der Werft ergaben, effektivere Maßnahmen zur Reduzierung des Unterwasserlärmpegels durchzuführen. Die im Block gebaute Dampfturbinenanlage war ein automa-

Übung zur Schließung eines Lecks auf dem Stützpunkt für atomgetriebene U-Boote in Gadshijewo, 1996

Ein Atom-U-Boote der Nordflotte liegt vertäut in der U-Boot-Basis Gadshijewo. Der Stützpunkt entstand 1964

tisierter Komplex komplizierter technischer Mittel, der über vier Turbinengeneratoren mit einer Leistung von je 3 200 kWh für den Antrieb des Schiffes und die Speisung aller Verbraucher mit Elektroenergie sorgte.

Das Schiff hatte eine Querstrom-Strahlruderanlage, die dem Schiff das Manövrieren in engen Gewässern erleichterte. Sie bestand aus zwei schwenkbaren Antriebssäulen im Bug und im Heck mit E-Motoren von je 750 kWh Leistung und Schrauben. Als Reserveantrieb des Schiffes dienten zwei Gleichstromelektromotoren zu je 190 kWh Leistung, die mittels einer Kupplung auf die Schraubenwellen geschaltet werden konnten.

Zum Zwecke einer besseren Gedecktheit und Tarnung des Schiffes wurden für die Antriebsanlage zweistufige gummipneumatische Schwingungsdämpfer und die Sektionsbauweise für alle Aggregate eingeführt. Der Rumpf bekam neuartige lärmisolierende und Antisonarbeschichtungen.

Zur Verbesserung der Arbeits- und Lebensbedingungen der Besatzung auf Fernfahrten wurde zum ersten Mal ein Komplex von Räumen eingerichtet, die der entspannenden und erholenden Freizeitbeschäftigung der Besatzung dienten und zu denen u. a. ein Sportsaal, Erholungsräume und ein Raum für Bastelarbeiten gehörten.

Für die Rettung waren zwei Auftauchkammern vorgesehen, die sich im Turmunterbau befanden. Alle U-Kreuzer des *Projekts 941* waren mit dem hydroakustischen Komplex »Skat«, einer Radarstation »Tobol«, mit dem Satelliten-Verbindungssystem »Tsunami« und dem Satelliten-Navigationssystem »Simfonia« ausgestattet. Zu ihrer elektronischen Ausrüstung gehörten außerdem Apparaturen zur funkelektronischen Aufklärung und Gegenwirkung sowie zur Freund-Feind-Erkennung.

Für die Selbstverteidigung waren die Schiffe des *Projekts 941* mit vier T-Rohren für 533-mm-Torpedos der Typen 53-56K, SET-65 und SAET-60M sowie zwei 650-

Ein Atom-U-Boot des Projekts 971 (»Akula«-Klasse) auf hoher See

»Friedhof« der russischen Atom-U-Boote in Sewerodwinsk. Auf der Sewer-Werft werden die ausgedienten Atom-U-Boote verschrottet. Schwierigkeiten bereiten u. a. die beim Bau verwendeten Spezialstähle

mm-T-Rohren für »65-76«-Torpedos bewaffnet. Die Torpedorohre wurden mittels einer pneumatisch-hydraulischen Fernbedienung nachgeladen.

Alle Raketenträger des *Projekts 941* wurden der sowjetischen Nordflotte zugeordnet und sind noch heute in der Nerpitschja-Bucht im Norden der Kola-Halbinsel disloziert.

Die Entwicklung und der Bau der riesigen U-Kreuzer der »Typhoon«-Klasse hat gezeigt, daß dies keine optimale Lösung darstellte. Dieses System war zu teuer im Bau und im Betrieb. Da dies hauptsächlich auf den Raketenkomplex D-19 mit seinen überschweren und großdimensionierten Feststoffraketen RSM-52 zurückzuführen war, wurden schon 1977 die Entwurfsarbeiten an einer neuen Flüssigkeitsrakete RSM-54 und dem dazu gehörenden System D-9RM vorangetrieben. Als Trägerschiffe sollten Atom-U-Kreuzer des *Projekts 667BDRM* (NATO-Code »Delta IV«) dienen. Auch dieses Schiff wurde unter der Leitung von Sergej Kowaljow im Entwicklungsbüro LPMB »Rubin« entworfen.

Die neue Rakete RSM-54 wog knapp die Hälfte des Startgewichtes der RSM-52, und mit derselben Reichweite von 8 300 km war sie imstande, vier Gefechtsköpfe zu tragen. Sie war die erste Fernrakete der sowjetischen Flotte, die kleine und stark geschützte Ziele vernichten konnte. Die RSM-52 konnte man aus einer Tiefe bis zu 55 m bei Seegang 6 bis 7 und einer Fahrtgeschwindigkeit von 6 kn starten lassen. Diese Rakete war die letzte, die unter der persönlichen Leitung des Akademiemitglieds Viktor Makejew entstand. Bald nach ihrer Flugerprobung starb er.

Die Verwendung von neuen Raketen, die erheblich länger als ihre Vorgängerinnen waren, erforderte hinter dem Turm einen neuen, außerordentlich großen Aufbau. Nicht zuletzt deswegen erhöhte sich die Wasserverdrängung bis auf rund 12 000 t. Die Anzahl der Raketen veränderte sich gegenüber dem Projekt 667BDR nicht (16 Raketen). Die Torpedobewaffnung wurde wesentlich modernisiert. Das Schiff bekam einen Raketen-Torpedokomplex mit vier 533-mm- und zwei 650-mm-T-Rohren.

Bei den 533-mm-Torpedos handelte es sich um 7,8 bis 7,95 m lange Unterwassergeschosse unterschiedlichster Antriebsart (53-65K mit Oxygen-Triebwerk, die anderen mit Elektromotoren), die eine Geschwindigkeit von 40 bis 45 kn erreichen konnten. Die Reichweite lag bei 14 000 bis 16 000 m. Der Typ SAET-60M war mit einem akustischen Zielsuchgerät ausgestattet.

Bei dem 650-mm-Torpedo 65–76 handelte es sich um einen 11 m langen Langstrecken-Torpedo, der mit seinem Dampfgasantrieb eine Geschwindigkeit von 50 kn und eine Laufstrecke von 27 Seemeilen (50 km) erreichen konnte. Man konnte über eine breite Palette von Torpedos, Raketentorpedos und Ausstoßkörpern zur hydroakustischen Gegenwirkung verfügen.

Für die Versorgung der Raketenwaffe mit genauen und aktuellen Informationen bei andauernder Unterwasserfahrt wurde auf dem Schiff ein neuartiger Navigationskomplex »Tobol-M« installiert, der nur einmal in zwei Tagen einer Korrektur bedarf.

Für die Darstellung der Über- und Unterwasserlage und für die Zielzuweisung der Torpedowaffe wurde auf den Schiffen des Projekts 667BDRM der moderne hydroakustische Komplex »Rubikon« installiert. Die Sonarantenne mit einem Durchmesser von 8,1 m und einer Höhe von 4,5 m befand sich unter einem Plastikgehäuse, dessen Konstruktion ohne Versteifungsrippen hergestellt war. Die zentralisierte Führung der Kampftätigkeit des Schiffes, die automatisierte Sammlung, Verarbeitung und Darstellung der Lageinformationen sowie die Lösung der Aufgaben des taktischen Manövrierens wurde mit Hilfe eines Informations- und Gefechtsführungssystems der neuen Generation verwirklicht.

Einen großen Teil der Forschungs- und Entwicklungsarbeiten hatte man dem Problem der weiteren Verringerung des Lärmpegels und des Störungsfeldes gewidmet. Im Ergebnis dessen wurden die meisten Aggregate der Antriebsanlage auf einem schwingungsgedämpften Rahmen montiert und dieser seinerseits noch einmal gegen die Schiffsstruktur elastisch abgefedert. Im Bereich der Maschinen- und Hilfsmaschinenräume verwendete man außerdem lokale Geräuschdämpfer, die Rumpfhülle und der Druckkörper waren mit hocheffektiven akustischen Schutzschichten überzogen. Neu waren auch die Profile der Antriebsschrauben. Alle Verbraucher von Außenwasser wurden über einen Zwischenkreis versorgt. Dank solcher und anderer Maßnahmen konnten das akustische Außenfeld und die Schiffseigenstörungen wesentlich reduziert werden.

Die Anordnung der neuen Raketen und elektronischen Anlagen sowie die Maßnahmen im Hinblick auf die Verminderung des Lärmpegels machten es erforderlich, den

Tabelle 17 Hauptdaten der ballistischen Raketen für die U-Raketenkreuzer der III. Generation

Schiffstyp	RSM-52	RSM-54
Max. Reichweite (km)	8 300	8 300
Gefechtsköpfe (Anzahl)	10	4
Länge (m)	16,0	14,8
Durchmesser der Rakete (m)	2,4	1,9
Startmasse (t)	90,0	40,3
Stufenanzahl	3	3
Treibstoff	fest	flüssig
Träger-Schiff	941	667BDRM
NATO-Bezeichnung der Rakete	SS-N-20 »Sturgeon«	SS-N-23 »Skiff«

Durchmesser des Rumpfes im Bereich der ersten und zweiten Abteilungen zu verändern. Außerdem wurde der Aufbau über den Raketensilos noch breiter und höher. Hinter ihm befand sich eine Rettungsauftauchkammer. Im Ergebnis aller dieser Neuerungen wurde das Schiff um 1 200 t schwerer und um 12 m länger. Zum Zwecke einer größeren Sicherheit wurden der Druckkörper sowie die End- und Querschotten aus einem Stahl mit größerer Elastizität hergestellt.

Das Nullschiff des *Projekts 667BDRM* wurde am 23. Februar 1981 in Sewerodwinsk auf Kiel gelegt. Sein Stapellauf erfolgte im Januar 1985 und im Februar 1986 wurde das Schiff mit der taktischen Nummer K-51 und unter dem Namen »XXVI. Parteitag der KPdSU« in den Flottenbestand aufgenommen. Diesen Namen trug das Schiff bis April 1992. Insgesamt wurden von 1984 bis 1990 in Sewerodwinsk auf den Hellingen des Schiffbaubetriebes SMP parallel zum Bau der 941er Schiffe noch sieben Atom-U-Kreuzer des *Projekts 667BDRM* gebaut.

Auf dem letzten U-Schiff dieser Serie K-407 wurde am 20. Februar 1992 die russische Seekriegsflagge gehißt und der letzte strategische Raketenträger der dritten Generation für die Nordflotte in Dienst gestellt. Alle Schiffe dieses Projekts sind in der Bucht Olenja auf der Kola-Halbinsel stationiert.

Tabelle 16 Taktisch-technische Daten der U-Raketenkreuzer der III. Generation

Schiffstyp (Projekt)	941	667BDRM
Normale Wasserverdrängung (t)	25 000	11 800
Länge (m)	175	167
Breite (m)	23	12
Mittl. Tiefgang (m)	11,5	8,8
Max. Geschw. (kn)	27	23
Raketenbewaffnung (Typ des Waffensystems)	D-19	D-9RM
Raketenbestand (Stück)	20	16
Seeausdauer (Tage)	–	90
Besatzung	150	130
Ablieferung des Nullschiffs	1981	1986

3.2 Aus Stahl und Titan – U-Schiffe mit Raketen-Torpedobewaffnung der dritten Generation

Als Antwort auf den Großserienbau der amerikanischen Angriffs-U-Schiffe vom Typ SSN-688 »Los Angeles«[1] entwickelte man in der UdSSR als dritte Modifikation des *Projekts 671* den Schiffstyp 671RTM (NATO-Code »Victor III«). Dieses Schiff, bestückt mit neuen Waffen und ausgerüstet mit moderner Elektronik wurde zum Übergangstyp von der zweiten zur dritten Generation. Zum Chefkonstrukteur wurde im Entwicklungsbüro SPMBM »Malachit« G. N. Tschernyschew ernannt.

Für den Serienbau der Mehrzweck-Atom-Schiffe zog man außer der Leningrader Admiralitätswerft auch den Schiffbaubetrieb in Komsomolsk am Amur heran. Das Werk »Leninski Komsomol« hatte das Bauprogramm der kernkraftgetriebenen Raketenträger abgeschlossen, und es war erforderlich, seine Hellinge mit neuen Aufträgen auszulasten.

Insgesamt wurden von 1977 bis 1992 auf beiden Werften 26 U-Schiffe des *Projekts 671RTM* gebaut. Eine so lange Bauperiode spricht für eine erfolgreiche Konstruktion mit hohem Modernisierungspotential. Noch heute bilden die Atom-U-Schiffe des *Projekts 671RTM* den Kern der Unterwasserkräfte der allgemeinen Bestimmung und versehen ihn im Gefechtsdienst[2] in verschiedenen Regionen des Weltmeeres, so unter anderem unter dem ewigen Eis der Arktis.

671RTM unterschied sich von den Vorläufertypen durch einen neuen hydroakustischen und Navigationskomplex. Gleichfalls neu waren das Informations- und Gefechtsführungssystem, der automatisierte Fernmeldekomplex und die Funkaufklärungsapparatur. Der Typ hatte eine größere Seeausdauer und eine bessere akustische Charakteristik als andere U-Schiffe.

Der hydroakustische Komplex gewährleistete das Aufspüren und Klassifizieren der Ziele und ihre automatische Begleitung bei der Geräuschortung im Schall- und infrasonischen Frequenzbereich. Er konnte auch Ziele mit Hilfe der Echoortung mit Entfernungsmessung erfassen und die Ausgangsdaten für eine Zielzuweisung der Torpedowaffe liefern.

Die Unterbringung der neuen Bewaffnung und die Einführung von konstruktiven Maßnahmen zur Verbesserung der akustischen Gedecktheit machte den Einbau einer zusätzlichen Druckkörpersektion im Bereich der zweiten Abteilung erforderlich. Dadurch erhöhte sich die Wasserverdrängung um 350 t. Der Druckkörper wurde um 4,2 m verlängert.

Mitte der 80er Jahre erhielten die sowjetischen Atom-U-Schiffe neueste »Bazalt«-Seezielraketen (NATO-Code »SS-N-12«), die zum Start aus den T-Rohren gedacht waren.

Bei der Entwicklung der Mehrzweck-Atom-U-Schiffe der dritten Generation wurde große Aufmerksamkeit auf

Tabelle 18
Der Bau der U-Schiffe des Projekts 671RTM bei der »Admiralitätswerft« in Leningrad

Werknummer	Taktische Nummer	Kiellegung	Stapellauf	Übergabe an die Seekriegsflotte
01636	K-524	07.05.1976	31.07.1977	28.12.1977
01638	K-254	24.09.1977	06.09.1979	18.09.1981
01641	K-502	23.07.1979	17.08.1980	31.12.1980
01643	K-527	28.09.1978	24.07.1981	30.12.1981
01645	K-298	25.02.1981	14.07.1982	27.12.1982
01647	K-358	23.07.1982	15.07.1983	29.12.1983
01649	K-299	01.07.1983	29.06.1984	22.12.1984
01652	K-244	25.12.1984	09.07.1985	25.12.1985
01655	K-292	15.04.1986	29.04.1987	27.11.1987
01657	K-388	08.05.1987	03.06.1988	30.11.1988
01659	K-138	07.12.1988	05.08.1989	10.05.1990
01695	K-414	01.12.1988	31.08.1990	30.12.1990
01696	K-448	31.01.1991	17.10.1991	24.09.1992

---

1 Die US Navy klassifiziert Mehrzweck- bzw. Jagd-U-Boote und -Schiffe als »Attack Submarines«. Zwei hochspezialisierte Schiffbaubetriebe an der US-Ostküste (in Groton und Newport News) haben von 1976 bis 1996 von 100 geplanten Angriffs-U-Schiffen 62 Einheiten des Typs »Los Angeles« gebaut. Dabei sind die Konstruktion, Bewaffnung und Ausrüstung ständig vervollkommnet worden.

2 Gefechtsdienst wird in der sowjetischen bzw. russischen Flotte ein Einsatztörn in voller Kriegsbereitschaft bezeichnet.

die Steigerung der Geschwindigkeit, Tarnung, Sicherheit und Lebensdauer gerichtet. Die Kampfeigenschaften konnten durch die Verwendung neuer Raketen-Torpedos und einer fortgeschrittenen elektronischen Ausrüstung verbessert werden.

Eine der wichtigsten Richtungen im U-Bootbau stellt seit eh und je das Streben nach einer immer größeren Tauchtiefe dar. Die Tiefe spielt eine wesentliche Rolle für die Tarnung und Unverwundbarkeit der U-Boote. Aber das zieht im allgemeinen ein wachsendes Konstruktionsgewicht nach sich, was wiederum die Zuladung begrenzt und die Bewaffnung einschränkt.

Mitte der 60er Jahre wurden mit der Entwicklung eines Versuchsboots vom Typ 685 (NATO-Code »Mike«) begonnen. Es bestand aus Titanlegierungen und war für die Erprobung der Konstruktion von künftigen Tieftauch-U-Booten vorgesehen. Entworfen wurde es im Entwicklungsbüro LPMB »Rubin« unter der Leitung von Chefkonstrukteur N. A. Klimov. Neben der Verwendung als Versuchs-U-Schiff sollte das Projekt 685 auch als eine reguläre Gefechtseinheit der Flotte dienen. Bei den Erprobungen und Einsatzfahrten wurden Tauchtiefen bis zu 1 000 m erreicht. Die Wasserverdrängung betrug rund 5 700 t. Die Projektierungsarbeiten hatten fast acht Jahre in Anspruch genommen, und erst im Dezember 1974 konnte der technische Entwurf bestätigt werden. Am 22. April 1978 wurde das Schiff in Sewerodwinsk auf Kiel gelegt und 1983 der Seekriegsflotte übergeben. Die Lösung einer ganzen Reihe komplizierter Probleme machte

Die »Ohio« war das erste kernkraftgetriebene Raketen-U-Schiff für Raketen der »Trident«-Serie. Hier nach dem Ausdocken, 1979. Vergleichbar mit den russischen U-Schiffen des Typs »Taifun«

Ein U-Schiff der 3. Generation der amerikanischen U-Flotte, hier die SSBN-625 »Henry Clay«, zwölf Schwesterschiffe wurden auf »Trident«-Raketen umgerüstet

3.2 Aus Stahl und Titan – U-Schiffe mit Raketen-Torpedobewaffnung der dritten Generation

Eigenwillig in der Formgebung präsentiert sich das britische U-Jagd-U-Schiff »Spartan« des »Swiftsure«-Typs, das mit seinen Schwesterschiffen im Falkland-Krieg 1982 eingesetzt wurde

In Cherbourg lief im Sommer 1979 das erste kernkraftgetriebene französische Angriffs-U-Boot, die »Provence« (später »Rubis«), vom Stapel. Obwohl das »Boot« nur eine Länge von 72,7 m hat, beträgt die Wasserverdrängung 2 670 ts

sehr umfangreiche und aufwendige Forschungsarbeiten erforderlich. Eine Kernfrage war die Auswahl der Legierung für den Druckkörperbau und die Technologie seiner Fertigung. Schließlich wurde eine Titanlegierung mit einer Fließgrenze von 720-755 N/mm² ausgewählt.[1]

Der Druckkörper erhielt eine einfache Form. Über den größten Teil war er von zylindrischer Form mit einem Durchmesser von 9,0 m. An den Enden befanden sich konische Abschlußteile mit Halbkugelschotten. Die Drucktanks befanden sich innerhalb des Druckkörpers. Auf einen druckfesten Turm und Torpedoladeluken wurde verzichtet. Mit diesen Maßnahmen erhielt man eine nahezu optimale Konstruktion des Druckkörpers, dessen Masse rund 39 % der normalen Wasserverdrängung ausmachten.

Für die Erprobung verschiedener Konstruktionsprinzipien baute man in Sewerodwinsk drei spezielle Dockkammern. Die erste mit den Ausmaßen 5 m x 20 m war auf einen Druck von 400 kg/mm² berechnet. In der zweiten, 12 m x 27 m, konnte ein Druck von 200 kg/mm² erreicht werden, und in der dritten, die 15 m x 55 m groß war, konnte man 160 kg/mm² erzeugen. In diesen Kammern prüfte man Modelle, Attrappen in halber Größe, Druckkörpersektionen in Originalgröße auf ihre statische, zyklische und dynamische Festigkeit. Mittels dieser Experimente konnten die Konstrukteure eine Antwort auf die zahlreichen Fragen erhalten, die im Bereich der Technologie und der Konstruktion entstanden.

Das Schiff hatte einen Zweihüllenrumpf und wurde in Blockbauweise gefertigt, d. h., er wurde aus einzelnen vorgefertigten Sektionen, die schon fast vollständig ausgerüstet waren, zusammengesetzt und verschweißt. Jeder Block wurde vor der Montage in der großen Dockkammer auf Zuverlässigkeit geprüft.

Die äußere Hülle des Rumpfes mit 10 Tauchtanks war ebenfalls aus Titanlegierungen gebaut, wodurch die Masse wesentlich reduziert werden konnte. Die Flutschlitze, T-Rohre und die Nischen der Bugruder hatten spezielle Klappen zum Verschließen der Öffnungen, um den Wider-

---

[1] Aus der Fachliteratur (z. B. Ulrich Gabler, U-Boot-Bau) ist bekannt, daß der Schiffbaustahl St 52, der im Zweiten Weltkrieg für den Druckkörperbau deutscher U-Boote verwendet wurde, eine Fließgrenze von 360 N/mm² besaß. In den USA wurde speziell für den U-Boot-Bau der hochfeste Vergütungsstahl HY 80 mit einer Fließgrenze von mindestens 550 N/mm² entwickelt.

Stapellauf des amerikanischen atomgetriebenen Jagd-U-Bootes SSN-706-»Albuquerque« auf der Werft in Groton im Bundesstaat Connecticut. Es war bereits das 23. U-Boot seiner Klasse, 1982

3.2 Aus Stahl und Titan – U-Schiffe mit Raketen-Torpedobewaffnung der dritten Generation

Amerikanisches Atom-U-Boot der »Los Angeles«-Klasse. Die »Indianapolis« verfügte über eine Wasserverdrängung von 6 900 ts, über Seezielraketen des Typs »Harpoon«, nukleare UAW-Raketen »Subroc« und über Torpedos

Feierliche Zeremonie vor dem Stapellauf eines französischen Atom-U-Bootes in Cherbourg, 1997

stand zu verringern. Der Druckkörper wurde durch Querschotten in 7 Abteilungen unterteilt:

I. – T-Rohre, Torpedovorrat, Batterien und Ortungsanlagen,

II. – Wohnabteilung mit Kajüten, Offiziersmesse, Kombüse und Vorratslasten,

III. – Zentrale des Schiffes mit Computeranlage und Dieselgeneratoren,

IV. – Reaktorabteilung mit zwei Schleusen für den Ein- und Austritt des Bedienungs- bzw. Wartungspersonals,

V. – Hilfsanlagen und Pumpen,

VI. – Turbinenanlage mit Getriebe, Turbogeneratoren und Hauptkondensator,

VII. – Heckabteilung mit Elektromotoren, Rudermaschinen und Pumpen.

Der Waffenkomplex des U-Schiffes vom Projekt 685 bestand aus 6 halbautomatischen 533-mm-T-Rohren mit unabhängigen pneumatisch-hydraulischen Bedienungs- und Schnelladeanlagen. Sie waren in allen Tauchtiefen bei Salven- und Einzelschüssen einsetzbar. Man konnte sowohl Raketen der Typen RK-55 »Granat« (SS-N-21) und »Schkwal« als auch akustische zielsuchende Torpedos SAET-60M verwenden.

Das Schiff war mit einem Navigationskomplex »Medweditsa-685«, einem Fernmeldesystem »Molnija-1« und einem hydroakustischen Komplex »Skat« ausgerüstet. Zur Funkmeßortung diente eine »Tschibis«-Radarstation, zur Funkmeßbeobachtung und -Suche eine »Buchta«-Station. Außerdem befanden sich ein Satelliten-Nachrichtensystem »Sintez« und verschiedene andere elektronische Anlagen an Bord.

Die Hauptkraftanlage des Schiffes bestand aus einem Reaktor mit vier Dampfgeneratoren und einer einwelligen Turbinenanlage. Das Bordnetz wurde von zwei Generatoren mit je 2 000 kWh Leistung gespeist. Wegen der außerordentlich großen Tauchtiefe hatten die Wärmeaustauscher eine Doppelkreiskühlung und die Ballastzellen besaßen eine Dreikammerabdichtung.

Atom-U-Boot des Projekts 685 (»Mike«-Klasse). Ein Boot dieses Typs, der Stolz der sowjetischen U-Boote-Flotte, die »Komsomolez«, sank am 7. April 1989 bei 73° 43´ Nord und 13° 35´ Ost im Nordmeer

Die Reservekraftanlage bestand aus einem Dieselgenerator DG-500 mit 500 kWh Leistung, Batterien und Reserveantrieb. Zwei 300 kWh-Reservemotoren waren beiderseits auf der hinteren Tiefenruderflosse angeordnet.

Auf diesem Tiefseeschiff hatte man viele Maßnahmen für die Steigerung seiner Standfestigkeit getroffen. So war für den Fall eines schnellen (im Laufe von 20–30 s) Auftauchens aus großen Tiefen (bei einem Wassereinbruch in den Druckkörper) vorgesehen, einen Tank der mittleren Zellengruppe mit Hilfe eines Pulverdruckgenerators auszublasen. Dem Führungssystem des Schiffes war ein spezielles Subsystem zugeordnet, das den Eintritt von Außenwasser in den Druckkörper meldete und optimale Empfehlungen für Sicherheitsmaßnahmen entwickelte. Für die Bekämpfung von Bränden standen in jeder Abteilung chemische und Schaumfeuerlöschanlagen bereit.

Zur Rettung der Besatzung aus der I. und II. Abteilung, wo sich die Wohnräume und die Zentrale befanden, war eine »Rettungszone« eingerichtet worden, die durch zwei bis auf einen Druck von 40 kg/cm^2 belastbare Schotten abgeteilt wurde. Im Turm befand sich eine Auftauchkammer, mit der sich die ganze Besatzung aus einer Tiefe von 1 500 m retten konnte. Da das Schiff des Projekts 685 keinen druckfesten Turm hatte, diente die Rettungskammer in der Überwasserlage zum Ein- und Austritt auf die Turmbrücke.

Mit der taktischen Nummer K-278 hat dieses Schiff erfolgreich die Erprobungen bestanden. Es tauchte am 5. August 1984 bis auf die maximale Tauchtiefe von 1 000 m – und führte dort zur Erprobung ein Torpedoschießen durch. Man hat auch das Not- oder Alarm-Auftauchsystem geprüft. Das U-Schiff nahm an Flottenübungen teil und lief schließlich zu einem Seetörn aus, um seine volle Seeausdauer zu testen. Dieses Experiment ist aber wegen des tragischen Untergangs des Schiffes im Nordmeer am 7. April 1989 nicht zu Ende geführt worden.

An diesem Tag kehrte das Schiff von dem Seetörn zurück und befand sich bereits 180 km südwestlich der Medweshi-Insel und in 490 km Entfernung von der norwegischen Küste, als es zur Katastrophe kam. An Bord arbeitete die zweite Besatzung unter ihrem Kommandanten, Kapitän 1. Ranges Ewgeni Wanin. Um 11.00 Uhr Moskauer Zeit erhielt der Wachoffizier des U-Schiffes, Alexander Werezgow, die Routinemeldungen aller Abteilungen. In der siebenten, unbewohnten Heckabteilung befand sich zur Kontrolle nur der Wachhabende Matrose Nodar Bukhnikashwili. Er meldete munter: »Die siebente Abteilung ist überprüft. Keine Beanstandungen.« Doch das waren die letzten Worte in seinem Leben. Bereits um 11.03 Uhr gab die Leuchttafel vor dem Leitenden Schiffstechnischen Offizier, W. Judin, das Signal: »Temperatur in der siebenten Abteilung höher als 70 Grad.«

Judin übergab diese Information dem Kommandanten und Wanin löste Alarm aus. Die Abteilungsoffiziere kamen in die Zentrale. Es wurde klar, daß in der siebenten Abteilung ein Brand ausgebrochen ist. Das Schiff verlor an Fahrt, es gelang erst, nach 11 Minuten aufzutauchen.

Mit Hilfe des Sehrohres beobachtete der Kommandant das Äußere seines Schiffes. Im Bereich der siebenten Abteilung war die Rumpfhülle so heiß, daß hier das Seewasser dampfte und die Antisonar-Gummischicht glühte.

Aus der siebenten Abteilung drang das Feuer in die sechste Abteilung ein, weil das Schott bereits undicht geworden war. Die Schiffssicherungsgruppe versuchte in die sechste Abteilung zu gelangen, um dort die Situation aufzuklären. Doch das erwies sich als unmöglich – in der fünften Abteilung erfolgte eine Raumdetonation – eine Stichflamme, blau vom Sauerstoffüberfluß, donnerte durch den Gang. Die Seeleute erlitten Verletzungen und es gab für sie keine Möglichkeit mehr, für die Standkraft des Schiffes zu kämpfen.

Um 12.10 Uhr wurde die Situation höchst gefährlich. In vier von sieben Abteilungen des Schiffes brannte es. Die anderen drei waren stark verqualmt. Es gelang nicht, mit den anderen Abteilungen eine Verbindung herzustellen. Dadurch entfiel auch die Möglichkeit, das Notstromaggregat anzulassen und die Abteilungen zu belüften.

Der Kommandant übersah offensichtlich nicht die bedrohliche Lage seines Schiffes und der Besatzung. Ansonsten hätte er zu diesem Zeitpunkt eine Notmeldung abgesetzt. In diesem Falle hätte das Fischfangmutterschiff »Alexej Chlobystow«, das nur 51 Seemeilen entfernt war, näher am Unfallort, als alle anderen Schiffe, die Besatzung retten können. Aber Ewgeni Wanin glaubte wahrscheinlich, daß er die Situation noch selbständig meistern könnte.

In der zweiten Abteilung gab es die ersten Opfer, Matrose W. Kullpin und Meister S. Bondar starben an Sauerstoffmangel und Qualm. Erst in diesem Moment, um 13.27 Uhr, entschloß sich Wanin, eine Verbindung mit der Flottenbasis herzustellen, um die Lage an Bord zu melden. Dem Kommandeur der Schiffssicherungsgruppe, W. Judin, war es inzwischen gelungen, den Dieselgenerator anzulassen und die zweite, dritte und vierte Abteilung zu belüften. Aber in der sechsten Abteilung tobten die Flammen.

Um 14.18 Uhr konnte ein Funkkontakt zu einem Patrouillenflugzeug, Iljuschin Il-38, hergestellt werden. Wanin meldete den Fliegern: »Haben keinen Wassereinbruch. Bekämpfen den Brand durch das Abdichten der Abteilungen.« Warum er dies getan hat, weiß niemand. Vielleicht wollte Wanin einfach nur die Flottenführung beruhigen. Luftaufnahmen von Bord der an der Unfallstelle kreisenden Il-38 zeigten, daß sich im Verlaufe einer Stunde und 45 Minuten (von 15.00 bis 16.45 Uhr) der Tiefgang des Schiffes von 8,5 m auf 10 m erhöhte und die achterlastige Trimmlage von 2 auf 3,5 Grad anwuchs.

Um 16.35 Uhr bekam die Kommandozentrale der Nordflotte von Bord der K-278 die Meldung, daß der Brand immer stärker wird und die Besatzung von Bord gehen muß. Das kam für den Stab ganz unerwartet, und der Befehlshaber der Nordflotte fragte beim U-Schiff an, wie die Situation an Bord sei und in welcher Lage sich der Reaktor befände. Die Antwort klang zuversichtlich: »Die Lage in der fünften Abteilung ist normal, wir kämpfen weiter für die Sicherung des Schiffes.« Nach Abgabe dieser Meldung befahl der Schiffskommandant aber, die geheimen Unterlagen des Schiffes zu vernichten und die Besatzung zu evakuieren! Er hielt das Schiff dem Untergang geweiht, sandte aber gleichzeitig beruhigende Funksprüche ab.

Aber die Zeit war unwiderbringlich verloren. Das Mutterschiff »Alexej Chlobystow« und der Trawler STR-612 hatten um 13.17 Uhr Kurs auf das U-Schiff genommen, die Bergungsgruppe der Nordflotte um 13.10 Uhr. Die größte Möglichkeit besaßen die Marine-Fliegerkräfte der Nordflotte. Sie wurden um 11.54 Uhr alarmiert und waren nach 49 Minuten startbereit. Um 12.43 Uhr verließ eine Il-38 die Startpiste und ab 14.18 Uhr stand ihr Kommandeur, Major Gennadi Petrogradski, in Funkkontakt mit K-278. Um 14.40 Uhr sichteten die Flieger das Schiff. Es lag bewegungslos in der See und an seinem Achterschiff war ein intensives Sieden des Wassers zu beobachten.

Um 15.20 Uhr forderte Wanin die Hilfe eines Schleppschiffes an und Petrogradski verstand, daß der Kommandant des U-Schiffes den Reaktor stillegen will. Um 16.35 Uhr bemerkten die Flieger, daß das Schiff immer stärker achterlastig wird. Um 16.40 Uhr hob sich der Bug aus dem Wasser und um 16.47 Uhr war der Turm bereits zur Hälfte unter Wasser. Um 16.59 Uhr meldete Wanin: »Ich bereite 60 Leute zur Evakuierung vor.« Innerhalb einer Minute erschienen zwei Rettungsflöße. Die Besatzung begann ihr Schiff zu verlassen.

Major Petrogradski flog dicht über den Wellen die Unfallstelle an und warf einen Rettungscontainer direkt zwischen beide Flöße. Er bemerkte, daß der Container sich selbständig öffnete und Seeleute hineinkletterten. Aber während des nächsten Vorbeifluges sah er weder die Flöße noch das U-Schiff.

Eine zweite Il-38 unter Führung von Major Wotintsew begann ebenfalls Rettungscontainer abzuwerfen, aber niemand konnte sie mehr besetzen. Um 17.08 Uhr sank K-278 auf der Position 73°40' nördlicher Breite und 13°30' östlicher Länge.

Die überlebenden Seeleute wurden nach 81 Minuten durch das Mutterschiff »Alexej Chlobystow« geborgen. Das waren nur 25 Mann, denn fünf waren inzwischen gestorben. Alle anderen waren mit dem U-Boot gesunken.

Kapitän 1. Ranges Wanin blieb bis zur letzten Sekunde an Bord des Schiffes. Zusammen mit vier Seeleuten unternahm er den Versuch, sich vom sinkenden Schiff mit Hilfe der Auftauchkammer zu retten. In einer Tiefe von 1500 m (!) gelang es ihnen, die Kammer vom Schiff zu lösen. Sie erreichte innerhalb von zwei Minuten die Wasseroberfläche, aber drei Männer waren ohne Bewußtsein. Der innere Druck riß die obere Luke auf und Meister Sljusarenko wurde wie eine Kugel ausgeworfen. Nur ihm war es gelungen, sich zu retten. Die anderen drei samt dem Schiffskommandanten Wanin sanken mit der Rettungskammer in die Tiefe, da zu viel Wasser durch die offenstehende obere Luke eindrang.

Der Untergang der K-278, die erst später in der Presse

den Namen »Komsomolez« bekam, war die größte Tragödie der sowjetischen Flotte. Das Schiff befand sich zum Zeitpunkt des Unfalls bereits in der Nähe der heimatlichen Gewässer und die Situation war zunächst nicht kritisch. Wenn der Kommandant ein internationales SOS-Signal rechtzeitig gesendet hätte, wären norwegische Rettungshubschrauber für die Bergung der Besatzung zur Stelle gewesen. Als Kriegsschiff-Kommandant gab es für Wanin eine solche Möglichkeit nicht, außerdem war sein Schiff »streng geheim«! Die Zeit ging durch Zögern und Abwarten verloren, so daß sowjetische Schiffe nicht rechtzeitig zur Hilfe kommen konnten. Die Marineflieger haben alles mögliche getan, aber ihre landgestützten Flugzeuge konnten den Seeleuten keine direkte Hilfe leisten. Die abgeworfenen Rettungscontainer waren für die unterkühlten Menschen nur schwer zu gebrauchen. Diese Katastrophe hat vieles Negative enthüllt, und hoffentlich werden sich derartige Ereignisse nie wiederholen. Jetzt ruhen das Schiff, sein Kommandant und der größte Teil der Besatzung unter eiskalten arktischen Wellen in einer Tiefe von 1500 m. Dort liegen nun auch der Reaktor von K-278 und einige ihrer Torpedos mit nuklearen Sprengköpfen ...

Das Vorkommnis im Nordmeer (aus offizieller russischer Sicht)

»Das ist nicht nur Schmerz und Ärger, sondern auch unsere Schande« – so drückte einer der U-Boot-Fahrer, der an der Arbeit der Regierungskommission zur Aufklärung der Umstände des Untergangs der »Komsomolez« beteiligt war, seine Gefühle aus. Tatsächlich ist es so, daß in Friedenszeiten eines der neuesten Kampfschiffe unterging, bei dem im Verlaufe der Rettungsarbeiten 42 von insgesamt 69 Mann der Besatzung ums Leben kamen. Wie konnte so etwas passieren?

Die Ereignisse dieses Apriltages:
11.54 Uhr
Dem Flugzeugführer, Major G. Petrogradski, wurde mitgeteilt, daß im Gebiet der Medweshi-Insel auf einem eigenen U-Boot ein Feuer ausgebrochen ist. Das U-Boot ist aufgetaucht, die Besatzung versucht das Schiff zu retten. Es ist notwendig, in das Havariegebiet zu fliegen, sich mit dem Kommandanten des U-Bootes in Verbindung zu setzen und dem Stab die Lage und die Wünsche der Seeleute zu melden.

12.43 Uhr
Petrogradski zog die schwere Maschine von der Startbahn hoch. Für das Klarmachen zum Abflug standen ihm 1 Stunde und 20 Minuten zur Verfügung. Die Flieger schafften es in 49 Minuten – sie rüsteten die Bewaffnung ab und nahmen Rettungsmittel an Bord.

14.20 Uhr
Als Petrogradski die Insel Medweshi erreichte, die ungefähr 980 km vom Festland entfernt ist, setzte er sich mit dem U-Boot in Verbindung und übermittelte an den Stützpunkt folgende Meldung: »Das Feuer ist unter Kontrolle der Besatzung. Es gibt Wünsche.«

14.40 Uhr
Als die Flieger die untere Wolkengrenze durchstießen, sahen sie die »Komsomolez«. Das U-Boot hatte eine leichte Steuerbordschlagseite, aus dem Kommandoturm stieg weißer Rauch auf, Backbord an der 6.–7. Abteilung schäumte Seewasser. Petrogradski übermittelte an Land die Wetterinformationen: Sicht 5–6 km, untere Wolkendecke 400 m über dem Meeresspiegel, See 2–3, Dünung, zeitweilig Schneefall.

14.50 Uhr
In der Luft sind nun schon drei Flugzeuge. Ihre Besatzungen übertragen die Gespräche des Kommandanten der »Komsomolez«, E. Wanin, mit dem Stab der Flotte und führen die Überwasserschiffe zum U-Boot. Mit ihrem Eintreffen ist um 18.00 Uhr zu rechnen.

15.20 Uhr
Wanin bittet um einen Schlepper, da das U-Boot an Fahrt verlor, weil sie wegen des Feuers den Reaktor abschalten mußten.

16.00 Uhr
Wanin forderte unerwartet Freon (Kältemittel) an. Petrogradski nimmt mit den zu Hilfe eilenden Schiffen Verbindung auf – sie versicherten, das Boot zu finden.

16.35 Uhr
Die Flieger bemerken, daß sich das Boot achtern senkt.

Указ Президиума Верховного Совета СССР

О награждении орденом Красного Знамени членов экипажа подводной лодки «Комсомолец»

За мужество и самоотверженные действия, проявленные при выполнении воинского долга членами экипажа подводной лодки «Комсомолец», наградить:

Орденом Красного Знамени

Аванесова Олега Григорьевича — капитана 2 ранга (посмертно).
Анисимова Юрия Николаевича — мичмана.
Апанасевича Игоря Олеговича — старшего матроса (посмертно).
Бабенко Валентина Ивановича — капитана 2 ранга (посмертно).
Богданова Сергея Петровича — старшего лейтенанта.
Бондаря Сергея Стефановича — мичмана (посмертно).
Бродовского Юрия Анатольевича — мичмана (посмертно).
Буркулакова Таланта Амитжановича — капитана 1 ранга (посмертно).
Бухникашвили Нодари Отариевича — старшего матроса (посмертно).
Валявина Михаила Николаевича — мичмана (посмертно).
Ванина Евгения Алексеевича — капитана 1 ранга (посмертно).
Верезгова Александра Геннадьевича — капитан-лейтенанта.
Вершило Евгения Эдмундовича — старшего матроса (посмертно).
Волкова Николая Алексеевича — капитан-лейтенанта (посмертно).
Володина Александра Васильевича — капитана 3 ранга (посмертно).
Геращенко Василия Владимировича — мичмана.
Головченко Сергея Петровича — старшину 2 статьи (посмертно).
Грегулева Виталия Анатольевича — капитан-лейтенанта.
Григоряна Семена Рубеновича — мичмана.
Грундуля Алексея Александровича — матроса (посмертно).
Дворова Сергея Александровича — капитан-лейтенанта.
Еленика Михаила Анатольевича — старшего мичмана (посмертно).
Елманова Владимира Ивановича — капитана 3 ранга.
Зайца Леонида Антоновича — старшего лейтенанта медицинской службы.
Зайцева Андрея Валерьевича — лейтенанта.
Замогильного Сергея Васильевича — мичмана (посмертно).
Зимина Вадима Владимировича — лейтенанта (посмертно).
Испенкова Анатолия Матвеевича — капитана 3 ранга (посмертно).
Каданцева Владимира Сергеевича — мичмана.
Калинина Игоря Викторовича — капитан-лейтенанта.
Капусту Юрия Федоровича — мичмана (посмертно).
Ковалева Геннадия Вячеславовича — мичмана (посмертно).
Кожанова Александра Петровича — мичмана.
Козлова Юрия Владимировича — матроса.
Колотилина Владимира Васильевича — мичмана (посмертно).
Коляду Бориса Григорьевича — капитана 1 ранга.
Кононова Эдуарда Дмитриевича — мичмана.
Копейку Александра Михайловича — мичмана.
Корытова Андрея Юрьевича — матроса.
Краснобаева Александра Витальевича — мичмана (посмертно).
Краснова Сергея Юрьевича — матроса (посмертно).
Кулапина Владимира Юрьевича — матроса (посмертно).
Максимчука Юрия Ивановича — капитана 3 ранга (посмертно).
Манякина Сергея Петровича — капитана 3 ранга (посмертно).
Маркова Сергея Евгеньевича — старшего лейтенанта (посмертно).
Махоту Андрея Владимировича — лейтенанта.
Михалева Андрея Вячеславовича — матроса (посмертно).
Молчанова Игоря Александровича — лейтенанта (посмертно).
Науменко Евгения Владимировича — капитан-лейтенанта (посмертно).
Нахалова Сергея Васильевича — мичмана (посмертно).
Нежутина Сергея Александровича — капитан-лейтенанта (посмертно).
Орлова Игоря Семеновича — капитан-лейтенанта.
Парамонова Юрия Николаевича — капитан-лейтенанта.
Подгорнова Юрия Павловича — прапорщика.
Савина Артура Георгиевича — старшего матроса.
Слюсаренко Виктора Федоровича — мичмана.
Смирнова Михаила Анатольевича — капитан-лейтенанта (посмертно).
Спиранского Игоря Леонидовича — капитан-лейтенанта (посмертно).
Степанова Андрея Леонидовича — лейтенанта.
Суханова Валерия Ивановича — матроса (посмертно).
Ткача Владимира Власовича — старшего мичмана (посмертно).
Ткачева Виталия Федоровича — матроса (посмертно).
Третьякова Анатолия Викторовича — лейтенанта.
Федотко Константина Анатольевича — лейтенанта.
Филиппова Романа Константиновича — матроса (посмертно).
Черникова Сергея Ивановича — мичмана (посмертно).
Шинкунаса Стасиса Клеменсовича — старшего матроса (посмертно).
Шостака Александра Александровича — лейтенанта (посмертно).
Юдина Вячеслава Александровича — капитана 3 ранга (посмертно).

Председатель Президиума Верховного Совета СССР
М. ГОРБАЧЕВ.
Секретарь Президиума Верховного Совета СССР
Т. МЕНТЕШАШВИЛИ.

Москва, Кремль.   12 мая 1989 г.

Erlaß des Präsidiums des Obersten Sowjet der UdSSR über die Verleihung von Auszeichnungen an die verunglückten Besatzungsmitglieder. Der Erlaß wurde von M. Gorbatschow unterzeichnet, 13. Mai 1989

> **От Центрального Комитета КПСС,
> Президиума Верховного Совета СССР
> и Совета Министров СССР**
>
> 7 апреля на торпедной подводной лодке с атомной энергоустановкой, находившейся в нейтральных водах в Норвежском море, возник пожар. Принятыми экипажем мерами ликвидировать его не удалось. Лодка затонула. Имеются человеческие жертвы.
> Центральный Комитет КПСС, Президиум Верховного Совета СССР и Совет Министров СССР выражают глубокое соболезнование семьям, родственникам и близким погибших.
>
> **Центральный Комитет КПСС   Президиум Верховного Совета СССР   Совет Министров СССР**
>
> ---
>
> **От Министерства обороны СССР и Главного политического управления Советской Армии и Военно-Морского Флота**
>
> Министерство обороны СССР и Главное политическое управление Советской Армии и Военно-Морского Флота извещают, что 7 апреля на торпедной подводной лодке с атомной энергоустановкой, находившейся в нейтральных водах в Норвежском море, возник пожар. Подводная лодка была переведена в надводное положение. Более пяти часов личный состав вел мужественную борьбу за живучесть корабля. Однако принятые экипажем меры результатов не дали. Подводная лодка затонула в районе юго-западнее о. Медвежий на глубине 1.500 метров. Имеются человеческие жертвы.
> С чувством скорби Министерство обороны СССР и Главное политическое управление Советской Армии и Военно-Морского Флота выражают глубокое соболезнование родным и близким погибших. Светлая память о верных сынах Родины навсегда сохранится в сердцах воинов армии и флота, всех советских людей.

16.38 Uhr
Die Hecklastigkeit und die Steuerbordschlagseite nehmen zu.

16.40 Uhr
Aus dem Wasser taucht der Vorsteven auf.

16.44 Uhr
Die Wellen umspülen schon die Kommandobrücke.

16.47 Uhr
Die Kommandobrücke ist schon zur Hälfte unter Wasser.

16.50 Uhr
Funkspruch Wanins: Bereite die Evakuierung von 69 Mann vor.

17.00 Uhr
Neben dem U-Boot schwimmen zwei Rettungsflöße, die je 20 Personen aufnehmen können. Petrogradski wirft einen Container mit einem aufblasbaren Rettungsboot ab (eine Wasserlandung mit dem für Landebahnen vorgesehenen Flugzeug ist nicht möglich), die U-Boot-Fahrer begannen den Einstieg. Beim nächsten Anflug sahen die Flieger dieses Boot nicht mehr, ein Floß war gekentert. Vom zweiten Flugzeug warfen sie auch Container ab, aber diese konnte schon niemand mehr nutzen.

17.08 Uhr
Das U-Boot ist gesunken.

Nach ungefähr einer Stunde nahm das Fischfangmutterschiff »Aleksej Chlobystow«, das mit äußerster Kraft zu Hilfe eilte, die erste Gruppe der U-Boot-Fahrer an Bord. Die übrigen wurden einzeln aus dem kalten Wasser gezogen. 25 Mann konnten gerettet werden ...

Die Tragödie bei der Insel Medweshi löste eine stürmische und zugleich widersprüchliche Reaktion aus. Am schnellsten reagierten die Militärs und die Pressevertreter – den Gefallenen erwiesen sie ihre letzte Ehre, die Besatzung der »Komsomolez« wurde ausgezeichnet, der Stellvertreter des Chefs des Bergungs- und Rettungsdienstes der Seekriegsflotte wurde seines Postens enthoben. Eine Regierungskommission, der der Verteidigungsminister D. Jasow, der Sekretär des Zentralkomitees der KPdSU O. Baklanow, der Stellvertreter des Ministerrates der UdSSR I. Belousow angehörten, nahm ihre Arbeit auf. Auch die Presse begann sich sehr stark für den Unfall zu interessieren.

Der ehemalige Kommandant des Atom-U-Bootes, A. Gorbatschow, erzählte den Lesern, daß dieser Fall nicht der erste gewesen sei, nur früher habe man dies alles hinter dem Vorhang der Geheimhaltung versteckt. Als Antwort schrieben (oder unterschrieben) vier Seeleute im Auftrag der Überlebenden der »Komsomolez« und des Flottenkommandos, das sich für die Ehre der Besatzung einsetzte, einen offenen Brief, in dem die Annahme, daß das Feuer wegen der mangelhaften praktischen Erfahrungen der Besatzung zur Tragödie wurde, vom Tisch gewischt und die Akzente auf die konstruktiven Mängel des Schiffes verlagert wurden.

»Das Fehlen eines komplexen Systems zur Lageeinschätzung auf der Basis objektiver Werte – bestätigten die U-Boot-Fahrer – besonders bei Abwesenheit oder Ausfall

*Die beiden Meldungen
a) des Zentralkomitees der KPdSU und
b) des Ministeriums für Verteidigung der UdSSR, der Politischen Hauptverwaltung und der Seekriegsflotte über den Verlust der
»Komsomolez«, 9. April 1989*

des Personalbestandes, erlaubte es nicht, in der ersten Minute die Lage in der havarierten Abteilung einzuschätzen. Der Verlust der Steuerung für die Systeme und Ausrüstung der Antriebsanlagen vom Zentralpult aus und der Ausfall der Nachrichtenverbindung mit den havarierten Abteilungen führten zur Komplizierung der Lage an Bord.«

Jetzt werden wir kaum erfahren, wodurch das Feuer ausbrach. Der Pumpengast, Obermatrose N. Bukhnikashwili, der Meister der Gruppe Fernüberwachung, Fähnrich B. Kolotilin, die auf Wache in der unglückseligen 7. Abteilung standen, können nichts mehr sagen – sie blieben auf ihren Posten. Dennoch kann vieles aus der Analyse der publizierten Angaben gefolgert werden.

Die Schiffsleitung, an Bord war außer dem Kommandanten noch der Leiter der Politabteilung des Verbandes, Kapitän zur See T. Burkulakow, machte schwere Fehler. Anders kann man nicht die Fakten bewerten, die die Regierungskommission aufdeckte.

Zur Lokalisierung des Feuers in der 7. Abteilung verblieben dem Kommandanten höchstens 15 Minuten. Der Alarm wurde aber mit Verspätung ausgelöst, die Besatzung nahm nicht rechtzeitig ihre Stationen entsprechend der Havarierolle ein, stellte nicht den Verschlußzustand der Abteilungen her und machte nicht alles das, was auch ohne besonderen Befehl, aber laut Instruktion hätte ausgeführt werden müssen. Diese Verzögerung bedingte im voraus alles weitere.

Wie die Zeitschrift »Morskoj sbornik« schrieb, war das untergegangene Boot mit Feststofftreibgasgeneratoren für das nicht geplante Auftauchen bei »Stop« und teilweise ausgeschalteten Elektroanlagen ausgerüstet. Im zentralen Führungsstand aber hatte man sich zum Auftauchen nach der herkömmlichen Methode entschlossen, bei der die Druckluft in die achteren Tauchtanks durch Rohrleitungen gepreßt wurde, die durch die überhitzte Abteilung gingen. Die stark erhitzten Rohrleitungen hielten den Druck nicht aus, die Druckluft drang jäh in die überhitzte Abteilung ein und erzeugte hier einen Effekt wie im Hochofen! Im Ergebnis des 40minütigen Ausblasens stieg die Temperatur auf 800–1000°. Es ist nicht verwunderlich, daß sich die Abteilung entthermisierte und infolgedessen auch der achtere Druckkörper leck wurde.

Die Schuld für die Ereignisse aber nur der Besatzung der »Komsomolez« zu geben, wäre falsch. Wie sich herausstellte, beherrschen wenige U-Boot-Fahrer erst am Ende ihrer begrenzten Dienstzeit die Gefechtsstationen. Nicht zufällig bemüht man sich, bei den Unterwasserkräften Längerdienende zu halten, d. h., es wird der Übergang zur Berufsarmee angestrebt, gegen die viele Generale und Admirale sind. Doch vorläufig kommen auf die Atom-U-Boote weiterhin die gestrigen Absolventen der Berufsschulen, wobei sie nicht einmal einer Berufsauswahl unterzogen werden. Die Psychologen vergleichen aber die Fernfahrten unter Wasser mit einem Kosmosflug. Die Kosmonauten (Astronauten) bereitet man jedoch lange und gewissenhaft vor.

Der Kommandant eines Atom-U-Bootes erzählt:

»Ich fahre mit neu eingestellten Rekruten zur See, ich tauche und fahre auf Sehrohrtiefe längs der heimatlichen Küste. Plötzlich bemerke ich bei einigen eine Klaustrophobie oder auch einen Epilepsieanfall ...«

Kapitän zur See E. Seliwanow, jetzt Chef der Schule für die Vorbereitung einfacher Spezialisten (Matrosen und Unteroffiziere) und früher Kommandant auf dem Atom-U-Boot K-131, auf dem am 18. Juni 1984 ein Feuer ausbrach, das Opfer forderte, untersuchte Vorkommnisse dieser Art und kam zu folgender Schlußfolgerung: Noch in der Projektierungsphase muß in allen Abteilungen das Entstehen von Feuer ausgeschlossen werden. Auf der »Komsomolez« wurde dies nicht berücksichtigt, und das ist ein Schiff neuester Konstruktion, das in der Lage ist, in einer Tiefe bis zu 1 000 m zu handeln!

Jetzt liegt es in einer Tiefe von 1 500 m. Ein anderes Atom-U-Boot (K-429) ist nach Presseangaben im Sommer 1983 gesunken, im Oktober 1986 ging ein Boot (K-219) im Atlantik verloren, im Jahre 1989 – nach dem Verlust der »Komsomolez« – hatte im gleichen Gebiet ein weiteres U-Boot (K-192) eine Havarie. Bei all diesen Schiffen waren Atomwaffen an Bord. Es wäre schon interessant zu erfahren, warum sich an Bord des Erprobungsschiffes »Komsomolez« atomare Gefechtstorpedos befanden?

Lehren für Morgen

Es wurde nicht wenig darüber geschrieben, wie die U-Boot-Fahrer gerettet wurden. Trotzdem bewegt viele Menschen die Frage – hätten nicht alle von denen gerettet werden können, die sich im Wasser befanden? Ein Großteil der Seeleute ist doch nicht in den Abteilungen, sondern in den Wellen umgekommen. Hätte man sie, wie es notwendig gewesen wäre, retten können?

Warum hat man sich nicht an die Norweger gewandt? Warum sind keine Wasserflugzeuge zum Einsatz gekommen?

An die Norweger hat man sich nicht gewandt, weil die reale Notwendigkeit ihrer Hilfe nicht von der ersten Minute des Auftauchens bestand, sondern erst um 17.00 Uhr, als das U-Boot, das den Schlepper erwartete, für alle plötzlich zu sinken begann und um 17.08 Uhr versunken war. Wenn die Norweger in diesem Moment das internationale Signal »SOS« erhalten hätten, so wären ihre Hubschrauber erst um 19.30 Uhr an der Katastrophenstelle gewesen, d.h. anderthalb Stunden später als die sowjetischen Fischer.

Warum flogen die Wasserflugzeuge Be-12 nicht? Die Kommandeure dieser Amphibienflugzeuge erläuterten in ihrem bitteren Brief an die »Prawda« (eine Kopie ging auch an den Hauptkonstrukteur des Flugzeuges):

Die taktisch-technischen Daten unseres Rettungsflugzeuges sind so, daß die Rettung der Besatzung eines U-Bootes, das auf offener See eine Havarie erlitten hat, nicht möglich ist. Dieses Flugzeug kann Menschen nur unter idealen Bedingungen retten. Das Wasserflugzeug kann bei einer Wellenhöhe von 0,6–0,8 m starten und landen. Auch bei solchen Bedingungen bereitet das Starten und Landen in Buchten und auf offener See den Kommandeuren große Schwierigkeiten. Eindringlich bitten wir, die Frage zur Konstruktion eines modernen Wasserrettungsflugzeuges für die Hilfeleistung auf offener See bei Seegang 5 zu stellen.[1]

Die Flieger der U-Boot-Abwehrflugzeuge mit ihren Il-38 erwiesen sich technisch eher für die Erfüllung der für sie nicht typischen Aufgabe geeignet. Das Übel bestand aber darin, daß man die U-Boot-Fahrer so rettete, wie man Flieger rettet. Der Flieger aber wassert beim Absprung mit einem automatisch aufblasbaren Boot und mit ihm rudert er zu dem mit einem Fallschirm abgeworfenen Rettungscontainer.

Die Reißleine für das Öffnen des großen Rettungsfloßes wird vom Boot aus herausgezogen. Nichts konnten die Leute, die im Wasser vor Kälte erstarrt waren, tun. Sie, die U-Boot-Fahrer, bereitete man immer darauf vor, sich vor allem vor dem Druck aus der Tiefe zu retten. Dafür baute man spezielle Schiffe und U-Boote. Diesmal aber befanden sich die U-Boot-Fahrer in der Situation wie die Passagiere der unglückseligen »Admiral Nachimow«. Genauso wie jene Tragödie zeigte diese neue nochmals die Hilflosigkeit der Rettungsdienste wie auch der Schiffahrt selbst gegenüber dem ewigen Problem der Rettung von Leben im Wasser.

Nach vielen Beratungen und Befragungen kann eins gesagt werden: In der Situation und mit den in unmittelbarer Nähe greifbaren Mitteln, über die die Nordflotte verfügte, war der einzige richtige Ausweg gefunden worden – U-Boot-Abwehr-Flugzeuge zu schicken, die stundenlang über dem havarierten U-Boot kreisten, mit ihm ununterbrochenen Funkkontakt hielten und als wichtigstes auf der kürzesten Geraden das Fischereischiff an das Floß heranführten, das mit den Seeleuten besetzt war. Jede Kursungenauigkeit und damit unnötige Minuten der Suche hätten weitere Menschenleben gekostet.

Später erklärten die U-Boot-Fahrer sarkastisch, hätte es dort nur einen beliebigen heruntergekommenen Kutter gegeben, es wären alle Kameraden gerettet worden.

Bis heute sind die Informationen über den Untergang der »Komsomolez« spärlich und widersprüchlich. Es existiert eine Mischung aus Wahrheiten und Halbwahrheiten, wobei es wohl offensichtlich ist, daß die Führung des Schiffs total versagte. Die beträchtliche Anzahl von Havarien auf kernkraftgetriebenen U-Schiffen durch technische Mängel, Brände und Explosionen macht deutlich, daß trotz ausgereifter, modernster Technik sich derartige Katastrophen niemals ganz vermeiden lassen. Die Gefahr aus der Tiefe bleibt bestehen.

Doch zurück zu den anderen Schiffen!

Für den Serienbau hatte sich das Projekt 685 als zu teuer erwiesen und deshalb begann man mit dem Entwurf eines anderen Mehrzweck-Atom-U-Schiffes der neuen

---

[1] Die Herstellerfirma des neuesten Hochseeflugbootes Berijew A-40 »Albatros«, das Ende 1986 erstmals flog, entwickelte eine spezielle Seenotausführung Be-42 mit einer Aufnahmekapazität von 54 Überlebenden. Die Be-42 ist bereits international mit Erfolg vorgeführt worden – kann aber wegen der verheerenden Finanzlage der Marine nicht in Auftrag gegeben werden.

Generation in Gorki. Unter der Leitung von Chefkonstrukteur N. I. Kwascha entwickelte ein Team des Zentralen Konstruktionsbüros »Lazurit« das Projekt 945. Die Wasserverdrängung war von vornherein limitiert, weil für seinen Bau das Schiffbauwerk »Krasnoje Sormowo« in Gorki festgelegt worden war. Neubauten mußte man von hier aus auf dem Wasserwege mittels Transport-Docks nach dem Hohen Norden zur endgültigen Fertigstellung überführen. Diese Bedingung war zusammen mit der Forderung nach einer größeren Spezifikationstauchtiefe die Hauptursache für die Auswahl einer Titanlegierung als Hauptkonstruktionsmaterial. Dadurch konnten 25–30 % der Wasserverdrängung gespart werden.

Doch sowohl die »Lazurit«-Konstrukteure als auch die Schiffbauer von »Krasnoje Sormowo« besaßen keine Erfahrungen in der Arbeit mit Titan. Es mußten erst neue Prüfstände gebaut werden, um eine Rumpfsektion der statischen und zyklischen Erprobung unterziehen zu können. Dabei prüfte man auch eine maßstabsgerecht in halber Originalgröße hergestellte U-Schiff-Sektion aus einer neuen hochfesten Titanlegierung, die für neuartige U-Schiff-Projekte mit noch größeren Tauchtiefen gedacht war.

Es war vorgesehen, das Projekt 945 mit vier 533-mm- und vier 650-mm-T-Rohren zu bewaffnen. Mit Hilfe der 650-mm-T-Rohre konnte man wahlweise Raketen der Typen »Granat« und »Schkwal« oder Torpedos Typ »65-76« einsetzen. Durch die Verwendung eines automatisierten Feuerleitsystems konnte die Vorbereitungszeit für die erste Salve halbiert werden.

Für die Darstellung der Über- und Unterwasserlage und

U-Schiffe der Nordflotte in einem Stützpunkt an der Barentssee

Ein Atom-U-Boote der Nordflotte der Russischen Föderation des Projekts 949 (»Oscar«-Klasse) in der Barentssee

für die Zielzuweisung wurde das Schiff mit einem neuen hydroakustischen Komplex MGM »Skat« ausgerüstet. Dies hatte zusammen mit den Maßnahmen zur weiteren Reduzierung des Geräuschpegels und des Störungsfeldes zur Folge, daß die Genauigkeit der Ortung um das Fünffache verbessert werden konnte. Aus einer dreimal größeren Tiefe als früher konnte man jetzt Funkverbindungen mit Hilfe einer Schleppantenne herstellen. Sie befand sich in einem tropfenförmigen Kegel auf der Seitenruderflosse.

Die Hauptkraftanlage des *Projekts 945* bestand aus einem Reaktor als Kern der Dampferzeugeranlage und einer einwelligen Turbinenanlage in Blockbauweise. Zum Dampferzeuger gehörten vier Dampfgeneratoren, je zwei Kreislaufpumpen für den ersten und vierten Kreis sowie drei Pumpen für den dritten Kreis. Zur Turbinenanlage gehörten zwei Turbinengeneratoren zur Wechselstromerzeugung, zwei Kondensat- und zwei Speisewasserpumpen.

Für den Notfall verfügte das Projekt über zwei Dieselgeneratoren mit je 750 kWh Leistung. Sie speisten zwei Gleichstrommotoren mit einer Leistung von 370 kWh. Damit konnte dem U-Schiff eine Geschwindigkeit von rund 5 kn in Unterwasserlage verliehen werden. Der Kraftstoffvorrat für die Dieselmotoren war für 10 Tage berechnet.

Gänzlich neu war der Vorschlag der Konstrukteure, das Alarmauftauchen des Schiffes durch das Ausblasen von zwei Tanks mit den Verbrennungsgasen von Feststofftreibsätzen zu erreichen. Zusammen mit einer auftauchbaren Rettungskammer steigerte das die Standkraft des Schiffes. Die Rettungskammer konnte die ganze Besatzung an Bord nehmen.

Große Aufmerksamkeit wurde bei dem Entwurf dem Erzielen günstiger Vortriebseigenschaften geschenkt. Dazu trugen die Form der Außenhülle, Klappen für Flut- und Lenzöffnungen sowie für andere störenden Schlitze und eine niedrige Drehzahl der Schiffsschraube wesentlich bei.

Aus verschiedenen technischen und organisatorischen Gründen, aber auch wegen der großen Kosten und des hohen Arbeitsaufwandes zogen sich die Entwicklung und der Bau des Titan-U-Schiffes der III. Generation sehr in

Tabelle 19
Taktisch-technische Daten der Mehrzweck-Atom-U-Schiffe der dritten Generation

Schiffstyp	671RTM	945	685
Normale Wasserverdrängung (t)	4 750	5 200	5 y680
Länge (m)	107,0	110,0	118,4
Max. Breite (m)	10,0	12,0	11,1
Max. Tiefgang (m)	7,0	8,8	7,4
Höchstgeschw. unter Wasser (kn)	30	>30	>30
Bewaffnung T-Rohre (mm)	6 x 650	4 x 650	6 x 533
	2 x 533	4 x 533	
Besatzung	100	60	57 (zu letzt 64)
Abgabejahr des Nullschiffs	1977	1984	1993

die Länge. Das Null-Schiff K-276 konnte der Seekriegsflotte erst am 21. September 1984 übergeben werden. Gebaut wurden schließlich bis 1993 vier Einheiten dieses Typs (K-276, K-239, K-534 und K-336).

Mit dem Ziel, einen umfangreichen Serienbau von U-Schiffen der III. Generation voranzutreiben, wurde 1976 der Beschluß gefaßt, auf der Basis des *Projekts 945* ein neues Mehrzweck-U-Schiff unter der Projekt-Nummer 971 zu entwickeln. Im Westen bekamen diese Schiffe später den Code-Namen »Akula«.

Für das *Projekt 971* wurde im Entwicklungsbüro SPMBM »Malachit« Chefkonstrukteur W. N. Tschernyschew verantwortlich gemacht. Von Anfang an entschied man sich dafür, bei der Fertigung der neuen U-Schiffe wieder zur Verwendung hochfester Schiffbaustähle zurückzukehren. Das sollte die Produktion in Komsomolsk am Amur und später in Sewerodwinsk billiger und einfacher machen.

Man entwickelte das Schiff ohne Skizzenentwurf. Der technische Entwurf war zwar Ende 1977 fertig, aber seine Endbearbeitung dauerte noch mehrere Jahre. In dieser Zeit strebten die Konstrukteure an, das Zurückbleiben ge-

3.2 Aus Stahl und Titan – U-Schiffe mit Raketen-Torpedobewaffnung der dritten Generation

Atom-U-Boote des Projekts 667 BDR (»Delta III«) auf hoher See

genüber den USA auf den Gebieten der Sonartechnik und der Seezielraketen des Typs »Tomahawk« aufzuholen.

Die amerikanischen U-Schiffe waren seit der ersten Hälfte der 70er Jahre mit Sonaranlagen ausgerüstet, deren digitale Datenbearbeitung die Signaltrennung vor dem Hintergrund von Störungen erleichterte. Das verbesserte die Wirksamkeit und Effektivität der Komplexe. Die Reichweite und Genauigkeit der Ortung war viel größer als bei den zeitgenössischen sowjetischen Sonaranlagen. Außerdem waren die amerikanischen U-Schiffe mit Marschflugkörpern des Typs »Tomahawk« verschiedener See- und Landzielvarianten bewaffnet, die je nach Verwendungszweck eine Reichweite von 460 bis 2 500 km erzielen konnten. Das alles machte Maßnahmen zur Verbesserung der Leistungsdaten des *Projekts 971* dringend erforderlich.

Der neue hydroakustische Komplex »Skat« hatte eine großdimensionierte Antenne im Bug, zwei lange Seitenantennen entlang der Bordwand und eine digitale Informationsbearbeitung. Im Vergleich mit den Sonaranlagen der zweiten Generation hatte er eine dreifach größere Reichweite für die Zielauffassung. »Skat« wurde auch den dringenden Forderungen nach einer wesentlichen Verkürzung der Zeit für die Ermittlung der Zielbewegung gerecht. Dieser Sonartyp gehörte zur Standardausrüstung der Atom-U-Schiffe der dritten Generation.

Riesen-U-Boot der Typhoon-Klasse im Größenvergleich zum Fußballfeld

Die Bewaffnung des Projekts 971 bestand aus vier 533-mm-Torpedorohren für den Einsatz modernster Seeziel-Flügelraketen Typ RK-55 »Granat«, Raketentorpedos »Schkwal« und konventioneller Torpedos SAET-60M und »53-65«, sowie aus 4 T-Rohren mit dem Kaliber 650 mm für den Torpedotyp 65-76 bzw. Minen. Der Rumpf war aus hochfestem Schiffbaustahl gefertigt, trotzdem konnte das Schiff dieselbe Tauchtiefe wie der Typ 945 erreichen.

Zum Zweck einer besseren Tarnung hatte man den Typ 971 mit einer hocheffektiven Zweistufengeräuschdämpfung versehen. Alle Anlagen und Aggregate waren in den Sektionen zu Blocks zusammengefaßt worden und standen auf abgefederten Fundamenten. Jeder Anlagenblock war gegenüber dem Schiffsrumpf durch gummipneumatische Dämpfer isoliert, die die zweite Stufe des Schwingungsschutzes bildeten.

Da für die Konstruktion Stahllegierungen statt Titan verwendet wurden, erhöhte sich im Vergleich zum *Projekt 945* die Wasserverdrängung. Dank der günstigeren Formgebung des Rumpfes und der Verwendung der gleichen Kraftanlage blieb aber die Fahrtgeschwindigkeit fast gleich hoch.

Im Ergebnis der Entwurfsüberarbeitung unterschied sich das *Projekt 971* recht beträchtlich vom Ausgangstyp 945. Trotz des verspäteten Fertigungsbeginns und der langen Überarbeitungsperiode wurde das Nullschiff *des Projekts 971* – das U-Schiff K-284 – fast zeitgleich mit dem Schiff des *Projekts 945* an die Seekriegsflotte übergeben. Das geschah am 30. Dezember 1984.

Ende der 70er Jahre begann man verbesserte Versionen der Mehrzweck-Atom-U-Schiffe der dritten Generation zu entwickeln. Das Nullschiff des *Projekts 945A (Sierra II)* wurde 1990 in Dienst gestellt. Aber der Bau der Titan-U-Schiffe ging sehr langsam voran und erst 1993 bekam die russische Seekriegsflotte das letzte Schiff. Der Bau einer weiteren Einheit wurde storniert. Insgesamt bekam die Flotte sechs Schiffe der *Projekte 945* und 945A, die sich alle im Bestand der Nordflotte befinden.

Zu diesem Zeitpunkt wurde der gleichzeitige Bau sich ähnlicher U-Schiffe aus Titan und Stahl beendet. Haupttyp der Mehrzweck-U-Schiffe der dritten Generation blieb das *Projekt 971* und der Bau weiterer Einheiten wird fortgesetzt. Bis zum Ende des Jahres 1997 wurden in Sewerodwinsk und Komsomolsk am Amur 13 Einheiten gebaut. Diese U-Schiffe weisen den niedrigsten Lärmpegel aller sowjetischen und russischen Atom-Schiffe auf. Dank ihrer hohen Gedecktheit, modernen Elektronik und starken Angriffsbewaffnung sind die Schiffe des Typs 971 noch immer die effektivsten Mehrzweck-U-Schiffe der russischen Seekriegsflotte. Insgesamt sind von 1958 bis 1997 86 Mehrzweck-Atom-U-Schiffe gebaut oder modernisiert worden.

Außer den in Metall verwirklichten Projekten entwickelte man auch spezielle Atom-U-Schiffe mit kleiner Wasserverdrängung. Sie dienten verschiedenen Versuchszwecken. Von 1980 bis 1990 wurden in Leningrad einige solcher Fahrzeuge mit einer Wasserverdrängung von 500 bis 1400 t gebaut. Für gemeinsame Operationen mit diesen Booten wurden Atom-U-Schiffe der Typen 675 *(»Echo II«)* und 667A *(»Yankee«)* umgebaut. Außerdem ist ein Raketenträger des Projekts 667A für die Erprobung hydroakustischer Ausrüstungen umgebaut worden. Andere Entwürfe für spezielle U-Schiffe, die ebenfalls auf der Grundlage der Typenreihe 667 entstehen sollten, existierten nur auf den Reißbrettern.

Anhang

Unfälle sowjetischer U-Schiffe

Datum Ort des Unfalls	Bezeichnung des Schiffes, (NATO-Code), Flotten-Zugehörigkeit, Dienstgrad und Name des Kommandanten	Unfallgeschehen Verluste
13. Oktober 1960 Barentssee	K-8 (November), Nordflotte, Kpt. 2. Ranges W. Schumakow	Explosion eines Dampfgenerators. 13 Tote durch Strahlungsschäden. Rückkehr zum Stützpunkt.
27. Januar 1961 Barentssee	S-80 (Whiskey Twin Cylinder), Nordflotte, Kpt. 2. Ranges A. Sitartschik	Gesunken nach Wassereinbruch und Bedienungsfehler. 68 Tote (die gesamte Besatzung). Am 27. Juli 1969 gehoben.
04. Juli 1961 Nordatlantik	K-19 (Hotel) Nordflotte Kommandant unbekannt	Während einer Flottenübung kommt es zum Reaktorunfall (Leck im Primärkreislauf. Überhitzung des Steuerbord-Reaktors). Die Besatzung wird von einem anderen U-Boot übernommen und K-19 zur Kola-Halbinsel geschleppt.
10. April 1963 Nordatlantik	K-19 (Hotel II), Nordflotte, Kpt. 2. Ranges N. Satajew	Reaktorunfall (Leck im Kühlsystem). 8 Tote durch Strahlungsschäden. Schiff wird zum Stützpunkt geschleppt.
10. Februar 1965 Werft Sewerodwinsk	K-11 (November), Nordflotte, Kpt. 2. Ranges J. Kalaschnikow	Reaktorunfall. 7 Tote durch Strahlungsschäden. Schiff bleibt erhalten, der Reaktor wird ausgewechselt.
20. November 1965 Barentssee	K-74 (Echo II), Nordflotte, Kpt. 2. Ranges E. Kurdasow	Havarie der Dampfturbine. Verluste unbekannt.
08. September 1967 Norwegensee	K-3 (November), Nordflotte, Kpt. 2. Ranges J. Stepanow	Nach 56 Tagen Seetörn entsteht ein Brand in den Abteilungen 1 und 2 durch entflammendes Hydrauliköl. Schiff wird gerettet durch Schließen der Schotten. 39 Tote.
13. Oktober 1967 Barentssee	K-27 (November), Nordflotte, Kommandant unbekannt	Reaktorunfall mit Austritt und Erstarrung des Flüssigmetall-Kühlmittels. Keine weiteren Angaben.
8. März 1968 südlich der Hawaii-Inseln	K-129 (Golf II), Pazifikflotte, Kpt. 1. Ranges W. Kobsar	Totalverlust nach Kollision mit amerikanischem U-Boot. 97 Tote. Die UdSSR meldet am 11.04.1968 den Verlust. Mitte 1974 vom USA-Geheimdienst aus fast 6000 m Tiefe teilweise gehoben.
April 1968 Mittelmeer	K-172 (Echo II), Nordflotte, Kpt. 2. Ranges N. Schaschkow	Austritt von Quecksilberdämpfen. Die gesamte Besatzung litt unter gesundheitlichen Schäden. Verluste unbekannt.

Datum/Ort	Schiff	Beschreibung
24. Mai 1968 Barentssee	K-27 (November), Nordflotte, Kpt. 2. Ranges P. Leonow	Reaktorunfall während der See-Erprobung. Starke Verstrahlung der Besatzung. 9 Tote. Das Schiff kehrt zum Stützpunkt zurück. 1981 vor Nowaja Semlja selbst versenkt.
23. August 1968 Werft Sewerodwinsk	K-140 (Yankee), Nordflotte Kpt. 2. Ranges A. Matwejew	Reaktorunfall. Keine Verlustangaben. Schiff bleibt nach Reparatur einsatzfähig.
15. November 1969 Barentssee	K-19 (Hotel II), Nordflotte, Kpt. 2. Ranges W. Schabassow	Kollision mit amerikanischem Jagd-U-Boot SSN-615 Gato in 60 m Tiefe bei Kap Teribershi. Nach zwei starken Stößen gegen den Bug sackt K-19 ab und kann mit Mühe auftauchen. Schiff erreicht mit eigener Kraft den Stützpunkt. Die USA-Presse gibt den Zwischenfall 1975 bekannt.
12. April 1970 Biscaya	K-8 (November), Nordflotte, Kpt. 2. Ranges W. Bessonow	Erster Totalverlust eines sowjetischen Atom-U-Schiffes. Während seiner Teilnahme an der Flottenübung »Okean« brechen am 8. 04. (dem 51. Seetag) gleichzeitig in den Abt. 3 und 4 Brände aus, die außer Kontrolle geraten. Nach Wassereinbrüchen in den Abt. 7 und 8 sinkt das Schiff am 12. 04. mit 52 Mann auf eine Tiefe von 4680 m. Einzelheiten des Verlustes wurden bis 1991 geheim gehalten.
1970 Werft Nishni Nowgorod	K-320 (Charlie), Pazifikflotte, Kommandant unbekannt	Unkontrollierter Start des Reaktors. Durch ein Leck tritt radioaktives Wasser aus. Das Schiff wird als Reserveeinheit aufgelegt.
1972 Europäisches Nordmeer	K-47 (Alfa), Nordflotte, Kpt. 2. Ranges S. Puschkin	Reaktorunfall bei See-Erprobung. Das Flüssigkeitsmetallkühlmittel des Reaktors »gefriert«. Später wird ein neuer Reaktor installiert.
24. Februar 1972 Nordatlantik	K-19 (Hotel II), Nordflotte, Kpt. 2. Ranges W. Kulibaba	Während einer Gefechtspatrouille bricht in Abt. 9 ein Brand aus, der auch Abt. 8 erfaßt. 12 Mann werden in Abt. 10 eingeschlossen und finden den Tod. Weitere 16 Mann sterben später im Kampf mit dem Feuer, der bis zum 18. März andauert. Am 4. 04. 1972 wird das Schiff in den Stützpunkt eingeschleppt. Das Schiff bleibt bis 1990 im Dienst der Flotte.
26. September 1976 Barentssee	K-47 (Alfa), Nordflotte, Kommandant unbekannt	Während des Rückmarsches zur Kola-Halbinsel bricht in Abt. 8 ein Brand aus. 8 Mann erliegen ihren schweren Verletzungen.
28. Dezember 1978 Pazifik	K-171 (Delta), Pazifikflotte, Kpt. 1. Ranges E. Lomow	Bedienungsfehler am Reaktor. 3 Tote.
21. August 1980 Japanisches Meer	K-? (Echo II) Pazifikflotte, Kommandant unbekannt	Reaktorunfall. Zusammen mit einem Brand tritt Verstrahlung auf. 9 Mann sterben bei der Brandbekämpfung.
30. November 1980 Werft Sewerodwinsk	K-162 (Papa), Nordflotte, Kpt. 2. Ranges Letschinski	Unkontrollierte Inbetriebsetzung des Reaktors. Keine weiteren Angaben.
24. Oktober 1981 Peter der Große-Bucht	S-178 (Whiskey), Pazifikflotte, Kpt. 3. Ranges B. Marango	Kollision mit Frachtschiff. Nach Brand gesunken. 32 Tote.
8. August 1982 Barentssee	K-123 (Alfa), Nordflotte, Kommandant unbekannt	Während einer Einsatzfahrt ereignete sich ein Reaktorunfall. Infolge eines Lecks im Dampfgenerator gerieten 2 Tonnen Flüssigkeitsmetall-Legierung in die Reaktorabteilung und »gefroren«. Nach 8 Jahren wurde ein neuer Reaktor installiert.
80er Jahre Werft Gorki	K-320 (Charlie I), Pazifikflotte, Kommandant unbekannt	Unkontrollierter Start eines Reaktors im Werftbetrieb. Austritt von radioaktiver Kühlflüssigkeit.
23. Juni 1983 vor Kamtschatka	K-429 (Charlie I), Pazifikflotte, Kpt. 1. Ranges W. Suworow	Nach Wassereinbruch durch Bedienungsfehler gesunken. 17 Tote. 1984 gehoben. Bei erneutem Zwischenfall am 13. 09. 1985 im Dock gesunken. Nach Reparatur Schulschiff.

18. Juni 1984 Barentssee	K-131 (Echo II), Nordflotte, Kpt. 1. Ranges W. Seliwanow	Ein in Abt. 8 entstehender Brand breitet sich auf Abt. 7 aus und verursacht den Tod von 14 Mann. Dem Schiff gelingt die Rückkehr zum Stützpunkt.
10. August 1985 Werft Schesma-Bucht (bei Wladiwostok)	K-314 (Victor I)	Bei der Beladung des Reaktors gerät er in einen kritischen Zustand. Bei einer Explosion tritt eine radioaktive Wolke aus. 10 Tote. Reaktor wird ausgewechselt.
3. Oktober 1986 bei den Bermudas	K-219 (Yankee II), Nordflotte, Kpt. 2. Ranges I. Britanow	Explosion in einem Raketenschacht. Während des Abschleppens am 6. 10. 86 mit voller Raketenlast auf 4000 m Tiefe gesunken. 4 Tote.
21. März 1989 unbekannt	K-314 (Victor I), Kommandant unbekannt	Kollision mit dem amerikanischen Flugzeugträger CV63 »Kitty Hawk«. Keine weiteren Angaben.
7. April 1989 Norwegensee	K-278 (Mike), Nordflotte, Kpt. 1. Ranges E. Wanin	Explosion und Großbrand in den hinteren Abteilungen. Unter der Hitzeeinwirkung wird das Schiff leck und sinkt mit 42 Mann. 25 Überlebende und 5 Leichen werden geborgen. Das Wrack liegt in 1685 m Tiefe und wurde seither mehrmals kontrolliert.
25. Juni 1989 Norwegensee	K-192 (Echo II), Nordflotte, Kommandant unbekannt	Bei der Rückkehr zum Stützpunkt ereignete sich 350 km südlich der Bären-Insel an einem der Reaktoren ein schwerer Unfall. Ein Leck im Primärkreislauf zwingt zum sofortigen Auftauchen. Mit seinem Dieselantrieb erreicht das Schiff am 28. 06. die Ara-Bucht und wurde dort bis 1994 aufgelegt.
11. Februar 1992 Barentssee	»Barrakuda« (Sierra), Nordflotte, Kommandant unbekannt	Bei der Rückkehr zur Kola-Halbinsel kommt es unter Wasser zur Kollision mit dem amerikanischen Jagd-U-Schiff SSN-689 »Baton Rouge« mit erheblichen Beschädigungen. Reparatur bis 1995 in Sewerodwinsk.
23. Februar 1996 Barentssee	K-461 (Akula), Nordflotte, Kommandant unbekannt	Das U-Schiff kehrt von einer Gefechtspatrouille mit defekter Brandbekämpfungsanlage zurück.

NATO-Code-Bezeichnungen und russische Namen für sowjetische U-Boot-Typen (Projekte)

Akula	971 (Atom)	Stschuka-B bzw. Bars	Golf V	619	–
			Golf SSQ	629 KS	–
Alfa	705 SHMT, 705 K (Atom)	Lira	Granay	885 (Atom)	Jasen
Beluga	1710	Makrel	Hotel	658, 658 U, 658 M (Atom)	–
Bravo	690	Kefal	Hotel III	701	–
Charlie I	670 A (Atom)	Skat	India	940	Lenok
Charlie II	670 M (Atom)	Skat-M (Berkut)	Juliett	651	–
Delta I	667 Buki (Atom)	Murena	Kilo	877, 877 W, 877 EKM	Paltus
Delta II	667 BD (Atom)	Murena-M	Lima	1840	–
Delta III	667 BDR (Atom)	Kalmar	Losos	865	Piranja
Delta IV	667 BDRM (Atom)	Delfin	Mike	685 (Atom)	Plawnik
Echo I	659, 659 T (Atom)	–	November	627, 627 A, 645 (Atom)	Kit
Echo II	675, 675 M (Atom)	–	Oscar I	959 (Atom)	Granit
Echo II mod	675 MU, 675 MK, 675 MKW (Atom)	–	Oscar II	949 (Atom)	Antejj
		–	Papa	661 (Atom)	Antchar
Elbrus	1839	–	Quebec	615, A615	–
Foxtrot	641, 641 I, 641 K	–	Romeo	633, 633 RW	–
Golf I	629	–	Sierra I	945 (Atom)	Barrakuda
Golf II	629 A	–	Sierra II	945 A (Atom)	Kondor
Golf III	601	–	Tango	641 B	Som
Golf IV	605	–	Typhoon	941 (Atom)	Akula

Uniform	1910 (Atom)	Kashalot	Whiskey Twin		
Victor I	671 R, 671 W, 671 K (Atom)	Jersch	Cylinder Whiskey	644	–
Victor II	671 RT (Atom)	Segma	Long Bin	665	–
Victor III	671 RTM, 671 RTMK (Atom)	Stschuka	X-ray Yankee	678, 1851 (Atom) 667, 667 A (Atom)	– Nawaga bzw.
Whale	617	–			Nalim
Whiskey	613	–	Yankee Notch	667 M (Atom)	Andromeda
Whiskey Canvas Bag	640	–	Zulu	667 AT (Atom) 611, 611 AW, 611 R	Grusha –

Reihenfolgliche Aufstellung sowjetischer U-Boot-Typen nach Projektnummer und NATO-Bezeichnung

601	Golf III	651	Juliett	685	Mike (Atom)
605	Golf IV	658	Hotel (Atom)	690	Bravo
611	Zulu IV	659	Echo I (Atom)	701	Hotel III
AW 611	Zulu V	661	Papa (Atom)	705	Alfa (Atom)
613	Whiskey	665	Whiskey Long Bin	865	Losos
615	Quebec	667 A	Yankee (Atom)	877	Kilo
617	Whale	667 B	Delta I (Atom)	885	Granay (Atom)
619	Golf V	667 BD	Delta II (Atom)	935	Typhoon II (Atom)
627	November (Atom)	667 BDR	Delta III (Atom)	940	India
629	Golf I-II, Golf SSQ	667 BDRM	Delta IV (Atom)	941	Typhoon (Atom)
629 P	Golf I mod.	667 M	Yankee-Notch (Atom)	945	Sierra (Atom)
633	Romeo	678	X-ray (Atom)	949	Oscar I (Atom)
640	Whiskey Canvas Bag	670	Charlie I (Atom)	959	Oscar II (Atom)
641	Foxtrot	670 M	Charlie II (Atom)	971	Akula (Atom)
I 641,		671	Victor (Atom)	1710	Beluga
I 641 M/K	Foxtrot mod.	675 M	Echo II (Atom)	1839	Elbrus
641 B	Tango	675 MU,		1840	Lima
644	Whiskey Twin Cylinder	MK, MKW	Echo II mod. (Atom)	1851	X-ray (Atom)
645	November (Atom)			1910	Uniform (Atom)

Verzeichnis der Abkürzungen russischer Bezeichnungen

APL	Atom-U-Boot	KR	Flügelrakete
APUG	Flugzeugträger-Such- und Schlaggruppe	MWU	Mehrzweck-Computer
BIUS	Gefechtsinformations- und Führungssystem	NII	Wissenschaftliches Forschungsinstitut
BG	Gefechtskopf/Gefechtsteil	NIIChimMash	Wissenschaftliches Forschungsinstitut für Chemischen Maschinenbau
BRPL	Ballistische Rakete für U-Boote		
DEPL	Diesel-Elektro-U-Boot	NIMIST	Wissenschaftliches Institut für Nachrichten- wesen der Seekriegsflotte
DW	Langwelle		
GAK	Hydroakustischer Komplex (Sonarsystem)	NIWK	Wissenschaftliches Institut für Kriegsschiffbau
GAS	Hydroakustische Station	OKB	Versuchskonstruktionsbüro
GEU	Hauptkraftanlage (Hauptmaschine)	OPA	Bemanntes Tauchgerät (z.B. für Bergung und Forschung)
GKAT	Staatliches Komitee für Luftfahrttechnik		
GKOT	Staatliches Komitee für Wehrtechnik	PKB	Entwurfs- und Konstruktionsbüro
KBTM	Konstruktionsbüro für Schwermaschinen	PL	Unterseeboot/Unterwasserfahrzeug

PLARB	U-Boot mit Atomantrieb und ballistischen Raketen
POR	Potentiell gefährdete Arbeiten
PU	Startanlage/Abschußeinrichtung
RDP	Schnorchel
REB	Funkelektronischer Kampf
RER	Funkelektronische Aufklärung
RLS	Funkmeßstation (Radar)
RPKSN	Raketen-U-Kreuzer strategischer Bestimmung
RTR	Funktechnische Aufklärung
SAET	Zielsuchender akustischer Elektro-Torpedo
SchPM	Breitbandmodulation
SDW	Längstwellen
SKB	Spezielles Konstruktionsbüro
SMB	Nördlicher Schiffbaubetrieb
TA	Torpedoapparat
TRPKSN	Schwerer Raketen-U-Kreuzer strategischer Bestimmung (Typ 941 Akula-Typhoon)
TT	Torpedorohr
TTZ	Taktisch-Technische Aufgabenstellung
URS	Gelenkter reaktiver Flugkörper
WMF	Seekriegsflotte
WW	Sprengstoff
ZAGI	Zentrales Aero-Hydrodynamisches Institut »Shukowski«
ZK der KPdSU	Zentralkomitee der Kommunistischen Partei der Sowjetunion
ZKB	Zentrales Konstruktionsbüro
ZKBMT	Zentrales Konstruktionsbüro für Marinetechnik
ZNII	Zentrales Wissenschaftliches Forschungsinstitut
ZNII Mash	Zentrales Wissenschaftliches Forschungsinstitut für Maschinenbau
ZNIIWK	Zentrales Wissenschaftliches Forschungsinstitut für Kriegsschiffbau

Literaturverzeichnis (Auswahl)

Beyer, Siegfried: Stalins Dickschiffe, Special Bd. 4, Wölfersheim-Berstadt, 1996.

Bychowski, I. A.: Atom-U-Boote, Berlin 1959.

Clancy, Tom: Atom-U-Boot, Reise ins Innere eines Nuclear Warships, München 1995.

Der Kampfweg der sowjetischen Seekriegsflotte, Berlin 1976.

Fock, Harald: Vom Zarenadler zum Roten Stern, Herford 1985.

Friedman, Norman: Seerüstung heute. Entwurf und Konzeption moderner Kriegsschiffe, Koblenz–Bonn 1981.

Gabler, Ulrich: Unterseebootbau, Bonn 1997 (4. Auflage).

Gagin, W. W.: Sowjetskoje atomnye Podwodnye Lodki, Woronesh 1995 (russ. Ausg.).

Gorschkow, S. G.: Die Seemacht des Staates, Berlin 1978.

Gorschkow, S. G.: Die sowjetische Seekriegsflotte, Berlin 1980.

Jane's War at Sea 1897–1997. 100 Jears of Jane's Fighting Ships, hrsg. von B. Ireland/Eric Grove, London 1997.

Kriegsschiffe, das Super-Posterbuch, Erlangen 1994.

Lakowski, Richard: U-Boote – Zur Geschichte einer Waffengattung der Seestreitkräfte, Berlin 1989.

Müller, David: Submarines of the World, London 1991.

Morin A. / Walujew N.: Sowjetische Flugzeugträger geheim 1910–1995, Berlin 1996.

Osipenko, Leonid u. a.: Atomnaja podwodnaja Epopeja, Moskau 1994 (russ. Ausg.).

Polmar, Norman: Atomic Submarines, Princeton, N. J. 1963.

Pawlow, A. S.: Warships of the USSR and Russia 1945–1995, London 1997.

Pöschel, Günther: U-Boot-Katastrophen in der ex-sowjetischen Flotte. In: Marineforum, Herford, H. 1/2 – 1995.

ders.: Nowaja Semlja – Atomarer Friedhof der russischen Flotte. In: Marineforum, Herford, H. 9 – 1995.

ders.: Der Sarkophag im Nordmeer – Probleme um das gesunkene sowjetische Atom-Uboot »Komsomolez«. In: Marineforum, Herford, H. 12 – 1995.

Rohwer, Jürgen: 66 Tage unter Wasser – Atom-U-Schiffe und Raketen, Oldenburg–Hamburg 1962.

Schapiro, L. S.: Schnelle Schiffe, Berlin 1985.

Schiffe der Meerestiefen, Berlin 1958.

Schulz-Torge, Ulrich-Joachim: Die sowjetische Kriegsmarine, 2 Bde., Koblenz–Bonn, 1976/82.

Stache, Peter: Sowjetische Raketen, Berlin 1987.

Terzibaschitsch, Stefan: Seemacht USA, 2 Bde., Koblenz–Bonn 1982.

ders.: U-Boote der U.S.-Navy, Herford 1990.

Thomer, Egbert: Das U-Boot. Seekriegsflotte mit Zukunft, In: Köhlers Flottenkalender 1990.

van der Vat, Dan: Stealth at Sea. The history of the submarine, London 1995.